Un manuel de l'art de la fiction

Clayton Meeker Hamilton

Writat

Cette édition parue en 2023

ISBN : 9789359254111

Publié par
Writat
email : info@writat.com

Contenu

AVANT-PROPOS ....-1-

INTRODUCTION ....-2-

CHAPITRE PREMIER ....- 12 -
   LE BUT DE LA FICTION ....- 12 -

CHAPITRE II ....- 28 -
   RÉALISME ET ROMANCE ....- 28 -

CHAPITRE III ....- 41 -
   LA NATURE DU NARRATIF ....- 41 -

CHAPITRE IV ....- 52 -
   PARCELLE ....- 52 -

CHAPITRE V ....- 64 -
   PERSONNAGES ....- 64 -

CHAPITRE VI ....- 80 -
   RÉGLAGE ....- 80 -

CHAPITRE VII ....- 94 -
   LE POINT DE VUE DANS LE NARRATIF ....- 94 -

CHAPITRE VIII ....- 107 -
   L'accent dans le récit ....- 107 -

CHAPITRE IX ....- 119 -
   L'ÉPIQUE, LE DRAME ET LE ROMAN ....- 119 -

CHAPITRE X ....- 129 -
   LE ROMAN, LA NOVELETTE ET
   LA NOUVELLE ....- 129 -

CHAPITRE XI ....- 141 -
   LA STRUCTURE DE LA NOUVELLE ....- 141 -

CHAPITRE XII ....- 153 -

LE FACTEUR DE STYLE ....- 153 -

AVANT-PROPOS

Ce MANUEL DE L'ART DE LA FICTION est une édition révisée et amplifiée de « Materials and Methods of Fiction » de Clayton Hamilton, publié pour la première fois en 1908. L'ouvrage antérieur a été immédiatement reconnu comme un élément important de critique constructive et a tenu sa place. position depuis lors comme l'un des livres leaders dans son domaine. A l'occasion du dixième anniversaire de sa parution, les éditeurs ont demandé à l'auteur de préparer cette édition annotée et augmentée, notamment à l'usage des étudiants et des enseignants des écoles et collèges.

DOUBLEDAY, PAGE & COMPAGNIE.
Ville-jardin, New York, 1918.

INTRODUCTION

A notre époque, en ces premières années du XXe siècle, le roman est le parvenu prospère de la littérature, et seuls quelques-uns de ceux qui reconnaissent sa vogue et qui vantent son succès prennent la peine de rappeler ses humbles débuts et les misères de son époque. jeunesse. Mais comme les autres parvenus, il est encore un peu incertain quant à sa position dans la société dans laquelle il évolue. C'est un nouveau venu dans le monde littéraire ; et il a l'assurance et la susceptibilité naturelles à la situation. Il se vante de sa descendance, même si ses origines sont obscures. Il a conquis son chemin vers le front et s'est imposé dans des cercles où l'accès lui était autrefois interdit. Il aime oublier qu'il n'était autrefois qu'un paria, indigne d'être reconnu par ceux qui détenaient l'autorité. Peut-être est-il encore mal à l'aise de se rendre compte que bon nombre de ceux qui sont nés dans une bonne société peuvent la considérer avec une froide méfiance, comme si elle était encore en souffrance.

Bien entendu, raconter des histoires a toujours été populaire ; et le désir est profondément enraciné en chacun de nous d'entendre et de raconter quelque chose de nouveau et de raconter à nouveau quelque chose qui mérite d'être rappelé. Mais le roman lui-même, et la nouvelle aussi, doivent avouer qu'ils n'ont pu revendiquer que récemment l'égalité avec l'épopée et le lyrique, ainsi qu'avec la comédie et la tragédie, formes littéraires consacrées par l'Antiquité. Il y avait autrefois neuf muses en Grèce, et aucune de ces filles d'Apollon n'était censée inspirer l'écrivain en prose-fiction. Quiconque avait alors une histoire à raconter, qu'il voulait traiter artistiquement, ne songeait à l'exprimer que dans le milieu plus noble du vers, dans l'épopée, dans l'idyle, dans le drame. La prose semblait aux Grecs, et même aux Latins qui suivirent leurs traces, comme réservée à un usage simple. Même le discours et l'histoire étaient presque rythmés ; et la simple prose était un instrument trop humble pour ceux que les Muses chérissaient. Les vignettes alexandrines du doux Théocrite peuvent être considérées comme des anticipations de la nouvelle moderne de la couleur urbaine locale ; mais ce délicat idylliste utilisait des vers pour parler de ses figurines de Tanagra.

Même lorsque les langues modernes sont entrées dans l'héritage du latin et du grec, le vers a conservé ses privilèges ancestraux, et le bref conte a pris la forme de la ballade, et le récit plus long s'est appelé une *chanson de geste* . Boccace, Rabelais et Cervantes pourraient gagner une popularité immédiate et inviter une foule d'imitateurs ; mais il fallut bien longtemps après leur époque pour qu'un conte en prose, qu'il soit court ou long, soit reconnu comme digne d'un examen critique sérieux. Dans son étude de Balzac, Brunetière a constaté le fait significatif qu'aucun romancier, purement et simplement romancier, n'a été élu à l'Académie française au cours des deux premiers siècles de son existence. Et le même critique aigu, dans son « Histoire de la littérature française classique », a souligné que les romans français étaient déjà sous le coup d'un soupçon de suspicion, dès l'époque d'Erasme, en 1525. Il a fallu plusieurs dizaines d'années plus tard avant que le soi-même Les gardiens désignés de la littérature française accordaient suffisamment d'importance au roman pour daigner en discuter.

Ce n'était peut-être pas tout à fait un inconvénient. On n'a que trop parlé de la tragédie française ; et les théoriciens lui ont fixé des règles qui n'étaient pas peu contraignantes. Un autre critique français, M. Le Breton, dans son récit du développement de la prose-fiction française dans la première moitié du XIXe siècle, a affirmé que cette exemption de la critique profitait réellement au roman, puisque la forme méprisée était se développer naturellement, spontanément, affranchi de toutes les nombreuses restrictions artificielles que les dogmatiques parvenaient à imposer à la tragédie et à la comédie, et qui aboutirent finalement à la stérilité du drame français vers la fin du XVIIIe siècle et le début du XVIIIe siècle. XIXème. Si cet avantage est indéniable, on peut se demander s'il n'a pas été acheté trop cher et s'il n'y aurait pas eu un certain profit pour la prose-fiction si ses praticiens avaient été tenus à la hauteur par une critique qui éduquait le public. exiger un plus grand soin dans la structure, plus de logique dans la conduite des événements et une véracité plus stricte dans le traitement des personnages.

Même s'il pouvait alors être jugé indigne d'une considération sérieuse, le roman commença au XVIIIe siècle à attirer à lui de plus en plus d'auteurs dotés de riches ressources naturelles. Dans la littérature anglaise en particulier, la prose-fiction a tenté des hommes aussi différents que Defoe et Swift, Richardson et Fielding, Smollett et Sterne, Goldsmith et Johnson. Et un peu plus tôt, les essayistes du XVIIIe siècle , Steele et Addison en tête, avaient développé l'art de la délimitation des personnages, développement dont les romanciers allaient tirer profit. L'influence de l'essai anglais du XVIIIe siècle sur le développement de la prose-fiction, non seulement dans les îles britanniques, mais aussi sur le continent européen, est plus grande qu'on ne l'admet généralement. En effet, il y a un sens dans lequel les articles successifs décrivant le personnage et les actes de Sir Roger de Coverley peuvent être acceptés comme les premiers récits en série.

Mais ce n'est qu'au XIXe siècle que le roman atteint son plein essor et réussit à s'imposer comme l'héritier de l'épopée et le rival du drame. Cette victoire fut la conséquence directe du succès retentissant des romans de Waverley et des innombrables nouvelles écrites plus ou moins selon la formule de Scott, par Cooper, par Victor Hugo et Dumas, par Manzoni et par tous les autres qui suivirent dans leur des traces dans toutes les langues modernes. Non seulement les conteurs nés, mais aussi les écrivains qui étaient naturellement poètes ou dramaturges, se sont emparés du roman comme d'une forme sous laquelle ils pouvaient s'exprimer librement et par laquelle ils pouvaient espérer obtenir une récompense appropriée en argent aussi bien qu'en gloire. L'interprétation économique de l'histoire littéraire n'a pas reçu l'attention qu'elle mérite ; et le futur chercheur trouvera un champ riche dans ses recherches sur les causes de l'expansion du roman au XIXe siècle parallèlement au déclin du drame dans la littérature de presque toutes les langues modernes, à l'exception du français.

Alors que le XIXe siècle approchait de sa maturité, l'influence de Balzac renforça celle de Scott ; et le réalisme commença à affirmer son droit à se substituer au romantisme. L'adaptation du personnage à son contexte approprié, le lien plus étroit entre la fiction et les faits réels de la vie, la concentration de l'attention sur le normal et l'habituel plutôt que sur l'anormal et l'exceptionnel – toutes ces étapes préalables étaient plus faciles à franchir. dans la forme plus libre du roman qu'ils ne pourraient l'être dans la formule plus restreinte du drame ; et pour la première fois de son histoire, la prose-fiction se trouva pionnière, atteignant une solidité de texture que le théâtre n'avait pas encore pu atteindre.

Le roman se révéla enfin comme un instrument approprié pour la psychologie appliquée, à l'usage de ces artistes délicats qui s'intéressent plutôt à ce qu'est le personnage qu'à ce qu'il peut avoir la chance de faire. Dans les premières fictions, que ce soit en prose ou en vers, le héros n'était qu'un type, guère plus qu'un personnage profane capable d'attitudes violentes, un auteur d'actes qui, comme l'explique le professeur Gummere, « répondait au désir d'expression poétique » . à l'heure où un individu se fond dans le clan. Et à mesure que les écrivains réalistes perfectionnaient leur art, les lecteurs les plus avertis commençaient à comprendre que le héros qui accomplit des actes ne peut représenter que les premiers stades de la culture que nous avons depuis longtemps dépassés. Ce héros a fini par être reconnu comme un anachronisme, déplacé dans une organisation sociale plus moderne basée sur une pleine appréciation de l'individualité. Il était trop un type et trop peu un individu pour satisfaire les exigences de ceux qui considéraient la littérature comme le miroir de la vie elle-même et qui avaient appris à savourer ce que Lowell appelle la « véracité pointilleuse qui donne à un portrait toute sa valeur ». »

donc qu'au milieu du XIXe siècle, après Stendhal, Balzac et Flaubert, après Thackeray et George Eliot et Hawthorne, que le roman découvre son véritable champ d'application. Et pourtant c'est au milieu du XVIIe siècle que l'idéal auquel elle aspire avait été proclamé franchement par l'oublié Furetière dans la préface de son « Romain Bourgeois ». Furetière manquait de l'habileté et de la perspicacité nécessaires pour atteindre de manière satisfaisante le niveau qu'il avait fixé – en fait, l'atteinte de ce niveau est au-delà du pouvoir de la plupart des romanciers, même aujourd'hui. Mais la déclaration de Furetière sur les principes qu'il se proposait de suivre est aussi significative aujourd'hui qu'elle l'était en 1666, alors que ni l'écrivain lui-même ni le lecteur auquel il devait faire appel n'étaient mûrs pour l'avancée sur laquelle il insistait. "Je vais vous le dire ", dit Furetière , « sincèrement et fidèlement, plusieurs histoires ou aventures arrivées à des personnages qui ne sont ni des héros ni des héroïnes, qui ne lèveront aucune armée et ne renverseront aucun royaume, mais qui seront d'honnêtes gens de condition médiocre, et qui feront tranquillement leur chemin. Certains d'entre eux seront beaux et d'autres laids. Certains d'entre eux seront sages et d'autres insensés ; et ces derniers, en fait, semblent susceptibles de prouver le plus grand nombre.

II

Le roman a eu un long chemin à parcourir avant que les romanciers puissent se rapprocher de l'idéal proclamé par Furetière et avant d'acquérir l'habileté nécessaire pour le faire accepter à leurs lecteurs. Et il fallait aussi un lent développement de nos propres idées concernant la relation entre l'art et la vie. D'une part, on attendait de l'art qu'il mette l'accent sur une morale ; on exigeait même que le drame soit ouvertement didactique. Moins de vingt ans après la préface de Furetière , fut publiée une traduction anglaise de la « Pratique du Théâtre » de l'abbé d'Aubignac intitulée « Tout l'art de la scène » et dans laquelle était exposée la théorie de la « justice poétique ». officiellement. « L'une des règles les plus importantes et même les plus indispensables des poèmes dramatiques est que, dans ces poèmes, les vertus doivent toujours être récompensées, ou du moins louées, malgré tous les injures de la fortune ; et que de même les vices soient toujours punis ou du moins détestés par l'horreur , bien qu'ils triomphent sur la scène pour cette époque.

Le docteur Johnson était tellement un homme de son siècle qu'il reprochait à Shakespeare de ne pas prêcher, de ne pas toujours récompenser la vertu et de punir le vice dans les grandes tragédies . Le docteur Johnson et l'abbé d'Aubignac voulaient que le dramaturge fausse la vie telle que nous la connaissons. Au-delà de tout risque, le salaire du péché, c'est la mort ; et pourtant nous avons tous vu le malfaiteur mourir au milieu de sa famille dévouée et entouré de toutes les preuves extérieures du succès mondain. Insister sur le fait que la vertu doit triompher en apparence à la fin d'une pièce de théâtre ou d'un roman, c'est exiger du dramaturge ou du romancier qu'il falsifie. Il s'agit d'introduire un élément d'irréalité dans la fiction. Il s'agit d'exiger du conteur et du meneur de jeu qu'ils prouvent une thèse que le bon sens doit rejeter.

Toute tentative visant à exiger de l'artiste qu'il prouve quoi que ce soit est nécessairement une contrainte. Une véritable représentation de la vie ne prouve pas seulement une chose, elle prouve plusieurs choses. La vie est vaste, illimitée et incessante ; et les leçons du plus bel art sont celles de la vie elle-même ; ils ne sont pas uniques mais multiples. Qui peut dire quelle est l'unique morale contenue dans « l' Œdipe » de Sophocle, le « Hamlet » de Shakespeare, le « Tartufe » de Molière ? Deux spectateurs de ces chefs-d'œuvre ne seraient pas d'accord sur les mœurs particulières à isoler ; et pourtant aucun d'eux ne nierait que les chefs-d'œuvre soient profondément moraux en raison de leur vérité essentielle. La morale, une morale spécifique, c'est ce que l'artiste ne peut délibérément mettre dans son œuvre sans en détruire la véracité. Mais la morale est aussi ce qu'il ne peut laisser de côté s'il s'est efforcé seulement de traiter son sujet avec sincérité. Hegel a raison lorsqu'il nous dit que l'art a sa morale – mais la morale dépend de celui qui le dessine. Le drame didactique et le roman avec un but sont nécessairement peu artistiques et inévitablement insatisfaisants.

C'est ce qu'ont toujours ressenti les plus grands artistes ; c'est ce qu'ils ont souvent exprimé sans hésiter. Corneille, par exemple, bien qu'homme de son temps, créature du XVIIe siècle, a eu le courage d'affirmer que « l'utilité d'une pièce se voit dans la peinture simple des vices et des vertus, qui ne manque jamais d'être efficace ». si c'est bien fait et si les traits sont si reconnaissables qu'ils ne peuvent être confondus ou confondus ; la vertu se fait toujours aimer, même si elle est malheureuse, et le vice se fait toujours haïr, même s'il triomphe. Dryden, lui aussi, contemporain de d'Aubignac et prédécesseur de Johnson, avait une vision plus claire que l'un ou l'autre ; et ses opinions sont bien en avance sur les leurs. « Le plaisir, disait-il, est la fin principale, sinon la seule, de la poésie », et par poésie il entendait la fiction sous toutes ses formes ; « L'instruction ne peut être admise qu'en second lieu, car la poésie n'instruit que dans la mesure où elle plaît. » Et une fois de plus, lorsque l'on passe du XVIIe siècle de Corneille et Dryden au XIXe siècle où le roman a affirmé sa rivalité avec le drame, nous voyons le sage Goethe déclarer à Eckermann la doctrine qui s'impose désormais partout. « S'il y a une morale dans le sujet, elle apparaîtra, et le poète n'a rien à considérer que le traitement efficace et artistique de son sujet ; s'il a une âme aussi élevée que Sophocle, son influence sera toujours morale, qu'il fasse ce qu'il veut.

Une âme noble n'est pas donnée à tous les écrivains de fiction, et pourtant ils ont tous l'obligation d'aspirer aux éloges accordés à Sophocle comme celui qui « a vu la vie avec régularité et l'a vue dans son ensemble ». Même le plus humble des conteurs devrait se sentir obligé, non pas de prêcher, de ne pas exposer ostensiblement une morale, de ne pas fausser la marche des événements au nom de la soi-disant « justice poétique », mais de raconter la vie telle qu'il la connaît. sans le rendre ni meilleur ni pire, de le représenter honnêtement, de dire la vérité à ce sujet et rien que la vérité, même s'il ne dit pas toute la vérité, qu'il n'est donné à personne de connaître. C'est une obligation que nombre d'écrivains de fiction parmi les plus éminents n'ont pas respecté. Dickens, par exemple, se plaît à réformer un personnage en un clin d'œil, transformant du jour au lendemain un homme méchant en homme bon , et contredisant tout ce que l'on sait sur la permanence du caractère.

D'autres romanciers nous ont demandé d'admirer des actes violents et inattendus d'abnégation saisissante, lorsqu'un personnage est amené à assumer la responsabilité de la délinquance d'un autre personnage. Ils ont invité notre approbation à un suicide moral, qui est tout aussi condamnable que n'importe quel suicide physique. Grâce à sa perspicacité en matière d'éthique et à son solide bon sens, Huxley a énoncé le principe que ces romanciers n'ont pas réussi à saisir. Un homme, nous dit-il, « peut refuser d'en commettre un autre, mais il ne doit pas se laisser croire pire qu'il ne l'est réellement », car cela entraîne « une perte pour le monde d'une force morale qui ne peut être supportée ». Le test final de la finesse de la fiction réside dans sa véracité. « La romance est la poésie des circonstances », comme nous le dit Stevenson, et « le drame est la poésie de la conduite » ; nous pouvons être tolérants et faciles à vivre dans notre acceptation de la situation d'un romancier, mais nous devons être rigoureux en matière de conduite. En ce qui concerne les événements successifs de son histoire, les simples incidents, l'auteur peut parfois demander notre indulgence et mettre un peu à l'épreuve notre crédulité ; mais il ne doit pas s'attendre à ce que nous lui pardonnions toute violation des vérités fondamentales de la nature humaine.

C'est cette véracité austère, inébranlable et inexorable, qui fait d'« Anna Karénina » l'une des œuvres d'art les plus nobles que le XIXe siècle ait imaginées jusqu'au XXe, tout comme c'est l'absence de cette fidélité aux faits de la vie, la torsion des personnage pour prouver une thèse, qui vicie la « Sonate à Kreutzer » et la rend indigne du grand artiste de fiction qui a écrit l'œuvre antérieure. Il n'est pas exagéré de dire que le développement de Tolstoï en tant que moraliste militant coïncide avec son déclin en tant qu'artiste. Il ne se contente plus d'imaginer la vie telle qu'il la voit ; il insiste pour prêcher. Et lorsqu'il utilise son art, non pas comme une fin en soi, mais comme un instrument pour défendre ses propres théories individuelles, même si ses grands dons ne lui sont pas enlevés, le résultat est que ses romans ultérieurs manquent de l'effet moral large et profond qui a donné à ses premières études sur la vie et le caractère leur valeur durable.

Stevenson avait en lui « quelque chose du petit catéchiste » ; et l'artiste écossais en lettres, épris de mots comme il l'était, saisit fermement la loi indispensable. « Les livres les plus influents, et ceux qui ont la plus grande influence, sont les œuvres de fiction », a-t-il déclaré. « Ils n'attachent pas leur lecteur à un dogme dont il devra ensuite découvrir l'inexactitude ; ils n'enseignent pas une leçon qu'il doit ensuite désapprendre. Ils répètent, ils réarrangent, ils précisent les leçons de la vie ; ils nous dégagent de nous-mêmes, ils nous contraignent aux connaissances des autres et nous montrent le réseau de l'expérience non pas tel que nous pouvons le voir par nous-mêmes, mais avec un changement singulier – cet ego monstrueux et dévorant de notre être, pour l'être humain. occasionnellement, rayé. Pour l'être, ils doivent être raisonnablement fidèles à la comédie humaine ; et tout travail qui l'est sert au tour de l'instruction. C'est bien pensé et bien formulé, même si beaucoup d'entre nous pourraient exiger que les romans soient plus que « raisonnablement vrais ». Mais même si Stevenson s'est montré ici un peu laxiste dans les exigences qu'il imposait aux autres, il s'est montré plus strict avec lui-même lorsqu'il a écrit « Markheim » et « L'étrange cas du Dr Jekyll et de M. Hyde ».

Un autre conteur, lui aussi retranché avant d'avoir montré le meilleur de lui-même, imposait les mêmes normes à ses confrères de la fiction. Dans sa discussion frappante sur la responsabilité du romancier, Frank Norris a affirmé que les lecteurs de fiction ont « un droit à la Vérité tout comme ils ont droit à la vie, à la liberté et à la recherche du bonheur. Il n'est *pas* juste qu'ils soient exploités et trompés avec de fausses visions de la vie, de faux personnages, de faux sentiments, une fausse morale, une fausse histoire, une fausse philosophie, de fausses émotions, un faux héroïsme, de fausses notions d'abnégation, de fausses visions de la religion, de la religion. devoir, de conduite et de manières.

III

Même s'il y avait peut-être un certain avantage au roman, comme le soutient M. Le Breton, c'est qu'il a longtemps été laissé seul, sans aucun code critique, pour s'étendre tant bien que mal, pour trouver sa propre voie et élaborer sa propre voie. pour son propre salut, le moment est venu où elle peut profiter d'une critique qui l'obligera à prendre ses responsabilités et à évaluer ses ressources techniques, si elle veut prétendre à l'égalité artistique avec le drame et l'épopée. Il a gagné sa place au front ; et rares sont ceux qui remettent désormais en question son droit à la position qu'il a atteinte. Il est indéniable que dans la littérature anglaise, au temps de Victoria, le roman s'est imposé comme la forme littéraire la plus séduisante pour tous les hommes de lettres et qu'il a succédé à la place occupée par l'essai au temps d'Anne et par la pièce de théâtre. au temps d'Élisabeth.

Et comme la pièce de théâtre et l'essai d'autrefois, le roman attire aujourd'hui des écrivains qui n'ont pas de grand don naturel pour la forme. Tout comme Peele et Greene écrivirent des pièces de théâtre parce que l'écriture dramatique était populaire et avantageuse, en dépit de leur équipement dramaturgique inadéquat, et tout comme Johnson écrivit des essais parce que l'écriture d'essais était populaire et avantageuse malgré son manque de facilité et de légèreté. l'essai l'exige, alors Brougham, Motley et Froude se sont aventurés dans la fiction. On peut même se demander si George Eliot était une conteuse née et si elle n'aurait pas eu plus de succès à une autre époque où une autre forme littéraire que le roman était à la mode. En France, le roman séduit Victor Hugo, qui était essentiellement un poète lyrique, et Dumas aîné, qui était essentiellement un dramaturge. Les signes ne manquent pas ces derniers temps indiquant que le drame risque, dans un avenir immédiat, d'affirmer une rivalité plus aiguë avec la prose-fiction ; et des romanciers comme Sir James Barrie et feu Paul Hervieu ont abandonné le récit plus facile pour une mise en scène plus difficile et plus dangereuse. Mais rien ne prouve que le roman va bientôt perdre de sa vogue. Il est venu pour rester ; et comme le dix-neuvième siècle l'a laissé au vingtième, de même le vingtième le léguera probablement au vingt et unième dans une prospérité intacte.

La meilleure preuve de la solidité de sa position réside peut-être dans la considération critique dont elle bénéficie enfin. Les histoires de fiction dans toutes les littératures et les biographies de romanciers dans toutes les langues se multiplient abondamment. Nous commençons à prendre notre fiction au sérieux et à nous interroger sur ses principes. Il y a bien longtemps, à la « Technique du drame » de Freytag a succédé la « Technique du roman » de Spielhagen , toutes deux plutôt philosophiques teutoniques et déjà un peu dépassées. Des études sur la prose-fiction sont en cours d'écriture, aucune n'étant plus éclairante que celle du professeur Bliss Perry. Les romanciers eux-mêmes écrivent sur l'art de la fiction, comme l'a fait Sir Walter Besant, et se demandent ce qu'est le roman, comme l'a fait feu Marion Crawford. Ils commencent à être mécontents de l'affirmation des fidèles adeptes du drame, selon laquelle le roman est une forme trop vague pour faire appel aux meilleurs efforts de l'artiste et qu'une pièce de théâtre exige au moins une compétence technique alors qu'un roman peut souvent être le produit d'une œuvre dramatique. de main d'œuvre non qualifiée.

Des questions de toutes sortes se présentent au débat. La montée du réalisme a-t-elle rendu la romance impossible ? Existe-t-il une distinction valable entre romance et romantisme ? La nouvelle est-elle une forme définie, différente du roman par son objectif aussi bien que par sa longueur ? Quelle est la meilleure façon de raconter une histoire – à la troisième personne, comme dans l'épopée – à la première personne, comme dans une autobiographie – ou en lettres ? Qu'est-ce qui est le plus important : le personnage, l'incident ou l'atmosphère ? Le roman avec un but est-il légitime ? Pourquoi les romans dramatisés échouent-ils souvent au théâtre ? Un romancier doit-il prendre parti pour ses personnages et contre eux, ou doit-il réprimer ses propres opinions et rester impassible, comme le doit le dramaturge ? Une prodigalité dans l'invention d'incidents révèle-t-elle chez le romancier une imagination plus grande qu'il n'en faut pour peindre sincèrement des personnages simples de la vie quotidienne ? Pourquoi la vieille astuce consistant à insérer de brèves histoires dans un long roman – comme on en trouve dans « Don Quichotte », « Tom Jones » et les « Pickwick Papers » – a-t-elle été abandonnée ces dernières années ? Dans quelle mesure un romancier est-il justifié de rapprocher ses personnages de la vie réelle au point qu'ils soient reconnaissables par ses lecteurs ? Quels sont les avantages et les inconvénients de la couleur locale ? Quelle quantité de dialecte un romancier peut-il se risquer à employer ? Le roman historique est-il vraiment un type de fiction plus noble que le roman de la vie contemporaine ? Est-il vraiment possible d'écrire un roman véridique sur un autre lieu que la terre natale du romancier ? Pourquoi tant de grands écrivains de fiction ont-ils publié leur premier roman seulement après avoir atteint la moitié des soixante-dix ans qui leur étaient impartis ? L'esprit scientifique va-t-il être utile ou nuisible à l'écrivain de fiction ? Quelle est la forme la plus raffinée de la fiction, une narration rapide et directe de l'histoire, avec la concentration d'une tragédie grecque, comme celle que nous trouvons dans la « Lettre écarlate » et dans « La Fumée », ou un mouvement plus ample et plus tranquille ressemblant davantage à celle des pièces élisabéthaines, comme on peut en voir dans « Vanity Fair » et dans « War and Peace » ?

Ces questions, et bien d'autres encore, nous pouvons nous attendre à ce qu'elles soient discutées, même s'il n'est pas possible de répondre à toutes, dans toute considération sur les matériaux et les méthodes de la fiction. Et le résultat de ces recherches ne peut manquer d'être bénéfique, tant à l'écrivain qu'au lecteur de fiction. Au conteur lui-même, ils serviront de stimulant et de guide, attirant l'attention sur la technique de son métier et élargissant sa connaissance des principes de son art. Elles devraient même être utiles au lecteur oisif, car elles l'obligeront à réfléchir aux romans qu'il pourra lire et parce qu'elles l'amèneront à être plus exigeant, à insister davantage sur la véracité de la description de la vie et à exiger davantage de choses. soin dans la méthode de présentation. Tout art bénéficie d'une compréhension plus large de ses principes, de ses possibilités et de ses limites, ainsi que d'une connaissance plus diffuse de sa technique.

Brandeur Matthews.
Université de Columbia : 1908.

Post-scriptum : C'est un bon signe pour l'avenir du roman qu'au cours des dix années qui se sont écoulées depuis la rédaction de cette introduction, les professeurs de littérature de nos collèges et de nos écoles supérieures aient accordé une attention accrue à l'étude de la fiction en prose. . Il leur fallait d'abord s'informer plus abondamment sur son histoire passée et sur le rapport qu'elle a entretenu avec l'épopée d'une part et avec le drame d'autre part. Puis, dans un deuxième temps, ils ont été encouragés à transmettre aux étudiants qu'ils guidaient les résultats de leurs recherches et de leurs réflexions. Et en conséquence, la signification du roman se manifeste de jour en jour davantage.

- 11 -

BRANDEUR MATTHEWS.
UNIVERSITÉ DE COLUMBIA : 1918.

CHAPITRE I

LE BUT DE LA FICTION

La fiction, un moyen de dire la vérité—Réalité et fiction—Vérité et réalité—
—La recherche de la vérité—Le triple processus nécessaire—Différents
degrés d'accentuation—L'art de la fiction et l'artisanat de la chimie—Fiction
et réalité —Fiction et histoire—Fiction et biographie—Biographie, histoire
et fiction—Fiction qui est vraie—Fiction qui est fausse—Péchés
occasionnels contre la vérité dans la fiction—Péchés plus graves contre la
vérité—Le Futilité de l'adventice—L'indépendance des personnages créés—
La fiction plus vraie qu'un simple récit de faits—L'exception et la loi—La
véracité comme seul titre à l'immortalité—La morale et l'immoralité dans la
fiction—La faculté de la sagesse —Sagesse et technique—Expérience
générale et particulière—Expérience étendue et intensive—La nature
expérimentée—Curiosité et sympathie.

La fiction, un moyen de dire la vérité. — Avant de nous lancer dans une
étude des matériaux et des méthodes de la fiction, nous devons être certains
que nous apprécions le but de l'art et comprenons sa relation avec les autres
arts et sciences. *Le but de la fiction est d'incarner certaines vérités de la vie humaine
dans une série de faits imaginaires.* L'importance de cet objectif n'est presque
jamais appréciée par le lecteur occasionnel et insouciant des romans d'une
saison. Même s'il est communément admis qu'un tel lecteur surestime le
poids des œuvres de fiction, le contraire est vrai : il le sous-estime. Tout
romancier véritablement important cherche non seulement à divertir, mais
aussi à instruire – à instruire, non pas abstraitement, comme l'essayiste, mais
concrètement, en présentant au lecteur des personnages et des actions qui
sont vrais. Car la meilleure fiction, bien qu'elle traite de la vie de personnes
imaginaires, n'est pas moins vraie que la meilleure histoire et la meilleure
biographie, qui relatent des faits réels de la vie humaine ; et cela est plus vrai
que les rapports imprudents sur des événements réels publiés dans les
journaux quotidiens. La vérité d'une fiction digne de ce nom est attestée par
l'honneur qui lui a été accordé à tous les âges et parmi toutes les races. « On
ne peut pas tromper tout le monde tout le temps » ; et si le drame, l'épopée
et le roman n'étaient pas vrais, la race humaine les aurait rejetés il y a plusieurs
siècles. La fiction a survécu et prospère aujourd'hui parce qu'elle est un
moyen de dire la vérité.

Réalité et fiction. — Ce n'est que dans le vocabulaire de penseurs très
insouciants que les mots *vérité* et *fiction* sont considérés comme antithétiques.
Une véritable antithèse subsiste entre les mots *réalité* et *fiction* ; mais *fait* et *vérité*

ne sont pas synonymes. Le romancier abandonne le domaine des faits pour mieux dire la vérité et détourne le lecteur des réalités pour lui présenter des réalités. Il est donc primordial, dans notre présente étude, de comprendre dès le départ la relation entre fait et vérité, la distinction entre l'actuel et le réel.

Vérité et fait. — Un fait est une manifestation spécifique d'une loi générale : cette loi générale est la vérité grâce à laquelle ce fait est né. C'est un fait que lorsqu'un pommier est secoué par le vent, les pommes qui se détachent de leurs rameaux tombent à terre : c'est une vérité que les corps dans l'espace s'attirent avec une force qui varie en raison inverse du carré. de la distance qui les sépare. Le fait est concret et relève de l'expérience physique : la vérité est abstraite et relève de la théorie mentale. La réalité est le domaine des faits, la réalité le domaine de la vérité. L'univers tel que nous l'appréhendons avec nos sens est réel ; les lois de l'univers telles que nous les comprenons avec notre compréhension sont réelles.

La recherche de la vérité. — Toute science humaine est un effort pour découvrir les vérités qui sous-tendent les faits que nous percevons : toute philosophie humaine est un effort pour comprendre et évaluer ces vérités une fois qu'elles sont découvertes : et tout l'art humain est un effort pour les exprimer clairement. et efficacement une fois qu'ils sont évalués et compris. L'histoire de l'homme est l'histoire d'une recherche constante et continue de la vérité. Émerveillé devant un univers de faits, il s'est efforcé sincèrement de découvrir la vérité qui les sous-tend – s'est efforcé héroïquement de comprendre la vaste réalité dont le réel n'est qu'une incarnation sensuellement perceptible. Dans les premiers siècles de pensée enregistrée, la recherche n'était pas méthodique ; la vérité a été appréhendée, voire pas du tout, par l'intuition et annoncée comme un dogme : mais au cours des siècles modernes, certaines méthodes régulières ont été conçues pour guider la recherche. Le scientifique moderne commence son travail en rassemblant un grand nombre de faits apparemment liés et en les organisant de manière ordonnée. Il procède ensuite à induire, à partir de l'observation de ces faits, une appréhension de la loi générale qui explique leur relation. Cette hypothèse est ensuite testée à la lumière d'autres faits, jusqu'à ce qu'elle semble si incontestable que l'esprit des hommes l'accepte comme la vérité. Le scientifique la formule ensuite dans un énoncé théorique abstrait et conclut ainsi son travail.

Mais c'est justement par là que commence le philosophe. Acceptant de nombreuses vérités émanant de nombreux scientifiques, le philosophe les compare, les réconcilie et les corrèle, et construit ainsi à partir d'elles une structure de croyance. Mais cette structure de croyance reste abstraite et théorique dans l'esprit du philosophe. C'est maintenant au tour de l'artiste. Acceptant les vérités théoriques corrélées que lui ont données le scientifique et le philosophe, il leur confère une incarnation imaginative perceptible par les sens. Il les traduit en termes concrets ; il les habille de faits inventés ; il les rend imaginativement perceptibles à un esprit inné et induit à la réalité ; et ainsi il exprime la vérité.

Le triple processus nécessaire . — Ce triple processus de découverte scientifique, de compréhension philosophique et d'expression artistique de la vérité a été longuement expliqué, car tout grand écrivain de fiction doit passer par tout le processus mental. L'écrivain de fiction diffère des autres chercheurs de vérité, non pas par la méthode de sa pensée, mais simplement par son sujet. Son thème est la vie humaine. C'est une vérité de la vie humaine qu'il s'efforce de découvrir, de comprendre et d'annoncer ; et pour achever son œuvre, il doit appliquer à la vie humaine une attention de pensée successivement scientifique, philosophique et artistique. Il doit d'abord observer attentivement certains faits de la vie réelle, les étudier à la lumière d'une expérience étendue et en déduire les lois générales qu'il considère comme les vérités qui les sous-tendent. Ce faisant, il est un scientifique. Ensuite, s'il est un grand penseur, il établira une corrélation entre ces vérités et construira à partir d'elles une structure de croyance. Ce faisant, il est philosophe. Enfin, il doit créer avec imagination des scènes et des personnages qui illustreront les vérités qu'il a découvertes et considérées, et qui les transmettront clairement et efficacement à l'esprit de ses lecteurs. Ce faisant, il est un artiste.

Différents degrés d' accentuation. — Mais bien que ce triple processus mental (de découverte scientifique, de compréhension philosophique et d'expression artistique) soit vécu pleinement par tout maître de fiction, on constate que certains auteurs s'intéressent davantage à la première phase, ou phase scientifique, du processus, d'autres dans la deuxième phase, ou phase philosophique, et d'autres encore dans la troisième phase, ou phase artistique. Évidemment, Emile Zola s'intéresse principalement à une enquête scientifique sur les faits réels de la vie, George Eliot à une contemplation philosophique de ses vérités sous-jacentes et Gabriele D'Annunzio à une présentation artistique du monde onirique qu'il imagine. Washington Irving est avant tout un artiste, Tolstoï avant tout un philosophe et Jane Austen avant tout une observatrice scientifiquement précise. Rares sont les écrivains, même parmi les plus grands maîtres de l'art, dont nous sentons, comme nous ressentons pour Hawthorne, que le savant, le philosophe et l'artiste règnent sur des secteurs égaux de leur esprit. Le scientifique Hawthorne est si minutieux, si exact et si précis dans ses enquêtes sur la vie provinciale que James Russell Lowell, un critique aussi critique, a déclaré que la « Maison aux Sept Pignons » était « la contribution la plus précieuse à l'histoire de la Nouvelle-Angleterre qui ait jamais existé ». encore été fait. Le philosophe Hawthorne est si sage dans sa compréhension du crime et du châtiment, si ferme dans sa structure de croyance concernant la vérité morale, qu'il semble que lui, s'il en est un, pourrait donner une réponse à ce cri poignant d'un meurtrier désespéré :

« Ne peux-tu pas soigner un esprit malade,
arracher de la mémoire un chagrin enraciné, raser les troubles écrits du cerveau, et avec un doux antidote inconscient
nettoyer le sein bourré de cette substance périlleuse
qui pèse sur le cœur ? [1]

Et l'artiste Hawthorne est si délicat dans sa présentation sensible et aimante du beau, si magistral tant dans sa structure que dans son style, que son œuvre, en termes artistiques seuls, est sa propre excuse d'être. S'il n'y avait pas le *caractère confiné* de sa fiction – son manque d'étendue et de portée, tant dans le sujet que dans l'attitude d'esprit – son travail sur ce point pourrait être considéré comme une illustration de tout ce qui peut être grand dans les trois volets. processus de création.

L'art de la fiction et l'artisanat de la chimie. — *La fiction*, pour emprunter une figure de la science chimique, *est la vie distillée*. Dans l'esprit de l'auteur, le réel s'évapore d'abord en réel, et le réel est ensuite condensé en imaginé. L'auteur transmue d'abord les réalités concrètes de la vie en réalités abstraites ; puis il transmue ces réalités abstraites en imaginations concrètes. Nécessairement, s'il a poursuivi ce processus mental sans erreur, ses imaginations seront vraies ; parce qu'ils représentent des réalités, qui à leur tour ont été induites à partir des réalités.

Fiction et réalité. — Dans une de ses critiques du plus grand dramaturge moderne, M. William Archer a attiré l'attention sur le fait que « d'habitude et instinctivement les hommes font à Ibsen le compliment (si souvent fait à Shakespeare) de parler de certains de ses personnages féminins comme si c'étaient de vraies femmes, vivant en dehors de l'intelligence créatrice du poète. [Il est évident que M. Archer, en disant « vraies femmes », entend ce qui est plus précisément désigné par les mots « réelles femmes ».] Un tel compliment est également adressé instinctivement à tout maître de l'art de la fiction ; et la raison n'est pas difficile à comprendre. Si les lois générales de la vie que le romancier a imaginées sont de vraies lois, et si son incarnation imaginative est en tous points parfaitement cohérente, ses personnages seront de vrais hommes et de vraies femmes au sens le plus élevé. Ils ne seront pas réels, mais ils seront réels. Les grands personnages de fiction – Sir Willoughby Patterne , Tito Melema , D'Artagnan , Père Grandet , Rosalind, Tartufe , Hamlet, Ulysse – incarnent des vérités de la vie humaine auxquelles on est parvenu seulement après une observation approfondie des faits et une patiente induction de eux. Cervantès a dû observer une multitude de rêveurs avant de connaître la vérité sur le caractère idéaliste qu'il a exprimé dans Don Quichotte. Les grands personnages de la fiction sont typiques des grandes classes de l'humanité. Ils vivent plus véritablement que vous et moi, parce qu'ils sont faits de nous et de beaucoup d'hommes. Ils ont la grande réalité des idées générales, ce qui est plus vrai que l'actualité des faits. C'est pourquoi nous les connaissons et les considérons comme de vraies personnes – de vieilles connaissances que nous connaissions (peut-être) avant notre naissance, lorsque (comme cela est concevable) nous vivions avec eux dans le Royaume des Idées de Platon. En France, au lieu de traiter un homme d'avare, on l'appelle Harpagon . Nous connaissons Rosalind comme nous connaissons notre plus doux amour d'été ; Hamlet est notre frère aîné et comprend nos propres hésitations et hésitations.

Fiction et Histoire. — Instinctivement aussi, nous considérons les grands personnages de la fiction comme plus réels que la plupart des personnages réels d'une époque révolue dont les actes sont relatés dans des histoires poussiéreuses. Pour un esprit moderne, si vous évoquez le nom de Marcus Brutus, vous ferez naître l'esprit du patriote fictif de Shakespeare, et non celui du Brutus réel, d'une nature très différente, dont les actes sont vaguement rapportés par les chroniqueurs de Rome. Le Richelieu de Dumas père ne ressemble peut-être que légèrement au véritable fondateur de l'Académie française ; mais il vit pour nous plus réellement que le Richelieu de bien des histoires. Nous connaissons Hamlet encore mieux que Henri-Frédéric Amiel , qui lui ressemblait à bien des égards ; même si Amiel s'est présenté de manière plus approfondie que presque tout autre homme. Nous pouvons aller plus loin et déclarer que les personnes réelles de tout âge ne peuvent vivre dans la mémoire d'au-delà que lorsque les faits concernant leurs personnages et leur carrière ont été transmués en une sorte de fiction par l'esprit d'historiens créatifs. En réalité, en 1815, il n'y avait qu'un seul Napoléon ; il y a désormais autant de Napoléons qu'il y a de biographies et d'histoires de lui. Il a été recréé d'une manière par un auteur, d'une autre par un autre ; et vous pouvez faire votre choix. Vous pouvez accepter le Jules César de M. Bernard Shaw, ou le Jules César de Thomas De Quincey. La première est franchement une fiction ; et la seconde, pas si franchement, est également une fiction – tout aussi éloignée de la réalité que l'adaptation par Shakespeare du portrait de Plutarque.

Fiction et biographie. — L'une des illustrations les plus frappantes de la façon dont un grand esprit créatif, cherchant honnêtement à découvrir, à comprendre et à exprimer la vérité concernant les personnages réels du passé, fait nécessairement de la fiction à partir de ces personnages, est donnée par Thomas Carlyle dans son « Héros et culte des héros. Ici, dans la méthode opératoire de Carlyle, il est facile de discerner ce triple processus de création auquel est soumis l'esprit créateur de fiction. Un examen des faits enregistrés concernant Mahomet, Dante, Luther ou Burns le conduit à la découverte et à la formulation de certaines vérités abstraites concernant le héros comme prophète, comme poète, comme prêtre ou comme homme de lettres ; et par la suite, en composant ses études historiques, il expose uniquement les faits réels conformes à sa compréhension philosophique de la vérité et représentera donc cette compréhension avec la plus grande insistance. Il fait de la fiction sur ses héros, afin de dire avec le plus d'insistance la vérité à leur sujet.

Biographie, histoire et fiction. — De cette manière, la biographie et l'histoire, dans leur meilleure forme, sont condamnées à employer les méthodes de l'art de la fiction ; et l'on peut donc comprendre sans surprise pourquoi le lecteur moyen dit toujours des histoires de Francis Parkman qu'elles se lisent comme des romans, même si les savants de l'histoire les plus allemands nous assurent que Parkman est toujours fidèle à ses faits. Les faits, dans l'esprit de ce modèle d'historiens, étaient révélateurs de vérités ; et ces vérités, il s'efforça d'exprimer avec un art irréprochable. Comme le meilleur des romanciers, il était à la fois un scientifique, un philosophe et un artiste ; et ce n'est pas la moindre des raisons pour lesquelles ses histoires perdureront. Ils sont aussi vrais que la fiction.

Fiction qui est vraie. — Non seulement les grands personnages de fiction nous convainquent de la réalité : dans les simples événements eux-mêmes d'une fiction digne, nous ressentons une aptitude qui nous fait les connaître réels. Le sentimental Tommy a vraiment perdu ce concours littéraire parce qu'il a perdu une heure entière à chercher en vain le mot juste ; Hetty Sorrel a vraiment tué son enfant ; et M. Henry a dû gagner ce duel de minuit avec le maître de Ballantrae , même si ce dernier était le meilleur épéiste. Ces incidents sont conformes aux vérités que nous reconnaissons. Et ce n'est pas seulement dans la fiction proche de la réalité que nous ressentons un sentiment de vérité. Nous le ressentons tout aussi vivement dans les contes de fées comme ceux de Hans Christian Andersen, ou dans les plus belles légendes d'une époque antérieure. On nous raconte à propos du Steadfast Tin Soldier que, après avoir été fondu dans le feu, la servante qui a emporté les cendres le lendemain matin l'a trouvé sous la forme d'un petit cœur en étain ; et en nous souvenant de la petite danseuse de ballet pailletée qui s'est précipitée vers lui comme une sylphe et a été brûlée dans le feu avec lui, nous sentons une aptitude dans cette petite imagination qui ouvre des perspectives sur la vérité humaine. La fable de M. Kipling « Comment l'éléphant a obtenu sa trompe » est tout aussi vraie que ses rapports sur Mme Hauksbee . Sa théorie peut ne pas être conforme aux faits réels de la science zoologique ; mais en tout cas cela représente une vérité peut-être plus importante pour ceux qui sont redevenus comme des petits enfants.

Fiction qui est fausse. — De même que nous ressentons par instinct la réalité de la fiction dans ce qu'elle a de mieux, de même, avec un instinct similaire tout aussi aigu, nous ressentons la fausseté de la fiction lorsque l'auteur s'écarte de la vérité. À moins que ses personnages n'agissent et ne pensent en tous points conformément aux lois de leur existence imaginée, et à moins que ces lois ne soient en harmonie avec les lois de la vie réelle, aucune sophistication de la part de l'auteur ne peut nous faire croire finalement à son histoire ; et à moins que nous croyions son histoire, son objectif en l'écrivant aura échoué. Le romancier, qui a tant de moyens de dire la vérité, a aussi de nombreux moyens de mentir. Il peut mentir dans son thème même, s'il manque de raison dans sa vision des choses qui existent. Il peut mentir dans sa description s'il interfère avec son peuple une fois qu'il a été créé et tente de le contraindre à atteindre ses objectifs au lieu de lui permettre de déterminer son propre destin. Il peut mentir dans son complot s'il conçoit des situations arbitrairement dans le seul but d'obtenir un effet immédiat. Il peut mentir dans son dialogue, s'il met dans la bouche de son peuple des phrases que sa nature n'exige pas qu'il prononce. Il peut mentir dans ses commentaires sur ses personnages, si les personnages démentent les commentaires dans leurs actions et leurs paroles.

Péchés occasionnels contre la vérité dans la fiction. — De cette sorte de fiction qui est un tissu de mensonges, la présente étude ne s'intéresse pas à elle ; mais même dans la meilleure fiction, nous rencontrons des passages faux. Il est cependant peu probable que nous soyons induits en erreur par ceux-ci : nous nous révoltons instinctivement contre eux avec un sentiment qui peut être mieux exprimé dans cette célèbre phrase de l'évaluateur Brack d'Ibsen : « Les gens ne font pas de telles choses ». Lorsque Shakespeare nous dit, vers la fin de « Comme il vous plaira », que le méchant Oliver a soudainement changé de nature et a gagné l'amour de Celia, nous savons qu'il ment. La scène n'est pas fidèle aux grandes lois de la vie humaine. Lorsque George Eliot, ne sachant pas comment conclure « Le moulin à soie », nous dit que Tom et Maggie Tulliver se sont noyés ensemble dans une inondation, nous ne la croyons pas ; tout comme nous ne croyons pas Sir James Barrie lorsqu'il invente cet accident absurde de la mort de Tommy. Ces trois cas de fausseté ont été choisis parmi des auteurs qui connaissent la vérité et la disent presque toujours ; et tous trois ont une certaine palliation. Ils arrivent à la toute fin ou vers la toute fin de longues histoires. Dans la vie réelle, bien sûr, il n'y a pas vraiment de fin : la vie présente une séquence continue de causalités qui s'étendent : et puisqu'une histoire doit avoir une fin, sa conclusion doit en tout cas démentir une loi de la nature. La vérité est probablement que Tommy n'est pas mort du tout : il vit encore et vivra toujours. Et comme Sir James Barrie ne pouvait pas écrire éternellement, on peut lui pardonner une fin improvisée à laquelle lui-même ne croyait apparemment pas. De même, nous pouvons également pardonner ce mensonge de Shakespeare, car il contribue à une véracité générale de la bonne volonté au début. conclusion de son histoire; et quant à George Eliot, eh bien, elle disait la vérité avec insistance depuis plusieurs centaines de pages.

Des péchés plus graves contre la vérité. — Mais quand Charlotte Brontë, dans « Jane Eyre », nous raconte que M. Rochester a d'abord dit puis répété la phrase suivante : « Je suis disposé à être grégaire et communicatif ce soir », nous avons plus de mal à pardonner au fausseté apparente. Dans le même chapitre, l'auteur déclare que M. Rochester a émis la remarque suivante : — « Alors, en premier lieu, convenez-vous avec moi que j'ai le droit d'être un peu magistral, brusque, peut-être exigeant, parfois, sur la base des raisons que j'ai déclarées, à savoir que je suis assez vieux pour être votre père, que j'ai lutté à travers une expérience variée avec de nombreux hommes de nombreuses nations et que j'ai parcouru la moitié du globe, tandis que vous avez vécu tranquillement avec un groupe d'hommes. des gens dans une même maison ?

De tels écrits sont inexcusablement faux. Nous ne pouvons pas croire qu'un être humain ait jamais posé une question directe aussi longue et élaborée. Les gens ne parlent pas comme ça. En revanche, remarquons un instant la poignante véracité du discours dans l'histoire de M. Rudyard Kipling, « Only a Subaltern ». Un soldat fiévreux dit à Bobby Wick : « Je vous demande pardon, monsieur, je vous dérange maintenant, mais voudriez- vous « vieillir mon » et, monsieur » ? — et plus tard, lorsque le soldat sera en convalescence et Bobby à son tour est frappé, le soldat regarde soudain son lit avec horreur et s'écrie : « Oh, mon Dieu ! Ça ne peut pas *être moi* ! « Les gens parlent comme ça.

La futilité de l' adventice. — En règle générale, les intrigues arbitraires ne servent à rien dans la fiction : nous savons presque toujours quand une histoire est vraie et quand elle ne l'est pas. Nous croyons rarement à la volonté perdue depuis longtemps et qui est enfin découverte au dos d'une toile en décomposition ; ou dans la rencontre fortuite et la découverte mutuelle de parents séparés depuis longtemps ; ou dans des circonstances aussi accidentelles que celle, par exemple, à cause de laquelle Roméo ne parvient pas à recevoir le message de frère Laurence. Les incidents de la fiction, dans le meilleur des cas, sont non seulement probables mais inévitables : ils se produisent parce que, dans la nature des choses, ils doivent se produire, et non parce que l'auteur le souhaite. De même, les personnages de fiction les plus authentiques sont si réels que même leur créateur n'a aucun pouvoir pour leur faire faire ce qu'ils ne veulent pas. On a dit de Thackeray qu'il avait tellement aimé le colonel Newcome qu'il souhaitait ardemment que ce bon homme puisse vivre heureux jusqu'à la fin. Pourtant, connaissant les circonstances dans lesquelles le colonel était empêtré, et connaissant aussi la nature des personnes qui formaient le petit cercle autour de lui, Thackeray comprit que ses derniers jours seraient nécessairement misérables ; et s'en rendant compte, l'auteur dit l'amère vérité, même si cela lui coûta beaucoup de larmes.

L'indépendance des personnages créés. — Le lecteur imprudent de fiction suppose généralement que, puisque le romancier invente ses personnages et ses incidents, il peut toujours les ordonner selon ses propres désirs : mais tout artiste honnête vous dira que ses personnages deviennent souvent intraitables et refusent obstinément sur certains points. d'accepter les incidents qu'il leur a préparés d'avance, et qu'à d'autres moments ils prennent les choses en main et s'enfuient avec l'histoire. Stevenson a enregistré cette dernière expérience. Il a dit, à propos de Kidnapped : « Dans un de mes livres, et dans un seul, les personnages ont pris le mors aux dents ; tout d'un coup, ils se détachèrent du papier plat, ils me tournèrent le dos et s'éloignèrent corporellement ; et à partir de ce moment ma tâche fut sténographique : c'était eux qui parlaient, c'était eux qui écrivaient la suite de l'histoire.

Ce sont les lois de la vie, et non la volonté de l'auteur, qui doivent finalement décider du destin des héros et des héroïnes. Le soir du 3 février 1850, juste après avoir écrit la dernière scène de « La Lettre écarlate », Hawthorne la lut à sa femme – « essaya plutôt de la lire », écrivit-il le lendemain dans une lettre à son ami, Horatio Bridge, « car ma voix s'enflait et se soulevait, comme si j'étais ballotté de haut en bas sur un océan qui s'apaise après une tempête. Mais j'étais alors dans un état très nerveux, après avoir traversé une grande diversité d'émotions en l'écrivant pendant plusieurs mois. N'est-il pas concevable que, dans la « grande diversité d' émotions » que l'auteur a éprouvée en clôturant son histoire, il ait été tenté plus d'une fois de déclarer que Hester et Dimmesdale se sont échappés sur le navire Bristol et ont ensuite expié leur offense en sainteté. et des durées de vie utiles ? Mais si une telle pensée lui venait à l'esprit, il la mettait de côté, sachant que la révélation de la lettre écarlate était inexorablement exigée par la plus haute loi morale.

La fiction est plus vraie qu'un simple rapport de faits. — Nous sommes maintenant prêts à comprendre l'affirmation selon laquelle la fiction, dans sa meilleure forme, est bien plus vraie que les rapports imprudents sur des événements réels publiés dans les journaux quotidiens. L'eau distillée est en réalité bien plus H_2O que le liquide naturel trouble contenu dans le bulbe de la cornue ; et la vie qui a été clarifiée dans le triple alambic de l'esprit de l'écrivain de fiction est bien plus réellement la vie que les événements obscurs et non réalisés qui sont rapportés dans les chroniques quotidiennes des faits. Le journal nous dira peut-être qu'un homme qui avait quitté son bureau dans un état d'esprit apparemment normal est rentré chez lui et a abattu sa femme ; mais les gens ne font pas de telles choses ; et bien que l'histoire raconte un événement réel, elle ne dit pas la vérité. La seule façon pour le journaliste de rendre cette histoire vraie serait de retracer toutes les causes antérieures qui ont inévitablement conduit à l'incident culminant. L'incident lui-même ne peut devenir vrai pour nous que lorsque nous sommes amenés à le comprendre.

Robert Louis Stevenson a fait remarquer un jour que chaque fois que, dans une histoire écrite par un de ses amis, il tombait sur un passage particulièrement faux, il soupçonnait toujours qu'il avait été transcrit directement de la vie réelle. L'auteur était trop sûr des faits pour se demander en quoi ils étaient représentatifs des lois générales de la vie. Mais les faits ne sont importants pour le penseur attentif que dans la mesure où ils sont significatifs de la vérité. Il ne fait aucun doute qu'un esprit omniscient comprendrait la raison de chaque événement accidentel et apparemment insignifiant de la vie réelle. Sans aucun doute, par exemple, l'Esprit Universel doit comprendre pourquoi le grand directeur musical Anton Seidl est mort subitement d'un empoisonnement à la ptomaïne. Mais pour un esprit limité, de tels événements semblent dénués de signification en termes de vérité ; ils ne semblent pas indiquer une loi nécessaire. Et puisque l'écrivain de fiction a un esprit fini, les lois de la vie qu'il peut comprendre sont plus strictement logiques que les lois non découvertes de la vie réelle qui échappent à son entendement. De nombreux événements fortuits du monde réel seraient donc inadmissibles dans le monde de la fiction, intellectuellement ordonné. Un romancier n'a pas le droit de présenter une suite d'événements dont il ne peut, dans ses causes et ses effets, faire comprendre au lecteur.

L'exception et la loi. — Nous touchons ici à un principe rarement apprécié des débutants dans l'art de la fiction. Chaque professeur d'université de composition littéraire qui a accusé un étudiant de fausseté dans un passage d'une histoire que l'étudiant a soumis a reçu la réponse triomphale mais déraisonnable : « Oh, non, c'est vrai ! C'est arrivé à un de mes amis ! Et il est alors devenu nécessaire pour le professeur d'expliquer du mieux qu'il peut qu'un événement réel n'est pas nécessairement vrai aux fins de la fiction. Les faits imaginaires d'une histoire véritablement digne d'intérêt sont exposés simplement parce qu'ils sont représentatifs d'une certaine loi générale de la vie fermement ancrée dans la conscience de l'écrivain. Par conséquent, une transcription de faits réels ne répond pas aux objectifs de la fiction à moins que les faits en eux-mêmes ne soient évidemment représentatifs d'une telle loi. Et beaucoup de choses peuvent arriver à un de nos amis sans qu'un esprit réfléchi puisse trouver une raison logique pour laquelle elles devaient se produire.

La véracité est le seul titre à l'immortalité. — Il est nécessaire que l'étudiant apprécie l'importance de ce principe dès le début de son apprentissage de l'art. Car ce n'est qu'en adhérant rigoureusement à la vérité que la fiction peut survivre. À chaque époque de la littérature sont apparus de nombreux auteurs intelligents qui ont diverti leurs contemporains avec des inventions ingénieuses, des incidents brillants, une nouveauté inattendue de caractère ou une éloquence séduisante de style, mais qui ont été rejetés et oubliés par les générations suivantes simplement parce qu'ils n'ont pas réussi à dire. la vérité. Il n'y a probablement pas, dans toute la gamme de la fiction anglaise, de tisseur d'intrigues captivantes , de maître d'invention ou de manipulateur de suspense plus habile que Wilkie Collins ; mais Collins est déjà écarté et presque oublié, parce que le monde des lecteurs a découvert qu'il ne montrait aucune vérité d'une véritable importance, mais qu'il sacrifiait plutôt les réalités éternelles de la vie pour de simples plausibilités momentanées . Il est probable aussi qu'il n'y a pas d'artiste de la prose française plus séduisant par son éloquence que René de Chateaubriand ; mais sa fiction n'est plus lue, parce que le monde a découvert que son sentimentalisme était à ce point une imposture – il était contraire à la nature des êtres humains normaux. "Alice au pays des merveilles" survivra aux œuvres de ces deux auteurs talentueux, en raison des nombreuses et capitales vérités humaines qui nous regardent à travers ses rêves.

Moralité et immoralité dans la fiction. — Toute la question de la moralité ou de l'immoralité d'une œuvre de fiction est simplement une question de sa vérité ou de sa fausseté. Pour apprécier ce point, il faut d'abord veiller à distinguer l'immoralité de la grossièreté. La moralité d'un écrivain de fiction ne dépend pas de la décence de son expression. En fait, l'histoire de la littérature montre que les auteurs franchement grossiers, comme Rabelais ou Swift par exemple, n'ont que rarement ou jamais été immoraux ; et que les livres les plus immoraux ont été écrits dans la langue la plus délicate. Swift et Rabelais sont moraux, car ils disent la vérité avec raison et vigueur ; on peut s'opposer à certains passages de leurs écrits pour des raisons esthétiques, mais non éthiques. Ils peuvent offenser notre goût ; mais ils ne sont pas de nature à induire en erreur notre jugement – bien moins susceptibles que D'Annunzio, par exemple, qui, bien qu'il n'offense jamais le goût esthétique le plus délicat, efface du teint pâle de sa poésie une triste folie de l' esthétique. une vision des vérités profondes et ultimes de la vie humaine. En deuxième lieu, nous devons courageusement comprendre que la moralité d'une œuvre de fiction ne dépend que peu ou pas du sujet qu'elle traite. Il est tout à fait injuste pour le romancier de décider, comme le font de nombreux lecteurs déraisonnables, qu'un livre tel que Sapho de Daudet doit être nécessairement immoral parce qu'il présente des personnages immoraux dans une série d'actes immoraux. Il n'existe pas de sujet immoral pour un roman : c'est dans le traitement du sujet, et seulement dans le traitement, que réside la base du jugement éthique de l'œuvre. La seule chose nécessaire pour qu'un roman soit moral est que l'auteur maintienne tout au long de son œuvre une vision saine et saine de la solidité ou de la malsance des relations entre ses personnages. Il doit savoir quand ils ont raison et quand ils ont tort, et doit nous expliquer clairement les raisons de son jugement. Il ne peut être immoral que s'il est faux. Pour nous faire plaindre de ses personnages quand ils sont vils, ou les aimer quand ils sont nuisibles, pour leur inventer des excuses dans des situations où ils ne peuvent être excusés, pour nous laisser satisfaits quand leur bassesse n'a pas été trahie , pour nous faire nous demander si après tout l'exception n'est pas plus grande que la règle – en un mot, mentir sur ses personnages – c'est, pour l'écrivain de fiction, le seul péché impardonnable.

La Faculté de Sagesse. — Mais ce n'est pas chose facile de dire la vérité sur la vie humaine, et rien que la vérité. Les meilleurs écrivains de fiction tombent de temps en temps dans le mensonge ; et ce n'est que par un travail honnête et une lutte sincère pour l'idéal qu'ils parviennent en grande partie à remplir le but de leur art. Mais l'écrivain de fiction ne doit pas seulement être honnête et sincère ; il doit aussi être sage. *La sagesse est la faculté de voir à travers et tout autour d'un objet de contemplation, et de comprendre totalement et immédiatement ses relations avec tous les autres objets.* Cette faculté ne s'acquiert pas ; il doit être développé : et il se développe uniquement par l'expérience. L'expérience demande ordinairement du temps ; et bien que, pour des raisons particulières qui seront évoquées plus loin, la plupart des grands nouvellistes aient été jeunes, nous ne sommes pas surpris de constater que la plupart des grands romanciers sont des hommes mûrs. Ils ont mûri lentement jusqu'à prendre conscience des vérités qu'ils se sont efforcés de transmettre plus tard. Richardson, le père du roman anglais moderne, avait cinquante et un ans lorsque « Pamela » a été publié ; Scott avait quarante-trois ans lorsque « Waverley » est apparu ; Hawthorne avait quarante-six ans lorsqu'il écrivit « La Lettre écarlate » ; Thackeray et George Eliot étaient en bonne voie vers les années quarante lorsqu'ils terminèrent « Vanity Fair » et « Adam Bede » ; et ce sont les premiers romans de chaque écrivain.

Sagesse et technique. — Le jeune auteur qui aspire à écrire des romans ne doit pas seulement travailler à acquérir la technique de son art : il est encore plus important qu'il ordonne sa vie de manière à devenir rusé dans les vérités fondamentales de la nature humaine. Son premier problème – celui de l'acquisition de la technique – est relativement simple. La technique peut être apprise dans les livres – les chefs-d'œuvre de l'art de la fiction. Cela peut être étudié empiriquement. L'étudiant peut observer ce que les maîtres ont fait et n'ont pas fait ; et il peut en comprendre les raisons. Et il pourra peut-être être aidé par des critiques constructives de la fiction dans ses efforts pour comprendre ces raisons. Mais son deuxième problème – celui du développement de la sagesse – est plus difficile ; et il doit s'y attaquer sans aucune aide des livres. Ce qu'il apprend de la vie humaine, il doit l'apprendre à sa manière, sans aide extérieure.

Il est assez facile pour l'étudiant d'apprendre, par exemple, comment les grandes nouvelles ont été construites. Il est assez facile pour le critique, sur la base de telles connaissances, de formuler empiriquement les principes de cet art particulier du récit. Mais il n'est pas facile pour l'étudiant de découvrir, ni pour le critique de suggérer, comment un homme d'une vingtaine d'années peut développer une vision aussi sage de la vie humaine que celle démontrée, par exemple, dans « Without Benefit of Clergy » de M. Kipling. .» Quelques suggestions peuvent peut-être être proposées ; mais ils doivent être considérés comme de simples suggestions et ne doivent pas être surévalués.

générale et particulière . — D'emblée, on peut noter que l'écrivain de fiction a besoin de deux dotations d'expérience différentes : — premièrement, une expérience large et générale de la vie dans son ensemble ; et deuxièmement, une expérience profonde et spécifique de cette phase particulière de la vie qu'il souhaite décrire. Une expérience générale et large est commune à tous les maîtres de l'art de la fiction : c'est par la nature particulière de leur expérience spécifique et profonde qu'ils diffèrent les uns des autres. Même si Sir Walter Scott était bien plus vaste que Jane Austen en termes de connaissances générales , il avouait être étonné de la profondeur de sa connaissance spécifique de la société bourgeoise anglaise quotidienne. La plupart des grands romanciers ont fait, comme Jane Austen, une étude particulière sur un domaine particulier. Hawthorne est une autorité en matière de Nouvelle-Angleterre puritaine, Thackeray en matière de haute société londonienne, Henry James en matière de super-civilisation cosmopolite. Il semblerait donc qu'un jeune auteur, tout en gardant son observation à jour pour toute expérience, devrait accorder une attention particulière à l'expérience d'une phase particulière de la vie. Mais arrive M. Rudyard Kipling, avec ses connaissances universelles, pour nous bousculer par manque de foi en nous concentrant sur un point d'attention trop étroit.

Expérience étendue et intensive . — L'expérience est de deux sortes, étendue et intensive. Un simple coup d'œil sur l' éventail des sujets de M. Kipling nous montrerait l'étendue de sa vaste expérience : il a évidemment vécu dans de nombreux pays et a regardé avec sympathie la vie de toutes sortes de personnes. Mais dans certains récits, comme son « Ils » par exemple, on est plutôt arrêté par la profondeur de son expérience intensive. «Ils» nous révèle un auteur qui n'a pas forcément parcouru le monde, mais qui a forcément ressenti toutes les phases du désir maternel chez une femme. Les choses que M. Kipling sait dans « Ils » n'auraient jamais pu être apprises autrement que par sympathie.

Une expérience intensive est infiniment plus précieuse pour l'écrivain de fiction qu'une expérience approfondie : mais la difficulté est que, bien que cette dernière puisse être acquise par les expédients évidents du voyage et de l'association volontaire avec des types nombreux et variés de personnes, la première ne peut jamais être acquise. à travers toute recherche délibérée et consciente. Les grandes expériences intenses de la vie, comme l'amour et l'amitié, ne doivent pas être recherchées si elles doivent se produire ; et aucun homme ne peut acquérir une véritable expérience de joie ou de chagrin en expérimentant délibérément la vie. Les expériences profondes doivent être observées et attendues. L'auteur doit être toujours prêt à les comprendre lorsqu'ils viennent : lorsqu'ils frappent à sa porte, il ne doit pas commettre l'erreur de répondre qu'il n'est pas chez lui. Mais il ne doit pas commettre l'erreur contraire de sortir dans les chemins et les haies pour les contraindre à entrer dans ses portes.

La nature expérimentée . — Sans aucun doute, très peu de gens sont toujours chez eux pour chaque expérience réelle qui frappe à leur porte ; très peu de gens, pour dire les choses plus simplement, ont une nature expérientielle. Mais les grands romans ne peuvent être écrits que par des hommes doués d'expérience ; et c'est là une base pour admettre qu'après tout, les écrivains de fiction naissent et ne sont pas créés. La nature de l'expérience est difficile à définir ; mais deux de ses qualités les plus évidentes, en tout cas, sont une vive curiosité et une sympathie immédiate. Une combinaison de ces deux qualités donne à un homme cette intensité d'intérêt pour la vie humaine qui est une condition préalable à sa compréhension croissante de celle-ci. La curiosité, par exemple, est l'atout le plus évident de l'équipement de M. Kipling. Nous n'avions pas besoin de sa confession ludique dans les « Just So Stories »—

«Je garde six serviteurs honnêtes
(ils m'ont appris tout ce que je savais):—
Leurs noms sont Quoi et Pourquoi et QuandEt Comment et Où et Qui»—
—

pour nous convaincre que, dès sa plus tendre jeunesse, il a été un infatigable questionneur. Ce n'est que grâce à une saine curiosité qu'il aurait pu acquérir les énormes réserves de connaissances spécifiques concernant presque tous les domaines de la vie qu'il a exposées dans ses volumes successifs. D'un autre côté, c'est évidemment grâce à sa vaste dotation de sympathie que Dickens a pu connaître si profondément toutes les phases de la vie des humbles à Londres.

Curiosité et sympathie. — L'expérience gravite vers l'homme à la fois curieux et sympathique. Le royaume de l'aventure est en nous. Tout comme nous créons de la beauté dans un objet lorsque nous le regardons magnifiquement, de même nous créons l'aventure tout autour de nous lorsque nous parcourons le monde intérieurement illuminé par l'amour de la vie. Des choses intéressantes arrivaient à Robert Louis Stevenson chaque jour de son existence, parce qu'il incorporait la faculté de s'intéresser aux choses. Dans l'un de ses essais les plus élogieux, « Les porteurs de lanternes », il déclarait que jamais une heure de sa vie ne s'était encore ennuyée ; s'il avait attendu à un carrefour ferroviaire, il avait eu quelques pensées éparses, il avait compté quelques grains de souvenirs , auprès desquels l'ensemble de nombreux romans ne paraissait que des scories. L'auteur qui aspire à écrire de la fiction doit cultiver la faculté de prendre soin de tout ce qui arrive ; il doit s'entraîner rigoureusement pour ne jamais s'ennuyer ; il devrait regarder toute vie qui nage dans son domaine avec des yeux curieux et sympathiques, se rappelant toujours que la sympathie est une faculté plus profonde que la curiosité : et en raison de la joie profonde de son intérêt pour la vie, il devrait s'efforcer humblement de gagner cet héritage d'intérêt. en développant une compréhension approfondie de sa source. De cette façon, peut-être, il pourra prendre conscience de certaines vérités de la vie qui sont des matériaux de fiction. Si tel est le cas, il aura accompli la plus grande moitié de son travail : il aura trouvé quelque chose à dire.

[1]

Macbeth : Acte V ; Scène 3.

QUESTIONS DE RÉVISION

1. Quelle est la relation logique (1) entre fait et vérité, (2) entre fait et fiction, et (3) entre vérité et fiction ?

2. Définir les domaines des contributions respectives de l'art, de la philosophie et de la science à la recherche de la vérité.

3. En quoi une œuvre de fiction bien imaginée est-elle plus fidèle à la réalité qu'un article de journal relatant des événements réels ?

4. Expliquez la base logique de la distinction entre moralité et immoralité dans une œuvre d'art.

LECTURE SUGGÉRÉE

FRANK NORRIS :— « Un problème dans la fiction », dans « Les responsabilités du romancier ».

CLAYTON HAMILTON :— « On Telling the Truth », dans « The Art World »
de septembre 1917.

CHAPITRE II

RÉALISME ET ROMANCE

Deux méthodes pour exposer la vérité – Chaque esprit est réaliste ou romantique – La distinction erronée de Marion Crawford – Une deuxième distinction insatisfaisante – Une troisième distinction insatisfaisante – La définition négative de Bliss Perry – La vraie distinction est celle de la méthode et non celle du matériel —Découverte scientifique et expression artistique—Le témoignage de Hawthorne—Une formule philosophique—Induction et déduction—La méthode inductive du réaliste—La méthode déductive du romantique—Le réalisme, comme la science inductive, une science strictement moderne Produit—Avantages du réalisme—Avantages du romantisme—Le confinement du réalisme—La liberté du romantisme—Aucune méthode meilleure que l'autre—Abus du réalisme—Abus du romantisme.

Deux méthodes pour exposer la vérité. — Bien que tous les écrivains de fiction qui prennent leur travail au sérieux et le font honnêtement aient le même objectif – à savoir incarner certaines vérités de la vie humaine dans une série de faits imaginaires – ils divergent en deux groupes contrastés selon leur manière d'accomplir ce but, —leur méthode pour exposer la vérité. On retrouve donc en pratique deux écoles de romanciers contrastées, que l'on distingue sous les titres Réaliste et Romantique.

Chaque esprit est réaliste ou romantique. — La distinction entre réalisme et romantisme est fondamentale et profondément ancrée ; car tout homme, consciemment ou non, est soit un romantique, soit un réaliste dans l'habitude dominante de sa pensée. Le lecteur, réaliste par nature, préférera George Eliot à Scott ; le lecteur romantique lira plutôt Victor Hugo que Flaubert ; et aucun des deux goûts n'est meilleur que l'autre. La préférence de chaque lecteur naît avec son cerveau et trouve son origine dans ses processus de pensée habituels. Compte tenu de ce fait, il semble étrange qu'aucune définition adéquate n'ait encore été faite de la différence entre réalisme et romantisme. [2] Diverses explications superficielles ont été proposées, il est vrai ; mais aucun d'entre eux n'a été scientifique et satisfaisant.

erronée de Marion Crawford . — L'une des plus courantes de ces explications superficielles est celle qui a été formulée par feu F. Marion Crawford dans son petit livre sur « Le roman : ce que c'est » : —« Le réaliste propose de montrer aux hommes ce qu'ils veulent. sont; le romantique (*sic*) essaie de montrer aux hommes ce qu'ils devraient être. Le problème avec cette distinction est qu'elle ne parvient absolument pas à faire la distinction.

Il est certain que tous les romanciers, qu'ils soient réalistes ou romantiques, tentent de montrer aux hommes ce qu'ils sont – pour quelle autre raison peuvent-ils incarner dans des faits imaginaires les vérités de la vie humaine ? Victor Hugo, le romantique, dans « Les Misérables », s'efforce de montrer aux hommes ce qu'ils sont avec autant d'honnêteté et de sérieux que le fait Flaubert, le réaliste, dans « Madame Bovary ». Et d'un autre côté, Thackeray, le réaliste, dans des personnages comme Henry Esmond et le colonel Newcome, montre aux hommes ce qu'ils devraient être avec autant de minutie que le romantique Scott. En fait, il est difficilement concevable qu'un romancier, qu'il soit romantique ou réaliste, puisse trouver un moyen de montrer l'une sans montrer en même temps l'autre. Tout écrivain de fiction important, quelle que soit l'école à laquelle il appartient, s'efforce d'accomplir, dans un seul effort de création, les *deux* objectifs notés par Marion Crawford. Il peut être réaliste ou romantique dans sa manière de montrer aux hommes ce qu'ils sont ; réaliste ou romantique dans sa manière de leur montrer ce qu'ils devraient être : la différence ne réside pas dans lequel des deux il essaie de montrer, mais dans la manière dont il essaie de le montrer.

Une deuxième distinction peu satisfaisante. — Encore une fois, on nous a dit que, dans leurs récits, les romantiques s'attardent principalement sur l'élément d'action, tandis que les réalistes s'intéressent principalement à l'élément de caractère. Mais cette explication ne correspond souvent pas aux faits : car les grands personnages romantiques, comme Bas de Cuir, Don Quichotte, Monte-Cristo, Claude Frollo, sont tout aussi vivement dessinés que les grands personnages du réalisme ; et les grands événements des romans réalistes, comme la découverte par Rawdon Crawley de sa femme avec Lord Steyne , ou le combat d'Adam Bede avec Arthur Donnithorne , sont tout aussi passionnants que les actions retentissantes de la romance. De plus, si nous acceptions cette explication, nous nous trouverions incapables de classer comme réalistes ou romantiques le très grand nombre de romans dans lesquels aucun élément – d'action ou de caractère – ne montre une prépondérance marquée sur l'autre. Henry James, dans son essai génial sur « L'art de la fiction », a jeté une lumière vive sur cette objection. « Il y a une distinction démodée, dit-il, entre le roman de personnages et le roman d'incidents, qui a dû coûter bien des sourires au futur fabuliste passionné par son travail. détermination de l'incident? Qu'est-ce qu'un incident sinon l'illustration d'un caractère ?... C'est un incident pour une femme de se lever, la main posée sur une table, et de vous regarder d'une certaine manière ; ou s'il ne s'agit pas d'un incident , je pense qu'il sera difficile de dire de quoi il s'agit. En même temps , c'est une expression de caractère.

Une troisième distinction insatisfaisante. — On nous a dit aussi que les réalistes peignent les mœurs de leur propre lieu et de leur époque, tandis que les romantiques traitent de matériaux plus lointains. Mais cette distinction, elle aussi, ne tient souvent pas. Aucune histoire n'a jamais été plus essentiellement romantique que les « Nouvelles mille et une nuits » de Stevenson, qui décrivent des détails de la vie londonienne et parisienne à l'époque où l'auteur les a écrites ; et aucun roman n'est plus essentiellement réaliste que « Romola », qui nous transporte à travers plusieurs siècles jusqu'à une ville médiévale lointaine. Thackeray, le réaliste, dans « Henry Esmond » et sa suite « Les Virginiens », s'éloignait plus de son époque et de son lieu que Hawthorne, le romantique, dans « La Maison aux Sept Pignons » ; et tandis que le réaliste Meredith voyage fréquemment à l'étranger dans ses récits, notamment en Italie, le romantique Barrie regarde la vie presque toujours depuis sa propre petite fenêtre dans Thrums.

négative de Bliss Perry . — Dans son intéressante et suggestive « Étude sur la fiction en prose », le professeur Bliss Perry a consacré un chapitre au réalisme et un autre à la romance ; mais il n'a réussi à définir ni l'un ni l'autre terme. Il a certes essayé une définition négative du réalisme : « La fiction réaliste est celle qui ne recule pas devant le lieu commun ou le désagréable dans son effort pour décrire les choses telles qu'elles sont, la vie telle qu'elle est. » Mais nous avons vu que l'effort de toute fiction, qu'elle soit réaliste ou romantique, est de dépeindre la vie telle qu'elle est *réellement* (mais pas nécessairement telle qu'elle est *réellement*). « The Brushwood Boy », bien qu'il suggère le super-réel, n'énonce-t-il pas une vérité commune de la relation humaine la plus intime, que tout amoureux reconnaît comme réelle ? Chaque grand écrivain de fiction essaie, à sa manière romantique ou réaliste, de « dessiner la Chose telle qu'il la voit pour le Dieu des choses telles qu'elles sont ». Nous devons donc concentrer notre attention principalement sur les phrases précédentes de la définition du professeur Perry. Il affirme que la fiction réaliste ne recule pas devant le commun. Ça dépend. Le réalisme de Jules et d'Edmond de Goncourt ne l' est certes pas ; mais c'est certainement le cas du réalisme de George Meredith. Vous trouverez bien moins de recul par rapport au lieu commun dans de nombreux passages du romantique Fenimore Cooper que dans les pages de George Meredith. Que la fiction réaliste recule ou non devant le désagréable dépend aussi de la nature particulière du réaliste. Ce n'est certainement pas le cas du réalisme de Zola ; C'est décidément le cas de Jane Austen. Vous trouverez beaucoup moins de recul devant le désagréable, d'une sorte, chez Poe, d'une autre sorte, chez Catulle. Mendès – tous deux romantiques – que dans les romans de Jane Austen. À quoi sert alors la définition du réalisme du professeur Perry, puisqu'elle reste ouverte à tant d'exceptions ? Et dans son chapitre sur le romantisme, le critique ne tente même pas d'en formuler une définition.

La véritable distinction est celle de la méthode et non celle du matériel. — Nous avons maintenant examiné plusieurs des explications actuelles de la différence entre romance et réalisme et avons constaté que chacune d'entre elles laisse à désirer. Le problème avec chacune d'elles semble être qu'elles tentent de trouver une base pour distinguer les deux écoles de fiction dans le sujet, ou les matériaux, du romancier. La véritable distinction ne réside-t-elle pas plutôt dans l'attitude d'esprit du romancier à l'égard de ses matériaux, quels qu'ils soient ? Il n'existe sûrement pas en soi de sujet réaliste ou de sujet romantique. Le même sujet peut être traité de manière réaliste par un romancier et de manière romantique par un autre. George Eliot aurait construit un roman réaliste sur le thème de « La Lettre écarlate » ; et Hawthorne aurait fait une romance à partir des matériaux de « Silas Marner ». L'ensemble de la vie humaine, ou n'importe quelle partie de celle-ci, offre des matériaux aussi bien romantiques que réalistes. Par conséquent, aucune distinction entre les écoles n'est possible sur la base de la matière : la véritable distinction doit être une distinction de méthode dans la présentation de la matière . La distinction n'est pas externe, mais interne ; il habite l'esprit du romancier ; il s'agit d'une question d'investigation philosophique et non littéraire.

Découverte scientifique et expression artistique. — Si nous cherchons dans les habitudes mentales du romancier une distinction philosophique entre réalisme et romantisme, nous devrons revenir à une considération de ce triple processus de l'esprit créateur de fiction qui a été exposé dans le chapitre précédent de ce livre. La découverte scientifique, la compréhension philosophique et l'expression artistique des vérités de la vie humaine sont des phases de création communes aussi bien aux romantiques qu'aux réalistes ; mais bien que les auteurs des deux écoles se rencontrent également sur le fondement central de la compréhension philosophique, n'est-il pas évident que les réalistes sont plus intéressés à regarder en arrière sur le fondement antérieur de la découverte scientifique, et que les romantiques sont plus intéressés à regarder en avant sur les fondements ultérieurs. terrain d'expression artistique ? Supposons, à des fins d'illustration, que deux romanciers d'égale capacité – l'un réaliste, l'autre romantique – aient observé et étudié attentivement les mêmes événements et personnages de la vie réelle ; et supposons en outre qu'ils soient d'accord dans leur conception de la vérité derrière les faits. Supposons maintenant que chacun d'eux écrive un roman pour incarner cette conception de la vérité, dans laquelle ils sont d'accord. Le réaliste ne considérera-t-il pas comme le plus important le processus scientifique de découverte au moyen duquel il est arrivé à sa conception ? et ne s'efforcera-t-il pas donc de faire comprendre ce processus au lecteur en revenant au point où il a commencé ses observations, puis en guidant le lecteur vers une étude scientifique similaire de faits imaginaires jusqu'à ce que le lecteur le rejoigne sur le terrain de la philosophie. compréhension? Et, d'un autre côté, le romantique ne considérera-t-il pas comme le plus important le processus artistique consistant à incarner sa conception ? et est- ce qu'il ne se contente-t-il donc pas d'un quelconque moyen de l'incarner clairement et efficacement, sans se soucier de savoir si les faits imaginés qu'il sélectionne à cet effet sont semblables ou non aux faits réels à partir desquels il a d'abord induit sa compréhension philosophique ?

Le témoignage de Hawthorne. — Cette pensée était apparemment dans l'esprit de Hawthorne lorsque, dans la préface de « La Maison aux Sept Pignons », il écrivit sa distinction bien connue entre la Romance et le Roman (réaliste) :—« Quand un écrivain appelle son œuvre une romance, il est à peine besoin de remarquer qu'il souhaite revendiquer une certaine latitude, tant quant à sa mode que quant à son contenu, qu'il ne se serait pas senti en droit d'assumer s'il avait déclaré écrire un roman. Cette dernière forme de composition est censée viser une fidélité très minutieuse, non seulement au possible, mais au cours probable et ordinaire de l'expérience humaine. Le premier – alors que, en tant qu'œuvre d'art, il doit se soumettre strictement aux lois, et même s'il pèche impardonnablement dans la mesure où il peut s'écarter de la vérité du cœur humain – a tout à fait le droit de présenter cette vérité sous circonstances, dans une large mesure, du choix ou de la création de l'écrivain.

Une formule philosophique . — Mais la déclaration de Hawthorne, bien qu'elle couvre le terrain, n'est pas succincte et définitive ; et si nous voulons examiner la thèse à fond, nous ferions mieux de l'énoncer d'abord en termes philosophiques, puis de l'élucider par des explications et des illustrations. Ainsi formulée, la distinction est la suivante : *en exposant sa vision de la vie, le réaliste suit la méthode inductive de présentation, et le romantique suit la méthode déductive.*

Induction et déduction. — La distinction entre les processus de pensée inductifs et déductifs est très simple et est connue de tous : elle repose sur la *direction* du fil de la pensée. Quand nous pensons de manière inductive, nous raisonnons du particulier au général ; et lorsque nous pensons de manière déductive, le processus se déroule dans le sens inverse et nous raisonnons du général au particulier. Dans notre conversation ordinaire, nous parlons de manière inductive lorsque nous mentionnons d'abord un certain nombre de faits spécifiques et que nous en tirons ensuite une conclusion générale ; et nous parlons de manière déductive lorsque nous exprimons d'abord une opinion générale et que nous l'élucidons ensuite en présentant des illustrations spécifiques. Cette vieille dichotomie des psychologues qui divise tous les hommes, selon leurs habitudes de pensée, en Platoniciens et Aristotéliciens (ou, pour substituer une nomenclature moderne, en Cartésiens et Baconiens) n'est qu'une affirmation que chaque homme, dans la direction dominante de son La pensée est soit déductive, soit inductive. La plupart des grands philosophes éthiques ont eu un esprit inductif ; à partir de faits d'expérience reconnus, ils ont élaboré leurs lois de conduite. La plupart des grands maîtres religieux ont eu un esprit déductif : à partir de certaines hypothèses sublimes , ils ont affirmé leurs commandements. La plupart des grands scientifiques ont pensé de manière inductive : ils ont raisonné à partir de faits spécifiques pour aboutir à des vérités générales, comme Newton raisonnait depuis la chute d'une pomme jusqu'à la loi de la gravitation. La plupart des grands poètes ont pensé de manière déductive : ils ont raisonné à partir de vérités générales vers des faits spécifiques, comme Dante raisonnait à partir d'une conception morale générale de la cosmogonie jusqu'aux détails particuliers appropriés de chaque cercle de l'enfer, du purgatoire et du paradis. La thèse selon laquelle c'est précisément en cela que le réalisme diffère du romantisme n'est-elle pas soutenable ? Dans leur effort pour exposer certaines vérités de la vie humaine, les réalistes ne travaillent-ils pas de manière inductive et les romantiques de manière déductive ?

La méthode inductive du réaliste. — Afin de nous faire connaître la loi de la vie qu'il veut expliciter, le réaliste nous fait d'abord parcourir une série de faits imaginaires aussi semblables que possible aux détails de la vie réelle qu'il a étudiés pour arriver à son conception générale. Il imite minutieusement les faits de la vie réelle, afin de pouvoir finalement nous dire : « C'est le genre de choses que j'ai vues dans le monde, et de là j'ai appris la vérité que je dois vous dire. » Il nous conduit pas à pas du particulier au général, jusqu'à ce que nous prenions progressivement conscience des vérités qu'il souhaite exprimer. Et en fin de compte, nous avons non seulement pris connaissance de ces vérités, mais nous avons également été familiarisés avec chaque étape du processus de pensée par lequel l'auteur lui-même en a pris conscience. « Adam Bede » nous raconte non seulement ce que George Eliot savait de la vie, mais aussi comment elle l'a apprise.

La méthode déductive du romantique. — Mais le romancier romantique nous entraîne dans la direction inverse, à savoir du général au particulier. Il ne tente pas de nous montrer comment il est arrivé à sa conception générale. Son seul souci est de transmettre efficacement son idée générale en lui donnant une incarnation illustrative spécifique. Il ne se sent pas obligé de faire en sorte que les faits imaginaires de son histoire ressemblent étroitement aux détails de la vie réelle ; il souhaite seulement qu'ils représentent son idée de manière adéquate et cohérente. Stevenson savait que l'homme a une double nature et que le mal en lui, lorsqu'il est choyé, prendra progressivement le dessus sur le bien. Dans son récit de « l'étrange cas du Dr Jekyll et de M. Hyde », il n'a pas tenté d'exposer cette vérité de manière inductive, nous montrant le genre de faits à partir de l'observation desquels il avait tiré cette conclusion. Il a simplement donné à sa pensée une incarnation illustrative, en concevant un double caractère dans lequel le moi le plus laid d'un homme devrait avoir une incarnation distincte. Il construit son récit de manière déductive : partant d'une conception générale, il le réduit à des termes particuliers. « Dr. Jekyll et M. Hyde » est, bien sûr, une histoire tout à fait vraie, même si ses incidents sont contraires aux faits réels de la vie. C'est aussi réel qu'un roman réaliste ; mais pour y parvenir, son auteur, parce qu'il travaillait de manière déductive, n'était pas obligé d'imiter les détails de la vie réelle qu'il avait étudiés. « J'ai appris quelque chose dans le monde », nous dit-il : « Voici une fable qui vous le fera comprendre. »

Le réalisme, comme la science inductive, un produit strictement moderne. — Cette distinction philosophique entre les méthodes du romantisme et du réalisme présente deux avantages manifestes sur toutes les autres tentatives de distinction examinées dans ce chapitre : premièrement, elle distingue réellement ; et deuxièmement, on constatera dans tous les cas qu'elle correspond aux faits. En outre, cette idée s'appuie de manière écrasante sur l'histoire de la pensée humaine. Tout étudiant en philosophie vous dira que la pensée du monde était essentiellement déductive jusqu'à l'époque de Francis Bacon. Bacon a été le premier philosophe à insister sur le fait que l'induction, plutôt que la déduction, était la méthode la plus efficace pour rechercher la vérité. La science, basée sur l'induction, en était à ses balbutiements lorsque Bacon enseignait ; depuis lors, elle a mûri, en grande partie parce que lui et ses successeurs en philosophie ont indiqué la seule méthode par laquelle elle pourrait se développer. La déduction a bien sûr survécu comme méthode de conduite de la pensée ; mais elle a perdu l'emprise incontestée qu'elle exerçait sur l'esprit antique et médiéval. Or, si l'on se tourne vers l'histoire de la fiction, on remarquera le fait significatif que le réalisme est un produit strictement moderne. Toute fiction était romantique jusqu'à l'époque de Bacon. Le réalisme est contemporain de la science moderne et des autres applications de la pensée inductive. La romance survit, bien sûr ; mais il a perdu l'empire incontesté de la fiction qu'il détenait dans les temps anciens et médiévaux. Si Bacon avait écrit de la fiction, il aurait été un réaliste – le premier réaliste de l'histoire de la littérature ; et c'est la seule réponse qui s'impose à ceux qui soutiennent encore (s'il y en a qui le soutiennent) qu'il était capable d'écrire les pièces romantiques de Shakespeare.

Si l'on admet maintenant que le réaliste, par induction, conduit son lecteur de la considération de faits imaginaires à une compréhension de la vérité, et que le romantique, par déduction, fait descendre son lecteur d'une appréhension de la vérité à la considération de faits imaginés. En fait, nous pouvons ensuite examiner certains avantages et inconvénients de chaque méthode par rapport à l'autre.

Avantages du réalisme. — En premier lieu, nous remarquons que, tandis que les faits imaginés par le romantique sont choisis simplement pour illustrer la vérité qu'il souhaite transmettre, les faits imaginés par le réaliste sont choisis non seulement pour illustrer, mais aussi pour soutenir la vérité. vérité qui leur est inhérente. Le réaliste a donc cet avantage sur le romantique dans sa méthode d'expression de la vérité : il a la possibilité de prouver son point de vue en présentant les preuves sur lesquelles sa vérité est basée. Il lui est donc moins difficile de gagner la crédibilité d'un lecteur sceptique et méfiant : et nous devons toujours nous rappeler que même si une histoire dit la vérité, elle reste un échec si elle ne parvient pas à faire croire à cette vérité. Le romantique exige nécessairement une foi plus profonde en sa sagesse que ne le demande le réaliste ; et il ne peut évoquer une foi profonde que par une sincérité absolue et une clarté totale dans la présentation de sa fable. À moins que le lecteur de « The Brushwood Boy » et de « They » n'ait la foi absolue que M. Kipling connaît la vérité de ses thèmes, les histoires sont réduites à un non-sens ; car ils ne présentent aucune preuve (parallèle à la réalité) qui prouve que l'auteur *connaît* la vérité. À moins que le lecteur soit convaincu que Stevenson comprend profondément la nature du remords, la conversation entre Markheim et son visiteur fantomatique devient incroyable et vaine. L'auteur ne se donne aucune possibilité de prouver (par analogie avec l'expérience réelle) qu'un tel colloque présente de manière cohérente la vérité intérieure de la conscience.

Avantages de la romance. — Mais ce grand avantage du réaliste – qu'il étaye son thème par des preuves – s'accompagne d'un inconvénient qui en découle. Puisqu'il expose ses preuves au lecteur, il permet au lecteur de le détecter plus facilement dans un mensonge. Le romantique dit : « Ces choses sont ainsi parce que je sais qu'elles le sont » ; et à moins de le rejeter d'emblée et intégralement comme un menteur colossal, nous sommes presque condamnés à le croire sur parole dans les grands moments de son histoire. Mais le réaliste dit : « Ces choses sont ainsi parce qu'elles s'appuient sur des faits réels semblables aux faits imaginaires dont je les revêts » ; et nous pouvons répondre à tout moment de l'histoire : « Pas du tout ! Sur la base même des faits que vous nous démontrez, nous savons qu'il ne faut pas vous croire sur parole. Autrement dit, lorsque le lecteur ne croit pas à un roman, il le fait par instinct, sans nécessairement savoir pourquoi ; mais lorsqu'il ne croit pas à un roman réaliste, il le fait par logique, avec les preuves devant lui.

Un grand romantique doit donc avoir la sagesse qui convainc par sa seule présence et conquiert la crédibilité par l'intuition du lecteur. Qui pourrait ne pas croire l'auteur de « La Lettre écarlate » ? Nous n'avons pas besoin de voir son témoignage pour savoir qu'il sait. Un grand réaliste, en revanche, même s'il n'a pas besoin d'avoir la personnalité mentale triomphante et engageante nécessaire à un grand romantique, doit disposer d'un ensemble complet et minutieux de preuves discernées à partir de l'observation du réel. Il doit avoir des yeux et des oreilles, mais il n'est pas nécessaire qu'il ait une âme.

Le confinement du réalisme. — Un romancier réaliste est donc presque condamné à confiner sa fiction à son propre lieu et à son époque. Dans aucune autre période ni dans aucune autre nation, il ne peut être aussi sûr de son témoignage. Nous connaissons l'énorme travail avec lequel George Eliot a rassemblé les matériaux de « Romola », une étude réaliste de Florence à la Renaissance ; mais bien que nous reconnaissions le travail comme celui d'un étudiant approfondi, les détails ne parviennent toujours pas à nous convaincre, tout comme les détails de ses études sur le Warwickshire contemporain. Le jeune aspirant à l'art de la fiction qui se sait un réaliste naissant ferait donc mieux de limiter ses efforts à tenter de reproduire la vie qu'il voit autour de lui. Il ferait mieux d'accepter le conseil de bon sens que feu Sir Walter Besant a donné dans sa conférence sur « L'art de la fiction » : « Une jeune femme élevée dans un paisible village de campagne devrait éviter les descriptions de la vie de garnison ; un écrivain dont les amis et les expériences personnelles appartiennent à ce que nous appelons la petite bourgeoisie devrait soigneusement éviter d'introduire ses personnages dans la société ; un compatriote du Sud hésiterait avant de tenter de reproduire l'accent du Nord. C'est une règle très simple, mais à laquelle il ne devrait y avoir aucune exception : ne jamais dépasser sa propre expérience.

La liberté du romantisme. — Le réaliste naissant est presque obligé d'accepter ce conseil ; mais le romantique naissant n'a pas nécessairement besoin de le faire. Cette dernière injonction de Besant – « ne jamais dépasser sa propre expérience » – semble quelque peu abrutissante à l'imagination ; et il y a beaucoup de suggestions très sages dans la réponse de Henry James : « Quel genre d'expérience est envisagée, et où commence-t-elle et où finit-elle ?... La jeune femme vivant dans un village n'a qu'à être une demoiselle. pour qui rien n'est perdu, il serait tout à fait injuste (à mon avis) de lui déclarer qu'elle n'aura rien à dire sur les militaires. On a vu de plus grands miracles que cela, l'imagination aidant, elle devrait dire la vérité sur certains de ces messieurs. Le romantique « pour qui rien n'est perdu » peut, « l'imagination l'aidant », projeter sa vérité dans une autre région de l'expérience que celles qu'il a réellement observées. Edgar Allan Poe est sans aucun doute l'un des grands maîtres de l'art de la fiction ; mais rien dans aucune de ses histoires n'indique qu'il est né à Boston, a vécu à Richmond, Philadelphie et New York et est mort à Baltimore. « The Assignation » indique qu'il avait vécu à Venise – où, en fait, il n'était jamais allé ; d'autres de ses histoires ont l'atmosphère d'autres époques et d'autres pays ; et la plupart d'entre eux se déroulent dans un monde onirique de sa propre création, « hors de l'espace, hors du temps ».

Tant que le romantique est sûr de sa vérité et certain de son pouvoir de convaincre le lecteur, il n'a pas besoin d'étayer sa vérité par une accumulation de preuves imitées de la vie réelle qu'il a observée. Mais d'un autre côté, rien ne l'empêche de le faire ; et à moins qu'il ne soit très entêté – si entêté qu'il soit presque peu fiable – il sera extrêmement méfiant quant à sa liberté. Il ne renversera pas le réel à moins qu'il n'existe aucun autre moyen tout aussi efficace de transmettre la vérité qu'il a à dire. Bien souvent , une adhésion étroite à la réalité est aussi recommandée à l'auteur déductif qu'à l'auteur inductif ; bien souvent, l'écrivain romantique gagne autant que le réaliste en confinant sa fiction à son propre environnement temporel et spatial. Après tout, Scott a eu moins de succès avec ses rois et chevaliers médiévaux qu'avec ses personnages écossais simples et simples. Hawthorne, dans « The Marble Faun », a perdu une certaine complétude en quittant sa propre ombre de la Nouvelle-Angleterre. « Dr. Jekyll and Mr. Hyde », avec sa subversion du réel, est le genre d'histoire qui pourrait se dérouler hors de l'espace, hors du temps ; mais Stevenson a renforcé l'effet de sa plausibilité imaginative en le situant dans le Londres contemporain. De plus en plus, ces dernières années, les romantiques ont suivi l'exemple des réalistes en incarnant leur vérité dans des scènes et des personnages imités de la réalité. Les premières histoires de M. Kipling, profondément romantique, se déroulaient dans son propre pays, l'Inde, et à son époque ; et ce n'est que lorsque son expérience réelle s'est étendue à d'autres pays que ses sujets se sont considérablement élargis géographiquement. Dans ses histoires sur son propre peuple, M. Kipling dépeint avec autant de fidélité que n'importe quel réaliste l'existence quotidienne qu'il a réellement observée. Sa méthode est toujours romantique : il déduit ses détails de son thème, au lieu d'induire son thème de ses détails. Il est entièrement romantique dans le sens de sa pensée ; mais il est très évocateur de la teneur de la romance contemporaine de remarquer qu'il a suivi les conseils des réalistes et est rarement allé au-delà de sa propre expérience.

L'éventail du romantisme est donc bien plus large que celui du réalisme ; car tout ce qui peut être traité de manière réaliste peut également être traité de manière romantique, et bien d'autres choses qui peuvent être traitées de manière romantique sont difficilement susceptibles d'un traitement réaliste. En admettant qu'un romantique ait assez de vérités en tête, il n'y a guère de limites aux histoires qu'il peut en déduire ; tandis que, d'un autre côté, le travail du romancier inductif est limité par les limites de ses prémisses. Mais la plus grande liberté romantique s'accompagne d'une responsabilité plus difficile. S'il est plus facile au romantique de dire la vérité, parce qu'il a plus de moyens de la dire, il lui est sûrement plus difficile de ne dire que la vérité. Plus souvent que le réaliste, il est tenté d'affirmer des incertitudes – tenté de dire avec vivacité et charme des choses dont il ne peut pas être tout à fait sûr.

Aucune des méthodes n'est meilleure que l' autre. — Mais quels que soient les avantages et les inconvénients comparatifs de chaque méthode de présentation de la vérité, il est absolument certain que l'une ou l'autre méthode de présentation est naturelle et logique ; et par conséquent, toute critique visant à exalter la romance au-dessus du réalisme, ou le réalisme au-dessus de la romance, doit être à jamais vaine. Guy de Maupassant, dans sa précieuse préface à Pierre et Jean, s'est exprimé très judicieusement sur ce point. Le critique idéal, dit-il, devrait exiger de l'artiste simplement « de créer quelque chose de beau, sous la forme qui lui convient le mieux, selon son tempérament ». Et il ajoute : « Le critique ne doit apprécier le résultat qu'en fonction de la nature de l'effort... Il doit admettre avec un égal intérêt les théories contrastées de l'art et juger les œuvres qui en résultent uniquement du point de vue de l'art. de leur valeur artistique, en acceptant *a priori* les idées générales dont ils doivent leur origine. Contester le droit d'un auteur de faire une œuvre romantique ou réaliste, c'est vouloir l'obliger à modifier son tempérament, refuser de reconnaître son originalité, et ne pas lui permettre d'employer l'œil et l'intelligence que la nature lui a donnés. Laissons-lui la liberté de comprendre, d'observer et de concevoir comme bon lui semble, pourvu qu'il soit artiste.

C'est sûrement la seule vision sensée de la situation. Par conséquent, lorsque MWD Howells, dans son petit livre adroit sur « Critique et fiction », plaide de manière engageante en faveur du réalisme comme seule méthode valable pour le romancier moderne, et lorsque Stevenson, dans de nombreux essais séduisants, fait retentir la trompette de romantique, et met les réalistes au défi de justifier leur existence, chacun mène une bataille inutile, puisque chacun a à la fois raison et tort. Chacun a raison d'affirmer la valeur de sa propre méthode et a tort de nier la valeur de celle de l'autre. L'esprit des hommes a toujours évolué dans deux directions, et il le fera toujours ; et aussi longtemps que les hommes écriront, nous aurons et devrions avoir une fiction à la fois inductive et déductive.

Abus du réalisme. — Aucune des deux méthodes n'est plus vraie que l'autre ; et tous deux sont formidables lorsqu'ils sont bien employés. Chacune cependant se prête à certains abus qu'il convient de signaler brièvement. Le réaliste, d'une part, dans son imitation minutieuse de la vie réelle, peut devenir myope et en arriver à valoriser les faits pour eux-mêmes, oubliant que son objectif premier en les exposant devrait être de nous amener à comprendre les vérités qui sont les nôtres. les sous-tendent. De plus en plus, à mesure que le réaliste progresse dans la technique et gagne en capacité à représenter le réel, il est tenté de faire des photographies de la vie plutôt que des images. Une image diffère d'une photographie principalement par sa répression artistique de l'insignifiant ; il expose la vie plus fidèlement parce qu'il concentre l'attention sur l'essentiel. Mais tout roman qui s'attarde assidûment sur le non-essentiel et exalte l'insignifiant obscurcit la vérité. C'est l'erreur de la méthode photographique ; et de cette erreur naissent la minutie ennuyeuse de George Eliot dans ses moments les plus piétonniers, les interminables tasses de thé d'Anthony Trollope et la boue des imitateurs de Zola. Dernièrement, le réalisme, surtout en France, a montré une tendance à dégénérer en ce qu'on appelle le « naturalisme », une méthode artistique qui met l'accent contre nature de la reproduction photographique sur des phases de la vie réelle qui sont basses en elles-mêmes et insignifiantes de l'instinct éternel qui conduit les hommes plus naturellement à regarder les étoiles vers le haut que vers la boue. Les écrivains « naturalistes » se trompent en pensant qu'ils représentent la vie telle qu'elle est réellement. Si leur thèse était vraie, la race humaine aurait disparu depuis longtemps. Assurément, la photographie d' une salope dans le caniveau n'est pas plus naturelle qu'une photo de Rosalinde dans la forêt d'Arden ; et aucune exactitude de la réalité imitée ne peut la rendre plus significative de la vérité.

Abus de romance. — Le romantique, au contraire, parce qu'il travaille avec plus de liberté que le réaliste, peut se dépasser et exprimer de manière lâche des conceptions générales hâtives et dénuées de vérité. C'est à ce défaut que sont dues toutes les bêtises qui nous ont été récemment imposées par de faibles imitateurs de Scott et de Dumas père – des imitateurs qui ont revêtu les atours et les costumes des maîtres accrédités de la romance, mais qui n'ont pas hérité de la clarté de leur discours. vision dans la vérité intérieure des choses qui sont. À une romance aussi dégénérée, le professeur Brander Matthews a appliqué le terme de « romantisme » ; et bien que son utilisation du terme lui-même puisse être considérée comme un peu trop spéciale pour être utilisée en général, aucune exception ne peut être faite à la distinction qu'il impose dans le paragraphe suivant : « Le romantique évoque l'idée de quelque chose de primaire, de spontané et peut-être médiéval, tandis que le romantique suggère quelque chose de secondaire, conscient et de fabrication récente. La romance, comme bien d'autres choses de beauté, est très rare ; mais le romantisme est assez courant de nos jours. Le véritable romantique est difficile à atteindre ; mais le romantique artificiel est si facile qu'il ne vaut guère la peine d'être tenté. Le romantique est toujours jeune, toujours frais, toujours délicieux ; mais le romantique est fade, de seconde main et insupportable. La romance ne risque jamais de vieillir, car elle traite de l'esprit de l'homme sans égard aux époques et aux saisons ; mais le romantisme se démode à chaque tournure du kaléidoscope de la mode littéraire. Le romantique est éternellement et essentiellement vrai, mais le romantique est inévitablement faux. La romance est excellente, mais le romantisme est de mauvaise qualité.

Mais le Scylla et le Charybde de l'écriture de fiction peuvent tous deux être évités. Les réalistes ne gagnent rien à huer les abus de la romance ; et les romantiques ne gagnent pas grand-chose à bâiller devant le pire du réalisme.

« Les conditions » – pour reprendre une phase d'Emerson – « sont difficiles mais égales » : et au mieux, le réaliste, travaillant de manière inductive, et le romantique, travaillant de manière déductive, sont également capables de présenter la vérité de la fiction.

[2]

La théorie qui suit dans ce chapitre a été annoncée pour la première fois par l'auteur du présent article dans *The Dial* du 16 novembre 1904.

QUESTIONS DE RÉVISION

1. Définissez la différence entre le réalisme et la romance.
2. Quels sont les avantages et les inconvénients de la méthode réaliste ?
3. Quels sont les avantages et les inconvénients de la méthode romantique ?
4. Quelle méthode vous paraît la plus naturelle ?
5. Sur quelles preuves avez-vous fondé votre réponse à la question précédente ?

LECTURE SUGGÉRÉE

BLISS PERRY : « A Study of Prose Fiction » — Chapitre IX, sur le « Réalisme », et Chapitre X, sur le « Romantisme ».
F. MARION CRAWFORD : « Le roman : qu'est-ce que c'est. »
HENRY JAMES : « L'art de la fiction ».
NATHANIEL HAWTHORNE : Préface de « La Maison aux Sept Pignons ».
SIR WALTER BESANT : « L'art de la fiction ».
GUY DE MAUPASSANT : Préface à « Pierre et Jean ».
WILLIAM DEAN HOWELLS : « Critique et fiction ».
ROBERT LOUIS STEVENSON : « Les porteurs de lanternes ».
BRANDER MATTHEWS : « Romance contre le romantisme », dans « Le roman historique ».

CHAPITRE III

LA NATURE DU NARRATIF

Transition du matériel à la méthode—Les quatre méthodes de discours—1. Argumentation; 2. Expositions ; 3. Description ; 4. La narration, ambiance naturelle de la fiction – Séries et successions – La vie est chronologique, l'art est logique – Le sens narratif – La joie de raconter des histoires – Le manque de cette joie – Développer le sens du récit – –La signification du mot « événement »—Comment faire bouger les choses—Le récit de l'action—Le récit du personnage—Récapitulation.

Transition du Matériel à la Méthode. — Nous avons maintenant examiné le sujet de la fiction ainsi que les attitudes d'esprit contrastées des deux grandes écoles d'écrivains de fiction à l'égard de l'énoncé de ce sujet. Nous devons ensuite tourner notre attention vers les méthodes techniques de présentation des matériaux de fiction et remarquer en détail les dispositifs les plus importants employés par tous les écrivains de fiction afin d'accomplir le but de leur art.

Les quatre méthodes de discours — 1. Argumentation. — Les rhéteurs, comme chacun le sait, distinguent arbitrairement mais commodément quatre formes, ou modes, ou méthodes de discours : à savoir la narration, la description, l'exposition et l'argumentation. On peut affirmer sans crainte de contradictions fondées que l'humeur naturelle, ou la méthode, de la fiction est la première d' entre elles : la narration. L'argumentation, en soi, n'a pas sa place dans une œuvre de fiction. Il existe, bien sûr, un type de roman, généralement appelé en anglais « le roman avec un but », dont le but est de persuader le lecteur d'accepter une thèse particulière que l'auteur défend concernant la politique, la religion, les affaires sociales. l'éthique, ou certaines autres phases de la vie qui sont facilement sujettes à discussion. Mais un tel roman échoue généralement à atteindre son objectif s'il tente de l'atteindre en employant les dispositifs techniques de l'argumentation. Il peut mieux remplir son objectif en exposant des vérités incontestables de la vie, sans commentaire convaincant, *ex cathedra* , de la part du romancier. C'est en vain qu'il argumente, dénonce ou défend, nous interpelle ou nous cajole, à moins que son histoire ne convainque d'abord par sa véracité même. Si sa thèse est aussi incontestable que le pense l'auteur, elle peut se prouver par le seul récit.

2. Exposition. — L'exposition, en soi, n'a pas non plus sa place dans la fiction. Le but de l'exposition est d' expliquer, but nécessairement abstrait ; mais le but de la fiction est de représenter la vie, un but nécessairement concret. Discuter de la vie en termes abstraits, c'est renverser l'ambiance naturelle de l'art ; et le romancier peut exprimer sa signification tout aussi clairement en représentant la vie de manière concrète, sans un commentaire continu d'analyse et d'explication. La vie réellement représentée s'expliquera d'elle-même. Il existe, certes, un certain nombre de grands romanciers, dont George Eliot peut être considéré comme le type, qui arrêtent fréquemment leur histoire pour écrire un essai sur celle-ci. Ces essais sont souvent instructifs en eux-mêmes, mais ils ne constituent pas une fiction, car ils n'incarnent pas leurs vérités dans des faits imaginaires de la vie humaine. George Eliot est tantôt un romancier proprement dit, tantôt un exposant discursif. Elle serait encore plus grande romancière, et simplement romancière, si elle pouvait exprimer clairement son sens sans s'éloigner d'un autre art.

3. Description. — La description également, dans la fiction la plus artistique, n'est utilisée que comme subsidiaire et contributive à la narration. Le but de la description – qui est de suggérer l'aspect des choses à un certain moment caractéristique – est un but nécessairement statique. Mais la vie – que le romancier entend représenter – n'est pas statique mais dynamique. Le but de la description est pictural : mais la vie ne détient pas ses images ; il les fond et les fusionne les uns dans les autres avec une progression effrénée. Un romancier qui consacre deux pages successives à la description d'un paysage ou d'un personnage, arrête nécessairement son histoire pendant qu'il la fait, et dément ainsi une loi évidente de la vie. Par conséquent, à mesure que les écrivains de fiction progressaient dans l'art, ils ont de plus en plus éliminé la description pour elle-même.

4. La narration, l'ambiance naturelle de la fiction. — Puisque donc le mode naturel, ou la méthode, de la fiction est la narration, il est nécessaire que nous consacrions une étude particulière à la nature du récit. Et dans une étude franchement technique, on peut s'aider d'abord d'une définition, qui pourra ensuite être expliquée dans toutes ses directions.

Un récit est une représentation d'une série d'événements. C'est une définition très simple ; et seuls deux mots peuvent éventuellement exiger une élucidation. Ces mots sont *série* et *événement*. Le mot *événement* sera expliqué en détail dans une section ultérieure de ce chapitre : en attendant, il peut être compris de manière vague comme synonyme d' *événement*. Examinons d'abord la signification exacte du mot *série*.

Séries et successions. — Le mot *série* implique bien plus que le mot *succession* : il implique une relation non seulement chronologique mais aussi logique ; et la relation logique qu'elle implique est celle de cause à effet. Dans n'importe quelle section de la vie réelle que nous examinons, les événements sont susceptibles d'apparaître simplement en succession et non en série. Un événement en suit un autre immédiatement dans le temps, mais ne semble pas immédiatement lié à lui par la loi de causalité. Ce que vous faites ce matin n'entraîne pas souvent comme conséquence logique ce que vous faites cet après-midi ; et ce que vous faites ce soir n'est pas souvent une suite logique de ce que vous avez fait pendant la journée. Toute transcription de la vie réelle qui n'est pas délibérément arrangée et logiquement structurée n'est donc probablement pas un récit. Un passage d'un journal intime, par exemple, qui expose les événements dans l'ordre dans lequel ils se sont produits sans tenter de les présenter comme des maillons d'une chaîne de causalité, n'est pas, techniquement parlant, une méthode narrative. Pour illustrer ce propos, ouvrons au hasard le journal de Samuel Pepys. Voici son entrée du 29 avril 1666 :—

« À l'église, où M. Mills, un sermon paresseux sur le fait que le diable n'a droit à rien dans ce monde. Chez M. Evelyn, où je me suis promené dans son jardin jusqu'à ce qu'il revienne de l'église, lisant avec grand plaisir le discours de Ridley, tout au long de mon chemin, sur la loi civile et ecclésiastique. Il étant revenu à la maison, lui et moi nous promenâmes ensemble dans le jardin avec un grand plaisir, c'était un homme très ingénieux ; et plus je le connais, plus je l'aime. Fatigué de me coucher, après avoir coupé mes cheveux plus courts, même près du crâne, pour plus de fraîcheur, car il faisait très chaud.

Il n'y a aucune continuité logique dans la fidèle chronique de l'actualité du digne chroniqueur. D'où venait la lassitude avec laquelle il se couchait ? Cela ne pouvait pas être la compagnie de M. Evelyn, qu'il aimait ; il ne pouvait guère s'agir du volume sur le droit civil et ecclésiastique, même si son titre suggère un somnifère. Sa force, comme celle de Samson, fut-elle coupée avec les cheveux de sa tête ? ou se peut-il que ce sermon paresseux de M. Mills ait eu ses effets endormissants à l'heure du coucher ? On remarque en tout cas que les propos du chroniqueur nécessitent un réarrangement considérable pour les rendre réellement narratifs.

La vie est chronologique, l'art est logique. — Or c'est justement ainsi que communément les événements se succèdent dans la vie quotidienne de chacun . Ce n'est que dans les grandes crises passionnées de l'existence que l'événement marche sur l'événement dans une séquence causale ininterrompue . Et voici la principale différence formelle entre la vie telle qu'elle se produit réellement et la vie telle qu'elle est représentée artistiquement dans l'histoire, la biographie et la fiction. *Dans tout art, il y a deux étapes ; premièrement, la sélection des éléments essentiels, et deuxièmement, la disposition de ces éléments essentiels selon un modèle.* Dans l'art de la narration, les événements sont d'abord sélectionnés parce qu'ils suggèrent une relation logique essentielle les uns avec les autres ; et ils sont ensuite disposés selon un modèle de causalité. Comparons au passage aléatoire de Pepys un peu de récit artistiquement structuré. Voici la conclusion de l'histoire de Stevenson sur « Markheim ». Le héros, après avoir tué un marchand dans sa boutique le jour de Noël, passe un long moment seul, fouillant les effets du marchand et écoutant la voix de la conscience. Il est interrompu par la sonnette de la porte. La femme de chambre du marchand est revenue de vacances.—

« Il a ouvert la porte et est descendu très lentement, en réfléchissant. Son passé s'est déroulé sobrement devant lui ; il la voyait telle qu'elle était, laide et fatigante comme un rêve, aléatoire comme un mélange de hasard – une scène de défaite. La vie, telle qu'il la revoyait ainsi, ne le tentait plus ; mais de l'autre côté, il aperçut un refuge tranquille pour sa barque. Il s'arrêta dans le couloir et regarda dans la boutique, où la bougie brûlait encore près du cadavre. C'était étrangement silencieux. Les pensées du dealer envahirent son esprit alors qu'il regardait. Et puis la cloche éclata de nouveau avec une clameur impatiente.

« Il a confronté la femme de chambre sur le seuil avec quelque chose comme un sourire.

« 'Tu ferais mieux d'aller chercher la police', dit-il : 'J'ai tué ton maître.'»

La dernière phrase de ce passage est un effet qui est logiquement provoqué par de nombreuses causes qui sont rapidement passées en revue dans les phrases précédentes. Stevenson a ici modelé un passage de la vie selon des lignes de causalité ; il a employé la méthode logique de narration : mais Pepys, dans la sélection citée, considérait les événements sans aucun sens narratif.

Le sens narratif. — Le sens narratif est avant tout une capacité à retracer un événement jusqu'à ses causes logiques et à anticiper ses effets logiques. C'est le sentiment par lequel nous réalisons, par exemple, que ce qui s'est passé aujourd'hui à deux heures, même s'il ne résulte pas nécessairement de ce qui s'est passé une heure auparavant, était le résultat logique de quelque chose d'autre qui s'est produit à midi. le jeudi précédent, disons, et que cela à son tour était le résultat de causes remontant à plusieurs mois. Un sens narratif bien développé dans le regard sur la vie est très rare. Chacun, bien entendu, peut comparer le mal de tête du lendemain à l'hilarité de la veille ; et même, après quelque expérience, prévoir le mal de tête au moment de l'hilarité : mais la vie, à l'œil désinvolte de l'homme moyen, cache pour l'essentiel les secrets de sa série, et ne trahit qu'une succession illogique d'événements. Les esprits plus grossiers que la moyenne ne voient qu'un fouillis d'événements dans la vie qu'ils observent et les regroupent, le cas échéant, par proximité dans le temps, plutôt que par une loi de relation plus profonde. Un tel esprit avait Dame Quickly, l'hôtesse bavarde dans "Henry IV" de Shakespeare. Considérez le célèbre discours dans lequel elle accuse Falstaff de rupture de sa promesse de l'épouser :—

«Tu m'as juré sur un gobelet doré, assis dans ma chambre des dauphins, à la table ronde, près d'un feu de charbon de mer, le mercredi de la semaine de Wheeson , lorsque le prince t'a cassé la tête pour avoir aimé son père à un point. chanteur de Windsor, tu m'as juré alors, pendant que je lavais ta blessure, de m'épouser et de faire de moi ma dame ta femme. Peux -tu le nier ? La bonne épouse Keech , la femme du boucher, n'est-elle pas alors entrée et m'a traité de commérage Vite ? venir emprunter un peu de vinaigre ; nous disant qu'elle avait un bon plat de crevettes ; par lequel tu as désiré en manger; par quoi je t'ai dit qu'ils étaient malades d'une blessure verte ? Et n'as-tu pas, lorsqu'elle était descendue, désiré que je ne sois plus aussi familier avec de si pauvres gens ? disant que d'ici peu ils devraient m'appeler madame ? Et ne m'as-tu pas embrassé et ne m'as-tu pas demandé de te rapporter trente shillings ? Je te fais maintenant prêter serment dans ton livre : nie-le, si tu le peux.

Il y a, bien sûr, de nombreuses déficiences dans la constitution mentale de Dame Quickly ; mais ce que nous remarquons ici est son manque total de sens narratif. Elle ne pourrait jamais raconter une histoire : parce que, d'abord, elle ne pouvait pas choisir parmi un fouillis d'événements ceux qui avaient un rapport intelligible les uns avec les autres, et en deuxième lieu, elle ne pouvait pas les organiser logiquement au lieu de chronologiquement. Elle n'a aucun sens des séries. Et bien que l'esprit de Dame Quickly soit une exagération du type qu'il représente, le type, sous une forme moins exagérée, est très courant ; et tout le monde conviendra que l'homme moyen, qui n'a jamais pris la peine de s'entraîner au récit, n'est pas capable, dans sa conversation ordinaire, de raconter avec aisance une histoire logiquement liée.

La joie de raconter des histoires. — Le meilleur sens narratif n'est pas simplement une compréhension intellectuelle abstraite de la relation de cause à effet subsistant entre des événements souvent disparates dans le temps ; c'est plutôt un sentiment concret de la relation. C'est un sentiment intuitif ; et, étant tel, il est possédé instinctivement par certains esprits. Il y a des gens dans le monde qui sont des conteurs nés ; nous les avons tous rencontrés dans la vie réelle : et à cette classe appartiennent les géants du conte, comme Sir Walter Scott, Victor Hugo, Dumas père , Stevenson et M. Kipling. Le récit est naturel dans leur esprit. Ils perçoivent les événements en série ; et une série autrefois commencée dans leur imagination se propulse avec une progression précipitée. Certains romanciers, comme Wilkie Collins, n'ont rien d'autre à leur recommander que ce sens inné du récit ; mais c'est un don qu'il ne faut pas mépriser. Les auteurs qui ont quelque chose d'important à dire sur la vie en ont besoin, afin que le processus de lecture de leur fiction puisse être, selon l'expression de Stevenson, « absorbant et voluptueux ». Chez les grands conteurs, il y a une sorte de jouissance dans l'exercice du sens du récit ; et cela, par pure contagion, communique la joie au lecteur. Peut-être pourrait-on l'appeler (par analogie avec l'expression familière « la joie de vivre ») la joie de raconter des histoires. La joie de raconter des histoires qui transparaît à travers « L'Île au trésor » est peut-être la principale raison de la popularité continue de l'histoire. L'auteur passe un si bon moment à raconter son histoire qu'il nous fait forcément passer un bon moment en la lisant.

Le manque de cette joie. — Mais beaucoup de romanciers qui ont eu de grandes choses à dire sur la vie humaine ont été singulièrement déficients dans ce sens inné du récit. George Eliot et Anthony Trollope, par exemple, ne font presque jamais preuve du plaisir de raconter des histoires. L'habitude naturelle d'esprit de George Eliot était abstraite plutôt que concrète ; elle est née essayiste. Mais, en grande partie sous l'influence de George Henry Lewes, elle a délibérément décidé que la fiction était le moyen le plus efficace pour exprimer sa philosophie de vie. Par la suite, elle s'efforce sérieusement de développer ce sens du récit qui, au début, lui faisait largement défaut. Pour de nombreux lecteurs qui ne sont pas sans apprécier l'importance et la profondeur de sa compréhension de la nature humaine, ses histoires sont ennuyeuses et peu attrayantes, car elle les a racontées avec travail et non avec aisance. Elle ne semble pas avoir passé un bon moment avec eux, comme Stevenson l'a eu avec « L'Île au trésor », une histoire par ailleurs sans importance relative. Et il n'est certainement pas frivole d'affirmer que les pensées les plus profondes et les plus sérieuses sont mieux communiquées lorsqu'elles sont communiquées avec le plus grand intérêt.

Développer le sens du récit. — On ne pouvait guère espérer qu'une personne entièrement dépourvue du sens narratif puisse l'acquérir par quelque travail que ce soit ; mais presque tout le monde le possède, au moins à un degré rudimentaire, et quiconque le possède peut le développer par l'exercice. Un exercice simple et sensé consiste à saisir un événement qui se produit dans notre vie quotidienne, puis à repenser à tous les événements antérieurs dont nous pouvons nous souvenir, jusqu'à ce que nous discernions lesquels d'entre eux ont une relation causale avec l'événement dont nous nous souvenons. envisagent. Ensuite, il conviendra de regarder vers l'avenir et d'imaginer le genre d'événements qui continueront logiquement la série. Les grands généraux de l'histoire ont remporté leurs victoires les plus éclatantes grâce à un exercice du sens narratif. Connaissant au moment de planifier une campagne les termes passés et présents d'une série logique d'événements, ils ont imaginé et prévu la progression probable de la série. Cela explique peut-être pourquoi les grands commandants, comme César et Grant, ont écrit des récits si habiles lorsqu'ils se sont tournés vers la littérature.

Le jeune auteur qui s'efforce de développer son sens narratif peut trouver un exercice sans fin en s'efforçant de découvrir les diverses séries d'événements qui se trouvent enchevêtrés dans les successions confuses et apparemment sans rapport d'incidents qui se déroulent devant son observation. Lorsqu'il voit quelque chose se produire dans la rue, il ne se contente pas, comme le spectateur occasionnel, de cet événement solitaire ; il essaiera de découvrir quels autres événements ont conduit à cela, et encore une fois quels autres événements doivent logiquement en découler. Lorsqu'il verra une personne intéressante dans un tramway, il se demandera d'où cette personne vient et où elle va, ce qu'elle vient de faire et ce qu'elle s'apprête à faire ; il regardera avant et après, et se languit de ce qui n'est pas. Cet exercice est en soi intéressant ; et si le résultat en est écrit, le jeune auteur acquerra une expérience d'expression en même temps qu'il développera son sens du récit.

La signification du mot « événement ». — Il nous reste maintenant à considérer philosophiquement la signification du mot *événement* . Chaque événement comporte trois éléments : la chose qui est faite, les agents qui la font et les circonstances de temps et de lieu dans lesquelles cela se produit ; ou, pour dire la chose en trois mots : action, acteurs et décor. Ce n'est que lorsque les trois éléments conspirent que quelque chose peut se produire. La vie suggère à l'esprit d'un observateur contemplatif de nombreux événements possibles qui restent irréalisés parce que seulement un ou deux des trois éléments nécessaires sont présents, des événements qui attendent, comme des enfants à naître de l'autre côté du Léthé, jusqu'à ce que les conditions nécessaires soient réunies. appelle-les à l'existence. Nous observons un homme qui pourrait accomplir une grande chose d'un certain genre, si seulement ce genre de chose était exigé au moment et à l'endroit où il traîne et se perd. Nous prenons conscience d'une grande chose qui désire être accomplie, alors qu'il n'y a personne présent qui soit capable de le faire. Nous voyons des conditions de lieu et de temps entièrement adaptées à un certain type d'événement ; mais rien ne se passe, car les personnes nécessaires sont absentes. « Jamais l'heure, le lieu et l'être aimé en même temps ! » chantait Robert Browning ; puis il rêva d'un événement qui attendait de naître, attendant la rencontre et le mariage imaginés de ses éléments.

Comment faire bouger les choses. — C'est la fonction du maître du récit créatif de donner vie aux événements. Il le fait en assemblant et en mariant les éléments sans lesquels les événements ne peuvent survenir. Admettant la conception d'un personnage capable de faire certaines choses, il trouve des choses de ce genre à faire au personnage ; lorsqu'il a le sentiment que certaines choses désirent être faites, il trouve des gens qui les feront ; ou bien, étant donné le moment et le lieu qui semblent attendre un certain type d'événement, il trouve les agents propres au décor. Il existe une conversation de Stevenson sur ce point, qui a été souvent citée. Son biographe, M. Graham Balfour, nous raconte : « Soit ce jour-là, soit à peu près à cette heure-là, je me souviens très distinctement de ce qu'il m'a dit : 'Il y a, autant que je sache, trois manières, et trois manières seulement, d'écrire un histoire. Vous pouvez prendre une intrigue et y adapter des personnages, ou vous pouvez prendre un personnage et choisir des incidents et des situations pour la développer, ou enfin – vous devez me supporter pendant que j'essaie de clarifier cela. geste de la main comme s'il essayait de façonner quelque chose et de lui donner un contour et une forme) — « vous pouvez prendre une certaine atmosphère et amener des actions et des personnes à l'exprimer et à la réaliser. Je vais vous donner un exemple : « Les Joyeux Men ». Là, j'ai commencé avec le sentiment d'une de ces îles de la côte ouest de l'Écosse, et j'ai progressivement développé l'histoire pour exprimer le sentiment avec lequel la côte m'a affecté.

En d'autres termes, à partir de l'un des trois éléments – action, acteurs ou décor – l'auteur du récit peut créer des événements en imaginant les deux autres. Comparativement parlant, il y a eu très peu d'histoires, comme « Les Joyeux Gens », dans lesquelles l'auteur est parti d'une idée de décor ; et presque tous ont été écrits récemment. Le sentiment du décor comme élément initial du récit ne remonte guère au-delà du XIXe siècle. Nous pourrions donc mieux l'examiner dans un chapitre ultérieur plus spécial, et consacrer notre attention pour le moment aux deux méthodes de création narrative qui ont été le plus souvent utilisées : celle dans laquelle l'auteur a commencé par l'élément d'action, et celle dans laquelle l'auteur a commencé avec l'élément d'action, et celui dans lequel il a commencé avec l'élément de caractère.

Très peu de grands maîtres du récit ont, comme Honoré de Balzac, employé à la fois l'une et l'autre méthode avec un égal succès : presque tous ont montré une prédilection mentale habituelle pour l'une ou pour l'autre. L'aîné Dumas, par exemple, élaborait habituellement un plan d'action et sélectionnait ensuite les personnages à intégrer dans son intrigue ; et George Meredith créait habituellement des personnages, puis concevait les éléments d'action nécessaires pour les exposer et les développer. Les lecteurs, comme les romanciers eux-mêmes, éprouvent généralement une prédilection pour une méthode plutôt que pour une autre ; mais il est certain que chaque méthode est naturelle et raisonnable, et il serait peu judicieux de la part du critique d'exalter l'une aux dépens de l'autre. Il y a beaucoup de matière dans la vie pour séduire un esprit de l'une ou l'autre habitude. Certaines choses qui se font sont en elles-mêmes si intéressantes qu'il importe relativement peu de savoir qui les fait ; et certains personnages sont en eux-mêmes si intéressants que ce qu'ils font importe relativement peu. Concevoir une suite d'actions puissante et ainsi préordonner la nature des personnages qui l'accompliront, ou concevoir des personnages pleins de potentiel pour certaines sortes d'actes et préordonner ainsi une suite d' actions, - l'une ou l'autre est une méthode légitime pour planifier. un narrateur. Cette méthode est la meilleure pour tout auteur et celle qui lui est la plus naturelle ; il réussira mieux en travaillant à sa manière ; et ce critique n'est pas catholique qui déclare que soit le récit d'action, soit le récit de personnages est un meilleur type d'œuvre que l'autre. La vérité de la vie humaine peut être racontée aussi bien par ceux qui ressentent principalement son élément d'action que par ceux qui ressentent principalement son élément de caractère ; car les deux éléments doivent finalement apparaître mélangés dans toute histoire réelle.

Le critique peut cependant faire une distinction philosophique entre les deux méthodes, afin de parvenir à une meilleure compréhension de l'une et de l'autre. On peut dire que les écrivains qui perçoivent la vie comme une action travaillent de l'extérieur vers l'intérieur ; et on peut dire que ceux qui le perçoivent principalement comme un caractère travaillent de l'intérieur vers l'extérieur. La première méthode requiert une conscience de la vie plus objective, et la seconde, plus subjective. Des deux, la conscience objective de la vie est (dans sa forme la plus faible) plus élémentaire et (dans sa forme la plus forte) plus élémentaire que la conscience subjective.

Le récit de l'action. — Stevenson, dans son « Gossip on Romance », a exprimé avec éloquence la puissance d'un sens objectif de l'action en tant que facteur initial dans le développement d'un récit. Il parle du charme exercé sur lui par certains livres qu'il lisait dans son enfance. « Pour ma part, dit-il, j'aimais bien une histoire qui commençait par une vieille auberge au bord d'un chemin où, « vers la fin de l'an 17— », plusieurs messieurs en tricorne jouaient aux boules. Un de mes amis préférait la côte de Malabar en pleine tempête, avec un navire battant au vent et un homme renfrogné aux proportions herculéennes marchant le long de la plage ; lui, bien sûr, était un pirate. C'était plus loin que ce que mon imagination ménagère aimait voyager, et conçu dans son ensemble pour une toile plus grande que les contes que j'affectais. Donnez-moi un bandit et j'étais plein à ras bord ; un jacobite ferait l'affaire, mais le bandit de grands chemins était mon plat préféré . J'entends encore ce joyeux cliquetis des sabots le long de l'allée éclairée par la lune ; la nuit et l'arrivée du jour sont encore liées dans mon esprit aux agissements de John Rann ou de Jerry Abershaw ; et les mots « chaise de poste », « grande route du nord », « palefrenier » et « bourrin » sonnent encore à mes oreilles comme de la poésie. Chacun au moins, et chacun avec sa fantaisie particulière, nous lisons des livres d'histoires dans notre enfance, non pour l'éloquence, ni pour le caractère, ni pour la pensée, mais pour une certaine qualité de l'incident brutal. Pour l'écrivain qui travaille de l'extérieur vers l'intérieur, il est tout à fait possible de développer à partir d'une « certaine qualité de l'incident brutal » un récit qui sera non seulement émouvant dans la propulsion des événements, mais aussi profond dans la signification de la vérité élémentaire.

Le récit du personnage. — La méthode de travail de l'intérieur vers l'extérieur – consistant à utiliser le sens subjectif du caractère comme facteur initial dans le développement d'un récit – est merveilleusement illustrée dans l'œuvre d'Ivan Turgénieff ; et la méthode est très clairement expliquée dans l'essai intime d'Henry James sur le grand maître russe. Henry James remarque : « Le germe d'une histoire, chez lui, n'a jamais été une affaire d'intrigue – c'était la dernière chose à laquelle il pensait : c'était la représentation de certaines personnes. La première forme sous laquelle un conte lui apparaissait était celle d'un individu ou d'un groupe d'individus qu'il souhaitait voir en action, étant sûr que ces gens devaient faire quelque chose de très spécial et d'intéressant. Ils se trouvaient devant lui, précis, vifs, et il souhaitait connaître et montrer autant que possible leur nature. La première chose était de se faire comprendre ce qu'il savait, pour commencer ; et à cet effet il rédigea une sorte de biographie de chacun de ses personnages, et de tout ce qu'ils avaient fait et ce qui leur était arrivé jusqu'au début de l'histoire. Il avait leur *dossier*, comme disent les Français, et comme la police celui de tout criminel notoire. Avec ce matériel en main, il put continuer ; toute l'histoire reposait sur la question : Que dois-je leur faire faire ? Il leur faisait toujours faire des choses qui les mettaient complètement en valeur ; mais, comme il le disait, le défaut de ses manières et le reproche qu'on lui faisait était son manque d'« architecture », c'est-à - dire de composition. Ce qui est bien, bien sûr, c'est d'avoir une architecture aussi bien que des matériaux précieux, comme les avait Walter Scott, comme les avait Balzac. Si l'on lit ainsi les nouvelles de Turgénieff en sachant qu'elles ont été composées – ou plutôt qu'elles sont nées –, on peut retracer le processus à chaque ligne. Histoire, au sens conventionnel du terme – une fable construite, comme le fantôme de Wordsworth, « pour surprendre et embêter » – il y en a le moins possible. La chose consiste dans les mouvements d'un groupe d'êtres choisis, qui ne sont pas le résultat d'une action préconçue, mais la conséquence des qualités des acteurs . »— Et pourtant, pour l'écrivain qui, comme Turgénieff , travaille à partir du à l'envers, il est tout à fait possible d'élaborer à partir des « qualités des acteurs » une suite d'actions aussi émouvante que significative.

Récapitulation. — Le principe principal du récit à garder à l'esprit est que l'action seule, ou le personnage seul, ne constitue pas son propre sujet. Le but du récit est de représenter des événements ; et un événement ne se produit que lorsque le personnage et l'action, avec leur contexte contributif, sont assemblés et mélangés. En effet, dans les événements les plus grands et les plus significatifs, il est impossible de décider si l'acteur ou l'action a le dessus ; il est impossible, face à de tels événements, à l'imagination de concevoir ce qui est fait et qui le fait comme des éléments dissociés. Un romancier qui a commencé avec l'un ou l'autre élément et a ensuite évoqué l'autre peut arriver par imagination à ce sens final complet d'un événement. Les meilleurs récits d'action et de personnages ne se distinguent pas les uns des autres dans leur résultat final : ils ne diffèrent que par leur origine : et l'auteur qui aspire à la maîtrise du récit doit se rappeler que, dans le meilleur du récit, le personnage et l'action et même le décor sont un et indissociables.

Toutefois, pour la commodité de l'étude, il convient d'examiner les éléments du récit un par un ; et nous consacrerons donc trois chapitres distincts à une considération technique de l'intrigue, des personnages et du décor.

QUESTIONS DE RÉVISION

1. Qu'est-ce qu'un récit ?

2. Distinguer une succession et une série d'événements.

3. Quelles sont les deux étapes dans tout art ?

4. Quels sont les trois éléments constitutifs de chaque événement ?

5. La vie elle-même est-elle narrative ?

6. Peut-on répondre sans réserve à la question précédente ?

7. Discutez des avantages comparatifs du récit d'action et du récit de personnage.

LECTURE SUGGÉRÉE

WILLIAM TENNEY BREWSTER : Introduction aux « Spécimens de narration en prose ».

ROBERT LOUIS STEVENSON : « Un potin sur la romance ».

HENRY JAMES : Essai sur Turgénieff , dans « Portraits partiels ».

CHAPITRE IV

PARCELLE

Récit une simplification de la vie—Unité dans le récit—Un point objectif défini—Construction, analytique et synthétique—L'importance de la structure—Récit élémentaire—Événements positifs et négatifs—Le modèle picaresque—Définition de l'intrigue— –Complication du réseau—Le nœud majeur—« Début, milieu et fin »—L'intrigue secondaire—Récits discursifs et compactés—Raconter une grande ou une petite partie d'une histoire—Par où commencer une histoire— Séquence logique et succession chronologique — Lier et délier — Transition vers le chapitre suivant.

Récit d'une simplification de la vie. — Robert Louis Stevenson, dans son essai fougueux intitulé « A Humble Remonstrance », a donné des conseils très précieux à l'écrivain de récit. En concluant ses remarques , il dit : « Et au fond de toute cette affaire, qu'il garde à l'esprit que son roman n'est pas une transcription de la vie, à juger par son exactitude ; mais une simplification d'un côté ou d'un point de la vie, qui peut réussir ou échouer grâce à sa simplicité significative. Car même si, chez les grands hommes travaillant sur de grands motifs, ce que nous observons et admirons est souvent leur complexité, pourtant, sous les apparences, la vérité reste inchangée : que la simplification était leur méthode, et que la simplicité est leur excellence. En effet, comme nous l'avons déjà noté en passant, la simplification est la méthode de tout art. Chaque artiste, à sa manière, simplifie la vie : d'abord en sélectionnant l'essentiel parmi le pêle-mêle de détails que la vie lui présente, puis en disposant ces essentiels selon un modèle. Et nous avons également noté que la méthode de l'artiste dans le récit consiste à sélectionner des événements qui entretiennent une relation logique essentielle les uns avec les autres, puis à les organiser selon un schéma de causalité.

Unité dans le récit. — Bien entendu, la première nécessité structurelle du récit, comme d'ailleurs de toute méthode de discours, est l'unité. L'unité dans toute œuvre d'art ne peut être atteinte que par une décision définitive de l'artiste quant à ce qu'il essaie d'accomplir, et par une concentration rigoureuse de son attention sur son objectif de l'accomplir , une concentration d'attention si rigoureuse qu'elle exclure l'examen de toute question qui ne contribue pas, directement ou indirectement, à la poursuite de son objectif. Le but de l'artiste dans la narration est de représenter une série d' événements, dans lesquels chaque événement se trouve dans une relation causale, directe ou indirecte, avec son prédécesseur logique et son successeur logique dans la série. Évidemment, la seule façon d'atteindre l'unité du récit est d'exclure la considération de tout événement qui ne contribue pas, directement ou indirectement, au déroulement de la série. C'est pourquoi Stevenson déclare dans ses conseils au jeune écrivain, que nous avons déjà cités : « Laissez-le choisir un motif, qu'il soit de caractère ou de passion : construisez soigneusement son intrigue de manière à ce que chaque incident soit une illustration du motif, et toute propriété employée doit avoir avec elle une relation proche de congruence ou de contraste ; ... et ne permet ni à lui-même dans le récit, ni à aucun personnage au cours du dialogue, de prononcer une phrase qui ne fait pas partie intégrante de l'histoire ou de la discussion du problème impliqué. Qu'il ne regrette pas si cela raccourcit son livre ; ce sera mieux ainsi ; car ajouter des éléments non pertinents n'est pas allonger mais enterrer. Qu'il ne se soucie pas s'il manque mille qualités, afin qu'il continue sans relâche à rechercher celle qu'il a choisie. Et plus tôt dans le même essai, il dit du roman : « Au fouillis d'impressions, toutes fortes mais toutes discrètes, que la vie présente, elle substitue une certaine série artificielle d'impressions, toutes très faiblement représentées, mais toutes visant le but ultime. même effet, tous éloquents de la même idée, tous sonnant ensemble comme les notes de consonnes dans la musique ou comme les teintes graduées dans un bon tableau. De tous ses chapitres, de toutes ses pages, de toutes ses phrases, le roman bien écrit fait écho et répercute son unique pensée créatrice et contrôlante ; à cela chaque incident et chaque personnage doivent y contribuer ; le style doit avoir été lancé à l'unisson avec cela ; et s'il y a quelque part un mot qui semble différent, le livre serait plus fort, plus clair et (j'avais presque dit) plus complet sans lui.

Un point objectif défini . — La seule façon pour l'auteur d'un récit d'atteindre l'unité pour laquelle Stevenson a si éloquemment plaidé est de se décider sur un point objectif précis, de garder constamment à l'esprit le point culminant de sa série d'événements et d'évaluer les détails successifs. de son matériel seulement dans la mesure où ils contribuent, directement ou indirectement, au progrès de la série vers ce point culminant. Pour dire les choses plus simplement, il doit voir la fin de son histoire dès le début et doit toujours donner au lecteur le sentiment d'un mouvement rigoureux vers cette fin. Son récit, du point de vue de sa construction, doit être terminé avant de commencer, du point de vue de son écriture. Il doit savoir aussi précisément que possible tout ce qui doit arriver et tout ce qui ne doit pas arriver dans son histoire avant d'oser représenter par des mots le tout premier de ses événements. Il ne doit pas, comme tentent de le faire certains débutants, tenter d'inventer son histoire au fur et à mesure ; car à moins de garder constamment à l'esprit le point culminant de sa série, il ne sera pas en mesure de décider si un événement qui se présente au cours de la progression de sa composition constitue ou non un facteur logique dans la série.

Construction, analytique et synthétique. — Le processus préliminaire de construction peut être réalisé de deux manières. Les auteurs dotés d'un esprit synthétique raisonneront plus naturellement des causes aux effets ; et les auteurs dotés d'un esprit analytique raisonneront plus naturellement des effets aux causes. Le premier construira en avant dans le temps, le second en arrière. Au début d'un récit, il est possible d'imaginer une série d'événements jusqu'à ce que le point culminant logique soit deviné ; ou se tenant au point culminant, il est possible d'imaginer la série en arrière jusqu'à ses lointains débuts. Thackeray a apparemment construit de l'ancienne manière ; Guy de Maupassant aurait construit dans cette dernière. Cette dernière méthode – celle qui consiste à construire à rebours à partir du point culminant – est peut-être plus efficace pour conserver l'unité la plus stricte. Il semble dans l'ensemble un peu plus facile d'exclure les éléments étrangers dans la pensée des effets aux causes que dans la pensée des causes aux effets, car l'analyse est un état d'esprit plus strict et plus concentré que la synthèse.

L'importance de la structure. — Mais quelle que soit la manière dont le processus de construction est accompli, les meilleures histoires sont toujours construites avant d'être écrites ; et c'est pourquoi, en les lisant, on sent à chaque instant qu'on arrive à quelque chose, et que l'auteur nous conduit pas à pas vers un aboutissement déterminé. Bien que, comme c'est généralement le cas, nous ne puissions pas, même au milieu de l'histoire, prévoir quel sera le point culminant, nous nous sentons quelque peu rassurés de savoir que l'auteur l'a prévu dès le début. Ce sentiment est l'une des principales sources d'intérêt dans la lecture de récit. En regardant la vie elle-même, nous sommes déconcertés par un fouillis d'événements qui mènent partout ; leur succession est chaotique et manque de design ; ils ne sont pas rassemblés et processionnels ; et nous avons le sentiment inconfortable qu'aucun esprit autre que celui de Dieu ne peut prévoir leurs points culminants voilés et cachés. Mais en lisant un arrangement narratif de la vie, nous avons un sens confortable de l'ordre, qui vient du fait que nous savons que l'auteur sait à l'avance où tendent les événements et peut nous faire comprendre la séquence de causalité par laquelle ils évoluent vers leur résultat ultime. . Il rend la vie plus intéressante en la rendant plus intelligible ; et il le fait principalement par son pouvoir de construction.

Récit élémentaire . — La plus simple de toutes les structures d'un récit est un arrangement immédiat d'événements selon un seul fil de causalité. Dans un tel récit, le premier événement est la cause directe du deuxième, le deuxième du troisième, le troisième du quatrième, et ainsi de suite jusqu'au point culminant de la série. Cette structure très simple est exposée dans de nombreux contes qui nous sont parvenus des premiers siècles. Il est fréquemment employé dans la « Gesta Romanorum », et à peine moins fréquemment dans le « Décaméron » de Boccace. Cela a l'avantage d'être tout à fait logique et entièrement direct. Mais on sent, en lisant des récits ainsi construits, que la méthode de simplification a été poussée trop loin, et que la simplicité a donc cessé d'être une excellence. Une telle histoire est en ce sens une représentation erronée de la vie : elle ne parvient absolument pas à suggérer « la multitude d'impressions que la vie présente », les changements kaléidoscopiques soudains de la vie réelle d'une série d'événements à une autre, et la complexité et le chaos apparent qui en résultent. des événements successifs de la vie. La structure est trop simple, trop directe, trop inébranlable et sans hésitation.

Événements positifs et négatifs . — La manière la plus simple d'introduire l'élément d'hésitation et d'hésitation, et ainsi de rendre l'histoire plus évocatrice de la variété complexe de la vie, est d'interrompre la série par l'introduction d'événements dont la tendance apparente est d'entraver sa progression, et en soulignez ainsi le triomphe ultime de la série en atteignant son point culminant prédestiné. De tels événements ne sont pas étrangers ; car, bien qu'ils tendent directement à contester le progrès de la série, ils tendent aussi indirectement à la promouvoir en ne parvenant pas à l'arrêter. Les événements de tout récit savamment sélectionné peuvent donc être divisés en deux classes : les événements directs ou positifs et les événements indirects ou négatifs. Par événement direct ou positif, on entend celui dont la tendance immédiate est de faciliter la progression de la série vers son point objectif prédéterminé ; et par événement indirect, ou négatif, on entend celui dont la tendance immédiate est de contrecarrer ce résultat prédéterminé. Il serait facile, par exemple, en examinant « Le Progrès du Pèlerin », de classer comme positifs les événements qui favorisent directement l'avancée du chrétien vers la Cité Céleste, et de classer comme négatifs les événements dont la tendance immédiate est de le détourner. du chemin droit et étroit. Et pourtant les deux classes d'événements, positifs et négatifs, ne constituent en réalité qu'une seule série ; parce que les événements négatifs sont vaincus un à un par la puissance prépondérante des événements positifs, et contribuent donc indirectement, par leur échec, à l'atteinte ultime du point culminant.

Lorsqu'un agencement immédiat d'événements positifs le long d'un seul fil de causalité est varié et souligné de cette manière par l'admission d'événements négatifs, dont la tendance est de contrecarrer le progrès de la série, la structure peut être rendue très suggestive de ce conflit de forces. que nous sentons toujours présent dans la vie réelle. Cette structure est exposée, par exemple, dans le petit conte de Hawthorne sur « David Swan ». Le point de l'histoire est que rien n'arrive à David ; l'intérêt de l'histoire réside dans les événements qui ont failli lui arriver. Le jeune homme s'endort à midi à l'ombre d'un bouquet d'érables qui se regroupent autour d'une source au bord de la grande route. Trois personnes, ou groupes de personnes, l'observent dans son sommeil. La première lui conférerait la Richesse, la seconde l'Amour, la troisième la Mort, s'il se réveillait à ce moment. Mais David Swan dort profondément ; les gens passent; et tout ce qui a failli lui arriver s'efface à jamais dans la région du possible.

Le modèle picaresque . — Une série simple de ce genre, dans laquelle les événements se déroulent tantôt directement, tantôt indirectement, le long d'une seule ligne logique, peut être suivie d'une autre série simple du même genre, à laquelle peut à son tour succéder une troisième, et ainsi allumé indéfiniment. C'est ainsi que se construit le type d'histoire connue sous le nom de picaresque, car en Espagne, où ce type s'est développé pour la première fois, le héros était généralement un *picaro* , ou un voyou. L'expédient narratif dans de telles histoires consiste simplement à sélectionner un héros capable d'aventure, à le jeter librement dans le monde rugissant et formidable et à laisser les choses lui arriver les unes après les autres. L'exemple le plus connu de ce type n'est pas un conte espagnol, mais français, le « Gil Blas » d'Alain René Le Sage. Dès que Gil Blas arrive au point culminant d'une série d'aventures, l'auteur l'entame dans une autre. Chaque série est complète en elle-même et distincte de toutes les autres ; et la structure de tout le livre peut être comparée, dans une figure simple, à un chapelet de saucisses. La relation entre les différentes sections de l'histoire n'est pas organique ; ils sont simplement liés entre eux par la continuité du même personnage central de l'un à l'autre. N'importe laquelle des sections pourrait être supprimée sans préjudice pour les autres ; et leur ordre pourrait être réorganisé. Des pièces de théâtre, ainsi que des romans, ont été construits de cette manière inorganique – par exemple « L'Étourdi » et « Les Facheux » de Molière . Si les acteurs, en interprétant l'une ou l'autre de ces pièces, omettaient une ou deux unités du chapelet d'incidents, le public ne se rendrait pas compte d'une quelconque lacune dans la structure. Pourtant, une histoire construite de cette manière directe et successive peut donner une vaste impression du labyrinthe changeant de la vie. « Kim », de M. Kipling, de structure picaresque, nous montre presque tous les aspects de la vie labyrinthique de l'Inde. Il sélectionne un garçon en bonne santé et normal, mais pas intelligent, et permet que toute l'Inde lui arrive. Le livre est sans début ni fin ; mais le manque même de netteté et la compacité de son plan contribuent à l'impression générale qu'il donne de l'immensité de l'Inde.

Définition de l'intrigue. — Mais une simple série d'événements disposés selon un seul fil de causalité, ou une succession de plusieurs séries de ce genre enchaînées les unes après les autres, ne peut pas proprement être appelée une intrigue. Le mot *intrigue* signifie un tissage ensemble ; et un tissage présuppose la coexistence de plus d'un brin. La forme la plus simple de l'intrigue proprement dite est un entrelacement de deux séries distinctes d'événements ; et la manière la plus simple de les relier ensemble est de les concevoir de telle sorte que, bien qu'ils puissent être largement séparés à leurs débuts, ils progressent, chacun à sa manière, vers un point culminant commun,— un seul événement capital qui se tient donc au sommet. sommet de chaque série. Cet événement est le nœud qui relie les deux fils de causalité. Ainsi, dans « Silas Marner », l'événement culminant, qui est la rédemption de Marner d'une distance misanthrope de la vie, grâce à l'influence d' Eppie , un enfant en manque d'amour, est conduit par deux séries distinctes d'événements, de dont il forme le nœud. La seule série, qui concerne Marner , remonte au tort immérité qu'il a subi dans sa jeunesse ; et l'autre série, qui concerne Eppie , remonte au mariage clandestin du père d'Eppie , Godfrey Cass. L'événement initial d'une série n'a aucune relation logique immédiate avec l'événement initial de l' autre série ; mais chaque série, à mesure qu'elle progresse, se rapproche de plus en plus de l'autre, jusqu'à ce qu'elles se rencontrent et se confondent.

Complication du réseau. — Un type d'intrigue plus élaboré que celui-ci peut être conçu en menant au point culminant selon trois ou plusieurs lignes de causalité distinctes, au lieu de seulement deux. Dans le « Conte de deux villes », la mort volontaire de Sydney Carton sur l'échafaud se situe au sommet de plusieurs séries d'événements. Et une intrigue peut être encore plus compliquée en reliant les brins ensemble à d'autres points en dehors du point culminant. Dans « Le Marchand de Venise », les deux principales séries d'événements sont fermement liées à la scène du procès, lorsque Shylock est contourné par Portia ; mais ils sont également liés, quoique moins fermement, dès le début de la pièce, lorsqu'Antonio emprunte à Shylock l'argent qui permet à Bassanio de courtiser et de gagner la Dame de Belmont. En outre, tout événement relevant de l'un des principaux volets de causalité peut se situer au point culminant d'un volet mineur et ainsi former un petit nœud dans le réseau général de l'intrigue. Dans la même pièce, le volet mineur de la fuite de Lorenzo et Jessica atteint son point culminant dans une scène qui n'est qu'à mi-chemin du progrès des deux volets principaux, celui du lien et celui des cercueils, vers leur résultat commun dans la défaite de Shylock.

Le nœud majeur. — Mais aussi complexe que puisse être une intrigue, et quels que soient les nombreux nœuds mineurs qui peuvent relier ensemble les différents brins qui y entrent, il y a presque toujours un point de plus grande complication, un gros nœud qui lie ensemble tous les brins à la fois, et se présente comme le point culminant commun de toutes les séries, majeures et mineures. L'histoire se préoccupe principalement de raconter au lecteur comment le nœud majeur s'est noué ; mais dans une intrigue de quelque complexité que ce soit, le lecteur désire naturellement savoir comment le nœud s'est de nouveau dénoué. Par conséquent, ce point de plus grande complication, ce point culminant de tous les liens de causalité qui sont tissés dans l'intrigue, ce point objectif de tout le récit, se situe rarement à la toute fin d'une histoire, mais généralement à un moment environ aux trois quarts de l'histoire. le chemin du début à la fin. Les trois premiers quarts du récit, grosso modo, exposent les causes antérieures du nœud majeur ; et le dernier quart de l'histoire montre ses effets ultérieurs. Une intrigue peut donc, dans ses aspects généraux, être figurée comme une complication suivie d'une explication, une liaison suivie d'un déliement, ou (pour dire la même chose avec des mots français peut-être plus connotatifs) un *nouement* suivi d'un *dénouement* . . Les événements du *dénouement* ont entre eux une relation logique plus étroite que les événements du *nouement*, car ils ont tous une cause commune dans le nœud majeur, tandis que le nœud majeur est l'effet ultime de plusieurs séries distinctes de causes qui étaient tout à fait différentes. se séparent les uns des autres au moment où le *nouément* a commencé. Pour cette raison , le *dénouement* montre généralement un mouvement plus précipité que le *nouement* – un événement marchant sur les talons d'un autre.

"Début, milieu et fin ." — C'était sans doute ce triple aspect d'une intrigue—1. *La complication* ; 2. *Le nœud majeur* ; 3. *L'explication* – à laquelle Aristote pensait lorsqu'il déclarait que toute histoire doit avoir un début, un milieu et une fin. Ces mots ne visaient pas à évoquer une égalité quantitative. Ce qu'Aristote appelait le « milieu » peut, dans un roman moderne, être énoncé sur une seule page et est beaucoup plus susceptible de se trouver près de la fin du livre qu'au centre . Mais tout ce qui vient après, dans ce qu'Aristote appelle la « fin », doit être un effet dont il est la cause ; et tout ce qui le précède, dans ce qu'Aristote appelle le « commencement », doit être, directement ou indirectement, une cause dont il est l'effet. C'est seulement dans ces conditions que l'intrigue sera, comme le disait Aristote, un tout organique. Ce n'est qu'ainsi qu'il pourra se conformer au principe d'unité, qui est le principe premier de toute entreprise artistique.

La sous- intrigue. — Gardant toujours à l'esprit le principe de l'unité, Stevenson, dans une phrase omise pour le moment dans l'une des citations de « A Humble Remonstrance » exposée au début de ce chapitre, a conseillé à l'écrivain de fiction « d'éviter une sous-intrigue, à moins que, comme parfois chez Shakespeare, la sous-intrigue soit un retour ou un complément de l'intrigue principale. Il semble prudent d'affirmer qu'une intrigue secondaire n'est utile dans un roman que dans le but de nouer des nœuds mineurs dans les principaux fils de causalité et qu'elle doit être écartée à moins qu'elle ne serve cet objectif. Il n'y a cependant aucune raison pour qu'un roman ne raconte pas à la fois plusieurs histoires d'égale importance, à condition que ces histoires soient habilement liées entre elles, comme dans ce chef-d'œuvre de l'intrigue, « Notre ami commun ». Dans ce roman, le principal expédient que Dickens a employé pour relier ses différentes histoires est de faire du même personnage un acteur dans plus d'une d'entre elles, de sorte qu'un événement particulier qui lui arrive puisse en même temps être un facteur dans l'une et l'autre série d'événements. En utilisant habilement cet expédient, Dickens a réussi à donner à son roman une unité d'intrigue, malgré la diversité de ses éléments narratifs. Mais d'un autre côté, dans « Middlemarch », George Eliot a raconté trois histoires au lieu d'une. Elle n'a pas réussi à faire de son intrigue un tout organique en entrelaçant habilement les trois brins qu'elle a tissés. C'est pourquoi ce roman monumental, si grand à d'autres égards, est défectueux dans sa structure, car il viole le principe d'unité.

discursifs et compactés . — Selon le degré de complexité de l'intrigue, les romans peuvent être regroupés en deux classes, —les romans discursifs et les romans compacts. Thackeray a écrit des romans du premier type, Hawthorne du second. Dans « Vanity Fair », il y a plus d'une demi-centaine de personnages ; dans « La Lettre Écarlate », il y en a trois, voire quatre. Le roman discursif donne une vision plus étendue, et le roman compact, une vision plus intensive de la vie. Les auteurs anglais tendent pour la plupart vers le type discursif, et les auteurs continentaux vers le type compacté. Ce dernier type exige un art plus fin et plus ferme, le premier une vision du monde plus large et plus catholique.

Raconter beaucoup ou peu d' histoire. — La distinction entre les deux types dépend principalement de la part ou du peu de son histoire que l'auteur choisit de raconter. Dans la vie réelle, comme nous l'avons dit dans un chapitre précédent, il n'y a pas vraiment de fin ; et on peut maintenant ajouter qu'il n'y a pas non plus de commencement absolu. Tout événement qui se produit est, selon les mots de Whitman, « un sommet de choses accomplies » et « un enfermement de choses à venir » ; et en repensant à ses causes ou à ses effets, nous pouvons continuer la série jusqu'à ce que notre pensée se perde dans une éternité. Dans tout récit, nous sommes donc condamnés à commencer et à terminer à mi-carrière ; et la question est simplement de savoir jusqu'où nous choisirons de représenter au lecteur une section de toute la série imaginable et inimaginable. Par exemple, il serait très simple de retracer la composition de la « Maison de la vie » de Rossetti le long d'une série causale jusqu'à la naissance d'un garçon à Arezzo en 1304 ; car il est peu probable que Rossetti aurait écrit un cycle de sonnets d'amour si de nombreux autres poètes, comme Shakespeare et Ronsard, ne l'avaient pas fait avant lui ; et Shakespeare et Ronsard, comme l'a prouvé Sir Sidney Lee, étaient les légataires littéraires de Pétrarque, ledit natif d'Arezzo. Et pourtant, si nous devions raconter l'histoire de la composition des sonnets de Rossetti, il est douteux que nous devions remonter plus loin dans le temps que l'occasion où son ami Deverell lui présenta la belle fille d'un coutelier de Sheffield qui devint le inspiration immédiate de sa poésie d'amour.

Dickens, dans de nombreux romans, dont « David Copperfield » peut être pris comme exemple, a choisi de raconter toute la vie de son héros, depuis sa naissance jusqu'à sa maturité. Mais d'autres romanciers, comme George Meredith dans « The Egoist », ont choisi de représenter des événements qui se déroulent, pour la plupart, en un seul endroit et dans un laps de temps extrêmement court. Il n'est en aucun cas certain que Meredith n'en sache pas autant sur l'enfance et la jeunesse de Sir Willoughby Patterne que Dickens sur les premières années de David Copperfield ; mais il a choisi de compacter son roman en ne présentant qu'une brève série d'événements qui montrent son héros à maturité. Il est certain que Turgénieff, après avoir rédigé le *dossier* de chacun de ses personnages auquel Henry James faisait référence, a dû connaître de nombreux événements de leur vie qu'il a choisi d'omettre de son roman terminé. Il est intéressant d'imaginer le genre d'intrigue que George Eliot aurait construite à partir des matériaux de « La Lettre Écarlate ». Elle aurait probablement commencé le récit en Angleterre à l'époque où Hester était une jeune fille. Elle aurait relaté la rencontre de Hester et Chillingworth et aurait analysé les causes ayant abouti à leur mariage. Elle aurait ensuite emmené le couple outre-mer, dans la colonie du Massachusetts. Ici, Hester aurait rencontré Arthur Dimmesdale ; et George Eliot aurait déployé toutes ses forces d'analyste de la vie à retracer les douces pensées et les désirs impérieux qui conduisirent les amants au passage douloureux. La chute d'Hester aurait été le nœud majeur de tout le récit de George Eliot. Cela aurait été le point culminant du dénouement de son *intrigue* : les événements ultérieurs n'auraient été que des étapes du *dénouement* . Pourtant, la chute d'Hester appartenait déjà au passé au début de l'histoire que Hawthorne a choisi de représenter. Il ne s'intéressait qu'aux conséquences du péché d'Hester sur elle-même, sur son amant et sur son mari. Le nœud majeur, ou point culminant, de son intrigue fut donc la révélation de la lettre écarlate, une scène qui n'aurait été qu'un incident dans *le dénouement de George Eliot* . Il ressort de cela que toute histoire dont les implications sont étendues peut offrir au romancier des matériaux pour l'une quelconque des nombreuses structures de l'intrigue, selon la section de l'histoire entière qui intéresse le plus son esprit.

On verra également qu'une grande partie de l'histoire entière doit, de toute façon, rester non écrite. Une intrigue n'est pas seulement, comme le disait Stevenson, une simplification de la vie ; c'est aussi une simplification supplémentaire de la suite des événements que, en simplifiant la vie, le romancier a d'abord imaginée. L'histoire entière, avec toutes ses implications, est tirée de la vie ; et l'intrigue est ensuite sélectionnée parmi toute l'histoire. Souvent, un romancier peut suggérer autant en omettant délibérément de son intrigue certains événements de son histoire imaginée qu'il pourrait le suggérer en les représentant. Le personnage le plus puissant d'« Evan Harrington » de George Meredith est peut-être le grand Mel, dont la mort est annoncée dès la première phrase du roman. Hawthorne, dans « The Marble Faun », ne dissipe jamais le mystère du sombre poursuivant de Miriam, ni ne nous raconte ce qu'est devenue Hilda lorsqu'elle a disparu pendant un certain temps de la vue et de la connaissance de ses amis.

Où commencer une histoire. — Une fois que le romancier a sélectionné dans l'ensemble de son histoire les matériaux qu'il entend représenter et a structuré ces matériaux pour en faire une intrigue, il jouit d'une liberté considérable quant au moment où il peut commencer son récit. Il peut commencer au début de l'un ou l'autre de ses principaux liens de causalité, comme le fait habituellement Scott ; ou bien il peut adopter le procédé homérique, préconisé par Horace, consistant à plonger au milieu de son complot et à revenir ensuite seulement à son début. Dans le premier chapitre de « Pendennis », le héros a dix-sept ans ; le deuxième chapitre raconte le mariage de son père et de sa mère, ainsi que sa propre naissance et son enfance ; et au début du troisième chapitre , il n'a que seize ans.

Séquence logique et succession chronologique. — Il est évident que, tant que le romancier représente ses événements dans une séquence logique, il n'est pas du tout nécessaire qu'il les présente dans une succession chronologique. Les histoires peuvent être racontées aussi bien dans le passé que dans le futur. Thackeray commence souvent un chapitre par un événement survenu un jour et le termine par un événement survenu plusieurs jours auparavant ; il travaille en arrière, d' effets en causes, au lieu d'avancer de causes en effets. En poursuivant une intrigue tissée à partir de plusieurs volets, il n'est presque jamais possible de représenter les événements dans une succession chronologique ininterrompue, même lorsque l'auteur avance systématiquement des causes aux effets ; car après avoir poursuivi un volet de son complot jusqu'à un certain point dans le temps, il est obligé de revenir en arrière de plusieurs jours ou semaines, ou éventuellement sur une période plus longue, pour reprendre un autre volet et le faire avancer jusqu'au même moment dans le temps. qu'il a quitté le premier. La rétrogradation dans le temps est donc souvent non seulement permise, mais nécessaire. Mais il est tout à fait logique d'affirmer que la séquence chronologique doit être sacrifiée simplement dans le but de clarifier la relation logique des événements ; et chaque fois que jongler avec la chronologie tend à obscurcir au lieu de clarifier cette relation logique, c'est la preuve d'une erreur de jugement de la part du narrateur . Tourgénieff est souvent coupable de cette erreur de jugement. Il a la fâcheuse habitude de faire entrer en scène un nouveau personnage qui se présente un instant sous les yeux du lecteur, puis de retourner le récit de plusieurs années en arrière pour raconter la vie passée du nouveau venu. Souvent, avant la fin de ce récit entre parenthèses, le lecteur a oublié la scène à partir de laquelle l'auteur s'est tourné vers la digression.

Lier et Délier. — Dans la plupart des intrigues, comme nous l'avons dit, le *nouement* est plus significatif que le *dénouement* , et les causes qui conduisent à nouer le nœud majeur sont plus intéressantes que les effets retracés au cours du processus de dénouement. C'est la raison pour laquelle le point culminant se situe généralement bien avant la conclusion de l'histoire. Parfois même, lorsque le nœud majeur a été noué avec une intrication gordienne, l'auteur le place à la toute fin de son récit, et le coupe brusquement au lieu de le dénouer soigneusement. Mais il n'y a aucune raison absolument nécessaire pour qu'il soit placé à la fin ou, comme c'est le plus souvent le cas, à environ les trois quarts de l'histoire. Il peut même être défini au tout début ; et le récit peut se concentrer entièrement sur un *dénouement élaboré* . C'est le cas, par exemple, dans le roman policier, où un nœud très complexe est supposé au départ et où le récit montre ensuite les prouesses du héros policier à le dénouer.

Transition vers le chapitre suivant. — Une intrigue bien construite, comme tout autre type de schéma bien articulé, est intéressante en soi ; et certains romans et nouvelles, comme « Moonstone » de Wilkie Collins et « Meurtres dans la rue Morgue » de Poe, maintiennent leur intérêt presque par le seul élément de l'intrigue. Mais puisque le but de la fiction est de représenter la réalité, une histoire échouera du plus haut effet à moins que les personnes agissant selon son schéma d'événements ne produisent sur le lecteur l'illusion d'êtres humains vivants. Nous devons donc nous tourner ensuite vers l'étude de l'élément de caractère.

QUESTIONS DE RÉVISION

1. Quelle est la meilleure façon d'atteindre l'unité dans le récit ?

2. Distinguer les méthodes de construction analytiques et synthétiques.

3. Distinguer les événements positifs et négatifs.

4. Expliquez le modèle de la romance picaresque.

5. Quelles sont les phases essentielles d'une intrigue ?

6. Expliquez la signification du *nouement* et *du dénouement* .

7. Une histoire doit-elle toujours suivre l'ordre chronologique ?

8. À quel moment de l'exposé d'une intrigue se trouve le plus souvent le nœud majeur ? Quelle est la raison logique de cette position habituelle ?

LECTURE SUGGÉRÉE

ROBERT LOUIS STEVENSON : « Une humble remontrance. »

BLISS PERRY : « Une étude de la fiction en prose »— Chapitre VI, sur « L'intrigue ».

O. HENRY : « Les Routes du Destin ».— L'intrigue de cette histoire illustre en pratique la plupart des points importants exposés dans ce chapitre.

CHAPITRE V

PERSONNAGES

Les personnages méritent d'être connus—L'équation personnelle du public—
—L'attrait universel des grands personnages fictifs—Traits typiques—Traits
individuels—Le défaut de l'allégorie—Le défaut de la caricature—
Personnages statiques et cinétiques— Délimitation directe et indirecte—
Subdivisions des deux méthodes—I. Délimitation directe : 1. Par
exposition ; 2. Par Description ; [Représentation progressive] ; 3. Par analyse
psychologique ; 4. Par les rapports d'autres personnages—II. Délimitation
indirecte : 1. Par la parole ; 2. Par action ; 3. Par effet sur d'autres
personnages ; 4. Par environnement.

Les personnages devraient valoir la peine d' être connus. — Avant de
procéder à l'étude des méthodes techniques de délimitation des caractères,
nous devons nous demander ce qui constitue un caractère digne d'être
délimité. Un romancier est, pour parler au sens figuré, le sponsor social de
ses propres personnages fictifs ; et il commet pour ainsi dire une indiscrétion
sociale, s'il demande à ses lecteurs de rencontrer des personnes fictives qu'il
n'a ni valeur ni intérêt de connaître. Puisqu'il vise à rendre ses lecteurs intimes
avec ses personnages, il doit avant tout veiller à ce que ses personnages valent
la peine d'être connus intimement. La plupart d'entre nous, dans la vie réelle,
sont habitués à distinguer les personnes qui valent la peine de celles qui ne le
valent pas ; et ceux d'entre nous qui vivent consciemment sont habitués à se
protéger des gens qui ne peuvent, du simple fait de ce qu'ils sont, nous
récompenser de la dépense de temps et d'énergie que nous devrions
consacrer à les connaître. Et chaque fois qu'un de nos amis nous demande
délibérément de rencontrer un autre de ses amis, nous tenons pour acquis
que notre ami a des raisons de croire que cette connaissance sera bénéfique
ou intéressante pour tous deux. Or le romancier se trouve dans la situation
d'un ami qui nous demande de rencontrer certaines personnes qu'il connaît ;
et il court le risque que nous perdions confiance en son jugement à moins
que nous trouvions que son peuple en vaut la peine. Par le simple fait que
nous prenons la peine de lire un roman, perdant ainsi un temps qui autrement
pourrait être passé en compagnie de personnes réelles, nous nous efforçons
de rencontrer les personnages que le romancier souhaite nous présenter. Il
nous doit donc l'assurance qu'ils vaudront encore plus notre peine que la
moyenne des personnes réelles. Cela ne veut pas dire qu'ils devraient
nécessairement être meilleurs ; ils peuvent, bien sûr, être pires : mais ils
devraient être plus clairement significatifs de certains éléments intéressants

de la nature humaine, plus complètement représentatifs de certaines phases de la vie humaine qu'il est bon pour nous d'apprendre et de connaître.

L'équation personnelle du public. — En décidant du type de personnages qui vaudront la peine de ses lecteurs, le romancier doit bien sûr être influencé par la nature du public pour lequel il écrit. Les personnages de « Petites Femmes » valent peut-être la peine d'être vus par des enfants ; et ce n'est pas une critique négative de Louisa M. Alcott que de dire qu'ils ne valent pas la peine d'être des hommes et des femmes mûrs. De même, ce n'est pas une critique négative de certains romanciers continentaux que de dire que leurs personnages sont décidément des compagnons inadaptés aux adolescentes. Notre jugement sur les personnages d'un roman doit toujours être conditionné par notre perception du type de lecteurs auxquels le roman s'adresse. Henry James, dans ses dernières années, écrivait généralement pour les super-civilisés ; et ses personnages doivent être jugés selon des critères différents de ceux des pirates de « L'Île au Trésor », une histoire écrite pour les garçons, jeunes et vieux. Un lecteur peut s'ennuyer avec les pirates, un autre avec les cosmopolites super subtils ; et chaque lecteur a le privilège d' éviter la société des personnages qui le fatigue.

L'attrait universel des grands personnages fictifs. — Mais les plus grands personnages de fiction valent la peine de tous ; et les maîtres n'ont sûrement pas dû hésiter à demander à quiconque de rencontrer Sancho Panza , Robinson Crusoé, Henry Esmond, Jean Valjean ou Terence Mulvaney. En fait, ce qu'il y a de plus étonnant chez un grand personnage fictif, c'est la multitude de personnes très différentes que le personnage est capable d'intéresser. Bien souvent , nous nous éloignons volontairement de la société réelle pour passer une soirée en compagnie d'un personnage fictif d'une classe avec laquelle nous ne nous associons jamais dans la vie réelle. Peut-être que dans le monde actuel nous ne prendrions jamais la peine de converser avec des provinciaux illettrés ; et pourtant, nous ne considérerons peut-être pas comme une perte de temps et d'énergie de les rencontrer dans les pages de « Middlemarch ». Pour ma part, j'ai toujours, dans la vie réelle, évité de rencontrer le genre de personnes qui apparaissent dans « Vanity Fair » de Thackeray ; et pourtant je trouve non seulement intéressant mais profitable de m'y associer tout au long d'un roman assez long. Comment se fait-il qu'un lecteur qui, bien qu'il ait traversé l'océan à de nombreuses reprises, n'a jamais pris soin d'entrer dans la salle des machines d'un paquebot, est-il pourtant assez disposé à rencontrer en termes intimes l'ingénieur de M. Kipling, Mac Andrew ? Et pourquoi des dames qui, dans le monde actuel, sont exigeantes en matière de fréquentation, devraient-elles pourtant s'associer tout au long d'un roman avec la Sapho de Daudet ? Quelle est la raison pour laquelle ces personnages fictifs devraient sembler, à presque tous les lecteurs, plus intéressants que le même genre de personnes dans la vie réelle ?

Traits typiques . — La raison en est que les grands personnages fictifs sont typiques de leur classe, dans une mesure rarement visible chez un membre réel de la classe qu'ils représentent. Ils « contiennent des multitudes », pour emprunter l'expression de Whitman . Tous les visionnaires idéalistes sont représentés dans Don Quichotte, tous les avares dans Harpagon , tous les hypocrites dans Tartufe , tous les égoïstes dans Sir Willoughby Patterne , toutes les femmes intelligentes et rusées dans Becky Sharp, tous les sentimentalistes dans Tommy de Barrie. Mais l'homme moyen n'est pas d'une taille suffisante pour contenir une multitude d'autres ; il manque comparativement de traits typiques ; il n'est pas, dans une grande mesure, un exemple de la vie, car ce n'est que dans une petite mesure qu'il est représentatif de sa classe. Il existe, bien sûr, dans la vie réelle, certaines personnes d'une ampleur inhabituelle qui justifient le titre d'« hommes représentatifs » d'Emerson. Benjamin Franklin, par exemple, est un tel homme. Il est le seul personnage réellement typique de l'Amérique du XVIIIe siècle ; et c'est la raison principale pour laquelle, en tant qu'exposition de caractère, son autobiographie est un livre tout aussi rentable que les chefs-d'œuvre de la fiction. Mais les hommes aussi représentatifs sont rares dans la vie réelle ; et la tâche principale de la fiction est donc de les fournir.

individuelles . — C'est principalement en répondant à ce besoin d'hommes et de femmes représentatifs que le romancier peut faire en sorte que ses personnages valent la peine de chaque lecteur. Mais après en avoir fait la quintessence d'une classe, il doit également veiller à les individualiser. A moins de les doter de certains traits personnels qui les distinguent de tous les autres représentants ou membres de leur classe, réels ou fictifs, il ne parviendra pas à les investir de l'illusion de la réalité. Tout grand personnage de fiction doit donc présenter une combinaison intime de traits typiques et individuels. C'est en étant typique que le personnage est vrai ; c'est en étant individuel que le personnage est convaincant.

Le défaut de l'allégorie. — La raison pour laquelle la plupart des figures allégoriques sont inefficaces est que, bien qu'elles soient typiques, elles ne sont pas en même temps individuelles. Ils sont abstraitement représentatifs d'une classe ; mais ils ne se distinguent pas concrètement des autres représentants ou membres de la classe. Nous les connaissons donc non pas en tant que personnes mais simplement en tant qu'idées. Nous éprouvons aujourd'hui très peu d'intérêt humain à relire les vieilles pièces de morale, dont les personnages ne sont que des abstractions allégoriques. Mais en les critiquant , nous devons nous rappeler qu'ils ont été conçus non pas tant pour être lus que pour être joués sur scène ; et que les acteurs qui représentaient leurs personnages abstraits et simplement typiques devaient nécessairement les avoir dotés de concret et d'individualité. Bien qu'un personnage de l'une de ces pièces allégoriques puisse être appelé « Tout le monde », c'était un homme en particulier qui marchait et parlait sur les planches ; et il suscitait de la sympathie moins pour le type que pour l'individu. Mais une allégorie écrite pour être lue est moins susceptible de produire l'illusion de la réalité ; et ce n'est que lorsque les personnages allégoriques sont virtuellement conçus comme des individus, au lieu de simples abstractions, qu'ils touchent le cœur. Christian, dans « Pilgrim's Progress » de Bunyan, est ainsi conçu. Il est tout à fait représentatif du christianisme du XVIIe siècle ; dans un sens, il est tous des hommes de l'époque et de la religion de Bunyan ; mais il est aussi un homme et un seul, et nous ne pourrions jamais, dans notre pensée, le confondre avec aucun autre personnage de fiction ou hors de la fiction.

Le défaut de la caricature. — Mais de même qu'un personnage peut être inefficace parce qu'il est simplement typique, de même un personnage peut être insignifiant parce qu'il est simplement individuel. Les personnages mineurs des Comédies d' humour de Ben Jonson ne sont que de simples personnifications de traits individuels exagérés. Ce sont des caricatures plutôt que des personnages. Dickens commet fréquemment l'erreur de présenter des personnages dépourvus de traits représentatifs. Tommy Traddles est fortement individualisé par le fait que ses cheveux sont toujours dressés ; mais il ne présente aucune vérité essentielle de la nature humaine. Barkis , qui est toujours willin ' et Micawber, qui attend toujours que quelque chose arrive, se distinguent catégoriquement de tous les autres dans ou hors de la fiction ; mais il leur manque la grande réalité des personnages représentatifs. Ce sont des individualités plutôt que des individus. Ils ne présentent pas une agglomération de nombreux traits différents mais cohérents, rendus unifiés et uniques par une caractéristique dominante et informative, comme l'ambition chez Macbeth, la sénilité chez Lear ou l'irrésolution chez Hamlet. Un grand personnage fictif doit être à la fois générique et spécifique ; il doit donner une expression concrète à une idée abstraite ; ce doit être une représentation individualisée des qualités typiques d'une classe. Ce ne sont finalement que des figures de ce genre qui valent la peine dans la fiction, et qui valent plus la peine pour le lecteur que pour l'homme moyen.

Caractères statiques et cinétiques. —Mais il y a encore une autre raison pour laquelle il est souvent plus précieux pour le lecteur de rencontrer des personnages fictifs que de rencontrer des personnes de la même classe dans la vie réelle ; et cette raison est que pendant un jour ou deux qu'il faut pour lire un roman, il peut passer en revue les événements les plus significatifs de plusieurs années et ainsi apprendre à connaître un personnage fictif plus complètement dans un court laps de temps qu'il ne pourrait le connaître. , si le personnage était réel, après plusieurs années de connaissance continue. On rencontre deux sortes de personnages dans les pages des romanciers : des personnages qu'on peut appeler statiques, et des personnages qu'on peut appeler cinétiques. Les premiers restent inchangés tout au long du récit : les seconds grandissent ou diminuent, selon les cas, sous l'influence des circonstances, de leur propre volonté ou de celle d'autrui. Les personnages récurrents des premiers contes de M. Kipling, tels que Mme Hauksbee , Strickland, Mulvaney, Ortheris et Learoyd , sont des figures statiques. Bien qu'ils fassent des choses différentes dans différentes histoires, leurs personnages restent toujours les mêmes. Mais Don Quichotte et Sancho Panza sont des figures cinétiques ; ils grandissent et changent tout au long du roman ; ils sont, chacun à sa manière, des personnes plus grandes et plus sages lorsque nous les quittons qu'ils ne l'étaient lorsque nous les avons rencontrés pour la première fois. Montrer un personnage se développant sous l'effet du stress ou mûrissant facilement sous des influences bienfaisantes est l'une des plus grandes possibilités de la fiction. Et montrer la désintégration progressive d'un personnage, comme le fait George Eliot dans le cas de Tito Melema , revient à nous en apprendre davantage sur la tragédie de la vie que nous ne pourrions en apprendre au cours de nombreuses années d'expérience réelle.

Délimitation directe et indirecte . — Ce n'est qu'une fois le processus de création terminé et qu'un personnage vit dans l'esprit du romancier que celui-ci doit considérer les divers expédients techniques qui peuvent être employés pour rendre le lecteur conscient du personnage en tant que présence personnelle. Ces expédients techniques sont nombreux ; mais ils peuvent tous être groupés en phases de l'une ou l'autre de deux méthodes contrastées de délimitation du caractère, que l'on peut appeler, par commodité, directe et indirecte. Selon la première méthode, les traits de caractère sont transmis directement au lecteur par une sorte de déclaration de l'auteur de l'histoire : selon la seconde méthode, les caractéristiques sont transmises indirectement au lecteur par une déduction nécessaire, de sa part, de le récit lui-même. En employant la première méthode, ou méthode directe, l'auteur (soit dans sa propre personne, soit dans celle d'un personnage qu'il assume) se place entre le lecteur et le personnage qu'il incarne, dans l'attitude, plus ou moins franchement avouée, de showman ou exposant. En employant la seconde méthode, ou méthode indirecte, l'auteur cherche à s'effacer autant que possible de la conscience du lecteur ; et après avoir mis le lecteur face à face avec le personnage qu'il désire représenter, il laisse au lecteur le soin de faire sa propre connaissance du personnage. La méthode indirecte est naturellement plus difficile et, lorsqu'elle est employée avec succès, elle est plus artistique que la méthode directe. Mais l'un est rarement utilisé à l'exclusion de l'autre ; et il serait possible d'illustrer par des citations successives de n'importe quel roman de premier ordre, comme « L'Égoïste » par exemple, comment les mêmes caractéristiques sont décrites d'abord par l'une, puis par l'autre méthode.

Subdivisions des deux méthodes. — Chacune des deux méthodes se manifeste en de nombreuses phases différentes. Il existe plusieurs manières distinctes de délimiter directement le caractère, ainsi que plusieurs moyens distincts de délimitation indirecte. Il est peut-être utile, aux fins de l'étude, de les distinguer assez nettement les uns des autres ; mais il ne faut jamais oublier que les maîtres de la fiction les mélangent généralement, sans avoir conscience d'une quelconque distinction critique entre eux. Gardant cela à l'esprit, entreprenons un examen critique de quelques-unes des phases les plus fréquemment récurrentes, d'abord de la méthode directe, ensuite de la méthode indirecte.

I. Délimitation directe : 1. Par exposition. — Le moyen le plus évident, et en même temps le plus élémentaire, de représentation directe consiste à exposer délibérément les traits principaux du personnage à représenter. Ainsi, au début du « Vicaire de Wakefield », l'auteur, écrivant en la personne du Vicaire, expose ainsi les traits de Mme Primrose :—

«J'ai toujours pensé que l'honnête homme qui s'est marié et a élevé une famille nombreuse rendait plus de services que celui qui restait célibataire et ne parlait que de population. C'est pour cette raison que j'avais à peine pris des commandes depuis un an avant de commencer à penser sérieusement au mariage et de choisir ma femme comme elle avait choisi sa robe de mariée, non pas pour une belle surface brillante, mais pour des qualités qui lui permettraient de bien se porter. Pour lui rendre justice, c'était une femme notable et de bonne humeur ; et quant à l'élevage, rares étaient les dames de la campagne qui pouvaient en montrer davantage. Elle pouvait lire n'importe quel livre anglais sans beaucoup d'orthographe ; mais pour le marinage, la conservation et la cuisine, personne ne pouvait la surpasser. Elle se piquait aussi d'être une excellente organisatrice en matière d'entretien ménager ; même si je n'ai jamais pu constater que nous nous sommes enrichis grâce à tous ses artifices.

Ce moyen de représentation élémentaire présente l'avantage évident de la concision. Le lecteur est informé immédiatement et de manière assez complète de ce qu'il doit penser du personnage en question. Pour cette raison , cet expédient est très utile au début d'une histoire. Un artiste aussi excellent que Stevenson, dans les « Nouvelles mille et une nuits », commençait chaque conte du recueil par un paragraphe dans lequel il exposait les principaux traits du personnage principal. Mais cette solution présente également plusieurs inconvénients. En premier lieu, étant explicatif, il n'est pas d'humeur narrative ; cela a le goût de l'essai plutôt que de l'histoire ; et s'il est utilisé non pas au début mais au cours d'un récit, il arrête le progrès de l'action. En deuxième lieu, elle est abstraite plutôt que concrète ; il ne met pas le lecteur en présence d'un personnage, mais simplement en présence d'une explication ; et cela laisse le lecteur dans une attitude exactement semblable à celle qu'il a à l'égard de certaines personnes réelles, dont leurs amis lui ont beaucoup parlé, mais qu'il n'a jamais rencontré lui-même. Tout le premier chapitre de « Le Vicaire de Wakefield » est une série de petits essais sur les différents membres de la famille Primrose. Rien ne se passe dans le chapitre ; les personnages n'apparaissent jamais physiquement ; et nous sentons à la fin que nous avons beaucoup entendu parler de gens que nous aimerions rencontrer mais que nous n'avons pas encore vus.

2. Par description. — Il est donc, à certains égards, plus satisfaisant de décrire le personnage directement à travers une déclaration descriptive plutôt qu'exposée. Ainsi, dans le deuxième chapitre de « Martin Chuzzlewit », on nous parle de M. Pecksniff :—

« Sa gorge même était morale. Vous en avez vu beaucoup. Vous regardiez par-dessus une clôture très basse de cravate blanche (dont aucun homme n'avait jamais vu la cravate, car il l'avait attachée derrière), et elle se trouvait là, une vallée entre deux hauteurs de col en saillie, sereine et sans moustache devant vous. Il semblait dire, de la part de M. Pecksniff : « Il n'y a pas de tromperie, mesdames et messieurs, tout est paix, un calme sacré m'envahit. Il en était de même pour ses cheveux, juste grisonnants d'un gris fer, qui étaient entièrement brossés sur son front et se dressaient très droit, ou légèrement tombants, dans une action similaire avec ses lourdes paupières. Sa personne également, élégante mais dénuée de corpulence. Ses manières aussi, douces et huileuses. En un mot, même son costume noir uni, son état de veuf et ses doubles lunettes pendantes, tous tendaient au même but et criaient à haute voix : « Voici le Pecksniff moral !

Cette affirmation, étant pour l'essentiel concrètement descriptive plutôt qu'abstraitement explicative, nous met face à face avec le personnage en même temps qu'elle nous dit quoi penser de lui. Et tandis que nous pensons avoir simplement entendu parler de Mme Primrose, nous pensons avoir réellement vu M. Pecksniff.

[Représentation progressive .] — C'était la coutume de Sir Walter Scott, lors de l'introduction d'un personnage, de fournir au lecteur une représentation élaborée, en partie explicative et en partie descriptive, des traits et caractéristiques du personnage ; et permettre à cette déclaration directe initiale de faire son devoir dans le reste du roman. Le problème avec cet expédient spontané est que le lecteur oublie inévitablement la déclaration de l'auteur avant que le récit ait beaucoup progressé. Il est donc plus efficace de faire une représentation directe du personnage, qu'elle soit explicative ou descriptive, petit à petit plutôt que d'un seul coup ; et de présenter à tout moment au lecteur uniquement les traits ou caractéristiques dont il a besoin de se rappeler pour apprécier la scène qui se présente à lui. Ainsi, dans le chef-d'œuvre de M. Kipling, intitulé « Ils », nous avons ce premier aperçu de Miss Florence :

« La porte du jardin – un lourd chêne enfoncé profondément dans l'épaisseur du mur – s'ouvrit davantage : une femme coiffée d'un grand chapeau de jardin posa lentement son pied sur la marche de pierre creusée par le temps et traversa tout aussi lentement le gazon. J'étais en train de m'excuser lorsqu'elle releva la tête et je vis qu'elle était aveugle.

« Je vous ai entendu », dit-elle. « N'est-ce pas une automobile ? »

Et c'est seulement après cinq pages de récit que l'écrivain juge opportun d' ajouter :—

"Elle me regardait avec des yeux bleus ouverts dans lesquels il n'y avait aucune vue, et j'ai vu pour la première fois qu'elle était belle."

3. Par analyse psychologique. — L'idée selon laquelle une déclaration directe de caractéristiques devrait de préférence être délivrée au lecteur petit à petit plutôt que d'un seul bloc est particulièrement évidente lorsque la déclaration n'est pas externe et objective comme celles déjà citées, mais interne et subjective. Dans un certain type de fiction, communément appelé « roman psychologique », l'expédient habituel pour délimiter le personnage est une déclaration en partie narrative et en partie explicative de ce qui se passe dans l'esprit de la personne fictive, basée sur une analyse de son état d'esprit. ses pensées et ses émotions, à des moments importants de l'histoire. Cet expédient consistant à représenter un personnage par l'analyse mentale est le dispositif technique préféré de George Eliot. Voici un passage typique de « Le moulin à soie », chapitre V :—

«Maggie a vite pensé qu'elle avait passé des heures dans le grenier, et que ce devait être l'heure du thé, et ils prenaient tous leur thé sans penser à elle. Eh bien, alors, elle resterait là-haut et mourrait de faim, se cacherait derrière la baignoire et y resterait toute la nuit ; et alors ils auraient tous peur, et Tom serait désolé. Ainsi pensait Maggie avec la fierté de son cœur, alors qu'elle se glissait derrière la baignoire ; mais bientôt elle se remit à pleurer à l'idée que cela ne les dérangeait pas qu'elle soit là. Si elle redescendait vers Tom maintenant – lui pardonnerait- il ? – peut-être que son père serait là et qu'il prendrait son parti. Mais ensuite elle voulait que Tom lui pardonne parce qu'il l'aimait, pas parce que son père le lui avait dit. Non, elle ne descendrait jamais si Tom ne venait pas la chercher. Cette résolution dura avec une grande intensité cinq minutes obscures derrière la baignoire ; mais alors le besoin d'être aimée, le besoin le plus fort dans la nature de la pauvre Maggie, commença à lutter avec son orgueil et l'abandonna bientôt. Elle se glissa derrière sa baignoire dans la pénombre du long grenier, mais à ce moment-là elle entendit un pas rapide dans les escaliers.

« Tom avait été trop intéressé par sa conversation avec Luke, par le fait de faire le tour des locaux, d'entrer et de sortir où bon lui semblait, et de tailler des bâtons sans aucune raison particulière, sauf qu'il ne taillait pas de bâtons à l'école, pour penser de Maggie, et l'effet que sa colère avait produit sur elle. Il avait l'intention de la punir, et cette affaire étant accomplie, il s'occupa d'autres choses, comme un homme pratique .

Et ainsi de suite. Ce n'est qu'après quatre cents mots supplémentaires de ce genre d'analyse que l'auteur nous dit : « C'est donc le pas de Tom que Maggie a entendu dans l'escalier. » C'est la façon dont George Eliot décrit les personnages de deux enfants qui se sont disputés.

Il y a beaucoup à dire en faveur de cette méthode de représentation du caractère par l'analyse. C'est le seul moyen par lequel le lecteur peut être informé directement des pensées et des émotions d'un personnage qui sont les ressorts principaux de ses actes. Et comme nous ne pouvons avoir le sentiment de connaître intimement une personne que si nous comprenons le fonctionnement de son esprit à des moments caractéristiques, nous tirons un grand avantage de cette présentation immédiate de ses processus mentaux. D'un autre côté, le recours à l'expédient détruit l'illusion très désirable selon laquelle le lecteur est un observateur qui regarde réellement l'action, puisque les détails représentés n'arrivent pas à l'œil mais plutôt à la compréhension analytique. Cet expédient présente l'inconvénient d'être extrêmement abstrait et d'interrompre les événements pendant que l'auteur nous explique pourquoi ils se sont produits. Il est certainement regrettable, par exemple, qu'il faille une longue page à Tom pour arriver à Maggie après qu'elle ait entendu son « pas *rapide* dans les escaliers ». De plus, cet expédient tend à détruire l'illusion de la réalité en forçant le lecteur à adopter une attitude mentale qu'il adopte rarement lorsqu'il regarde la vie réelle. Lors d'événements réels, les gens ne s'arrêtent presque jamais pour s'analyser les uns les autres et s'analysent même rarement eux-mêmes. Ils agissent et regardent les autres agir, sans une vision microscopique des motivations. Et le but du récit devrait certainement être de représenter les événements tels qu'ils semblent se produire dans la réalité, plutôt que de présenter une dissertation sur leurs causes à la manière d'un essai.

Un point important reste cependant à considérer. Les événements sont de deux sortes, externes et internes ; les choses se produisent subjectivement aussi bien qu'objectivement : et en représentant le genre d'événement qui se produit uniquement dans l'esprit d'une personne, l'expédient de l'analyse est de loin le moyen le plus utile pour mettre en évidence les éléments de caractère qui y contribuent. Mais si le même expédient est également employé habituellement dans la représentation d'événements extérieurs, cela risque de donner l'impression d'une vivisection injustifiée. Il y a une certaine fausseté de l'humeur à donner à un événement objectif une interprétation subjective.

4. Par les rapports d'autres personnages. — Lorsque l'on souhaite donc représenter un personnage par un commentaire direct sur ses actions ou sa personnalité, il y a un grand avantage à permettre que le commentaire soit fait par l'un des autres personnages de l'histoire, plutôt que par l'auteur. lui-même dans une attitude d'omniscience assumée. Jane Austen expose habilement cette phase plus subtile de l'expédient dans de nombreux passages admirables. Par exemple, au chapitre XXXIII de « Emma », Mme Elton bavarde ainsi avec Emma Woodhouse :—

« Jane Fairfax est absolument charmante, Miss Woodhouse. Je suis vraiment ravi de Jane Fairfax, une créature douce et intéressante. Si doux et si féminin, et avec de tels talents ! Je vous assure que je pense qu'elle a des talents très extraordinaires. Je n'ai aucun scrupule à dire qu'elle joue extrêmement bien. Je connais assez la musique pour parler définitivement sur ce point. Oh! elle est absolument charmante ! Vous rirez de ma chaleur – mais, sur ma parole, je ne parle que de Jane Fairfax.

Au chapitre XXI, le même personnage a ainsi été commenté par Emma Woodhouse et M. Knightley. Emma parle la première :—

« 'Miss Fairfax est réservée.'

« Je vous ai toujours dit qu'elle était… un peu ; mais vous vaincrez bientôt toute cette part de sa réserve qui doit être surmontée, tout ce qui a son fondement dans la méfiance. Ce qui relève de la discrétion doit être honoré.

« Vous la trouvez méfiante. Je ne le vois pas.'"

Ces passages servent non seulement à dépeindre, plus ou moins directement, la personnalité de Jane Fairfax, mais servent aussi en même temps à dépeindre indirectement la personnalité des personnes qui parlent d'elle. Mme Elton, en particulier, est très clairement exposée. Et ce point nous amène à examiner l'un des moyens de délimitation indirecte les plus efficaces.

II. Délimitation indirecte : 1. Par la parole. — Si le simple discours d'un personnage fictif est rapporté avec suffisamment de fidélité à la vérité, il est possible de transmettre, par ce seul moyen, un sentiment de caractère très vif. Considérez les extraits de discours suivants :—

« 'Vous n'êtes pas un expert en armes ? Je suis désolé. J'aurais pu te surprendre. A part mon arme, mon histoire ne vaut pas grand-chose. Je vous remercie, mais je ne consomme pas de tabac que vous pourriez avoir sur vous... Bull Durham ? *Taureau Durham !* Je retire tout – chaque dernier mot. Bull Durham—ici ! Si jamais vous frappez Akron, dans l'Ohio, une fois cette folle guerre terminée, n'oubliez pas que vous avez Laughton O. Zigler dans la poche de votre gilet. Y compris la ville d'Akron. Nous avons un petit club là-bas... Bon sang ! Quel est le sens de parler d'Akron sans pantalon ?

« 'Est-ce que j'ai parlé ? Je méprise l'exagération – qui n'a rien d'américain ou de scientifique – mais aussi vrai que je sois assis ici comme un babouin aux extrémités bleues dans un kloof, la tournée occidentale de Teddy Roosevelt était un soupir de jeune fille comparée à mon travail publicitaire.

« Mais le général était la pêche. Je suppose que vous connaissez le parcours moyen des généraux britanniques, mais c'était mon premier. Je m'assis à sa gauche et il parlait comme—comme le *Ladies' Home Journal* . J'ai déjà lu ce journal ? C'est raffiné, Monsieur, et inoffensif, et plein de sentiments nickelés garantis pour améliorer l'esprit. Il l'était. Il a commencé par une conversation à cœur ouvert avec Lydia Pinkham sur ma santé et a espéré que les garçons m'avaient bien fait et que j'appréciais mon séjour parmi eux.

Ces passages sont tirés de l'histoire de M. Kipling intitulée « Le Captif ». L'action se déroule pendant la guerre sud-africaine. Est-il nécessaire d'ajouter que l' orateur est un inventeur d'armes américain qui a combattu aux côtés des Boers et a été capturé par les Britanniques ?

Un point doit être considéré avec attention. L'art de ces passages réside principalement dans le fait que nous en apprenons davantage sur Zigler indirectement, par sa manière de parler, que directement, par les choses qu'il nous dit de lui-même. Sa déclaration selon laquelle il vient d'Akron, dans l'Ohio, est moins suggestive que son penchant pour Bull Durham. Toute déclaration directe faite par un personnage à son sujet n'a pas plus de valeur artistique que si elle était faite à son sujet par l'auteur, à moins que la manière de la faire ne donne en même temps une preuve indirecte de sa nature .

La phase la plus subtile de la délimitation indirecte par le discours est la transmission au lecteur, à travers les remarques d'un personnage sur lui-même, d'une perception de lui différente de celle qu'exprime littéralement sa déclaration. Sir Willoughby Patterne , dans « The Egoist », parle de lui-même fréquemment et en détail ; mais le lecteur apprend vite, par le ton et la manière de ses paroles, à négliger la haute estime dans laquelle il se tient. En disant une chose directement, l'égoïste en transmet indirectement une autre et différente au lecteur.

2. Par action. — Mais dans la fiction, comme dans la vie, les actions sont plus éloquentes que les mots : et la manière la plus convaincante de délimiter indirectement un personnage est de montrer une personne en train d'accomplir une action caractéristique. Si l'action est visualisée avec suffisamment de clarté et si ses détails dominants sont présentés au lecteur avec une emphase adéquate, une impression plus vive du personnage sera transmise que par n'importe quelle sorte de déclaration directe de l'auteur. À titre d'exemple de caractérisation par l'action uniquement, sans commentaire ni représentation directe, considérons le passage suivant de la scène de duel du « Maître de Ballantrae ». Deux frères, M. Henry et le Maître, se détestent ; ils se disputent à propos d'un jeu de cartes ; et la scène est racontée par Mackellar, un serviteur de M. Henry :—

"M. Henry a déposé ses cartes. Il se releva très doucement et parut pendant tout ce temps comme une personne profondément réfléchie. 'Trouillard!' » dit-il doucement, comme pour lui-même. Et puis, sans précipitation ni violence particulière, il frappa le Maître à la bouche.

« Le Maître se leva comme un transfiguré ; Je n'avais jamais vu cet homme aussi beau. 'Un souffle!' il pleure. «Je ne prendrais pas un coup de Dieu Tout-Puissant.»

« 'Baissez la voix', dit M. Henry. « Souhaitez-vous que mon père intervienne à nouveau pour vous ?

« 'Messieurs, messieurs.' J'ai pleuré et j'ai cherché à m'interposer entre eux.

« Le Maître m'a attrapé par l'épaule, m'a tenu à bout de bras et s'adressant toujours à son frère : 'Sais-tu ce que cela signifie ?' a-t-il dit.

« C'était l'acte le plus délibéré de ma vie », déclare M. Henry.

« 'Il me faut du sang, il me faut du sang pour cela', dit le Maître.

« S'il vous plaît à Dieu, ce sera à vous », a déclaré M. Henry ; et il s'approcha du mur et décrocha une paire d'épées qui pendaient là avec d'autres, nues. Il les présenta au Maître par points. «Mackellar nous verra jouer franc jeu», dit M. Henry. "Je pense que c'est très nécessaire."

« 'Vous n'avez plus besoin de m'insulter', dit le Maître en prenant une des épées au hasard. «Je t'ai détesté toute ma vie.»

« Mon père vient tout juste de se coucher, dit M. Henry. « Nous devons aller quelque part en dehors de la maison.

« 'Il y a un excellent endroit dans le long buisson', dit le Maître.

« « Messieurs, dis-je, honte à vous deux ! Fils de la même mère, vous retourneriez-vous contre la vie qu'elle vous a donnée ?

« Quoi qu'il en soit, Mackellar », dit M. Henry avec la même quiétude parfaite dont il avait fait preuve tout au long. »

Il n'est pas nécessaire que Mackellar nous dise que, alors que M. Henry est flegmatique et délibéré, le Maître est impulsif et mercuriel. Il n'est pas nécessaire qu'il tente d'analyser les émotions et les pensées des personnages principaux, car celles-ci ressortent suffisamment de ce qu'ils font et disent . L'action se produit à l'œil et à l'oreille, sans l'interprétation d'un intellect analytique ; mais le lecteur est rendu réellement présent à la scène et peut la voir et la juger par lui-même. La méthode est absolument narrative et nullement explicative, mais entièrement objective et concrète. C'est certainement là le moyen le plus artistique de représenter les éléments du caractère qui contribuent à des événements extérieurs ou objectifs : et même ce qui se passe dans l'esprit d'un personnage peut souvent être suggéré de manière plus poignante par un récit concret de son apparence et de ce qu'il est. ne fait que par un énoncé analytique abstrait des mouvements de son esprit. Lorsque Hepzibah Pyncheon ouvre sa boutique dans la Maison aux Sept Pignons, son état d'esprit est indiqué indirectement, par ce qu'elle fait et comment elle le fait.

3. Par effet sur d'autres personnages. — Le moyen de délimitation indirecte le plus délicat est peut-être de suggérer la personnalité d'un personnage en montrant son effet sur certaines autres personnes de l'histoire. Dans le troisième livre de « l'Iliade », il y a une trêve temporaire dans les plaines de Troie ; et certains anciens de la ville regardent depuis la tour des portes Scæan et méditent sur les dix longues années de conflit et de carnage pendant lesquelles tant de leurs fils sont morts. Vers eux marche Hélène aux bras blancs, vêtue et voilée de blanc ; et quand ils remarquent son approche, ils se disent (tout vieux et sages et fatigués de chagrins) :—

"'Il ne leur revient qu'un petit reproche, si les chevaliers troyens et
les Achéens aux mailles d'airain ont enduré
si longtemps tant de maux à cause de cette seule femme.'"

—(Version de Bryant.)

L'exemple le plus remarquable dans la littérature moderne de l'utilisation de cet expédient est peut-être le conte de M. Kipling de « Mme. Bathurst. L'histoire tourne autour de la femme dont elle tire son titre ; mais elle n'apparaît jamais un instant sur la scène de l'action, et est représentée entièrement par son effet sur plusieurs hommes différents. Voici un peu de conversation la concernant. Notez son effet sur Pyecroft, humoristique et pas particulièrement sensible .—

"Dit Pyrcroff soudainement:--

« 'Avec combien de femmes avez-vous été intime dans le monde entier, Pritch ?'

« Pritchard a rougi de couleur prune jusqu'aux poils courts de son cou de dix-sept pouces.

«" Undreds ,' dit Pyecroft . — Moi aussi . De combien d' entre eux vous souvenez-vous dans votre esprit, en mettant de côté le premier, et peut -être le dernier, *et un de plus* ?

« 'Peu, très peu, maintenant je m'impose moi-même', dit le sergent Pritchard avec soulagement.

« « Et combien de fois avez-vous pu être à Aukland ?

« 'Un—deux', commença-t-il. « Eh bien, je ne peux pas y arriver plus de trois fois en dix ans. Mais je me souviens de chaque fois que j'ai vu Mme B.'

« Moi aussi, et je ne suis allé à Aukland que deux fois, comment elle se tenait, ce qu'elle disait et à quoi elle ressemblait. C'est le secret. « Ce n'est pas nécessairement de la beauté, pour ainsi dire , ni nécessairement de bonnes paroles. C'est juste Cela. Certaines femmes resteront dans la mémoire d'un homme si elles ont marché un jour dans la rue, mais la plupart d' entre elles, vous pouvez vivre avec un mois d'affilée, et la prochaine commission vous sera demandée pour certifier si elles parlent pendant leur sommeil. ou pas, comme on pourrait dire.

4. Par environnement. — Une autre astuce très délicate consiste à suggérer un personnage à travers une présentation soignée de son environnement habituel. L'aspect mélancolique de sa Maison nous apprend beaucoup de choses sur Roderick Usher. Il est possible de décrire un salon de manière à transmettre une impression très précise de son occupant avant qu'il n'y entre. Remarquez, par exemple, tout ce que nous apprenons sur M. et Mme Boffin (surtout cette dernière) grâce à ce passage descriptif du chapitre V de « Notre ami commun ». Silas Wegg est venu remplir son engagement de leur lire à haute voix « Déclin et chute de l'Empire romain : »—

Wegg connaissait . Il y avait deux tables en bois près du feu, une de chaque côté, avec une table correspondante devant chacune. Sur l'une de ces tables, les huit volumes étaient rangés à plat, alignés comme une batterie galvanique ; de l'autre, certaines bouteilles trapues, d'aspect invitant, semblaient se dresser sur la pointe des pieds pour échanger des regards avec M. Wegg au-dessus d'une première rangée de gobelets et d'une bassine de sucre blanc. Sur la cuisinière, une bouilloire fumait ; sur le foyer, un chat reposait. Face au feu entre les sièges, un canapé, un repose-pieds et une petite table formaient une pièce maîtresse consacrée à Mme Boffin . Ils étaient criards en goût et en couleur, mais c'étaient des meubles de salon coûteux qui avaient un aspect très étrange à côté des sièges et de la lampe à gaz flamboyante suspendue au plafond. Il y avait un tapis fleuri sur le sol ; mais, au lieu de s'étendre jusqu'au coin du feu, sa végétation rougeoyante s'arrêta net devant le repose-pieds de Mme Boffin et fit place à une région de sable et de sciure. M. Wegg remarqua aussi, avec des yeux admiratifs, que, tandis que le pays fleuri présentait des ornements creux tels que des oiseaux empaillés et des fruits cirés sous des abat-jour en verre, il y avait, dans le territoire où la végétation cessait, des étagères compensatoires sur lesquelles la meilleure partie d'un une grosse tarte et également un joint froid étaient clairement visibles parmi les autres solides. La pièce elle-même était grande, bien que basse ; et les lourds cadres de ses fenêtres démodées et les lourdes poutres de son plafond tordu semblaient indiquer qu'il s'agissait autrefois d'une maison d'une certaine marque, isolée dans le pays.

Ni Boffin ni Mme Boffin n'apparaissent dans ce paragraphe descriptif ; Pourtant, bon nombre des particularités de chacun sont suggérées par l'ensemble des biens queer qu'ils ont rassemblés autour d'eux.

L'étudiant en art de la fiction peut trouver un exercice profitable en pratiquant séparément les diverses manières de représenter les personnages qui ont été illustrées dans ce chapitre ; mais, comme nous l'avons dit au début, il ne faut jamais oublier que ces moyens sont rarement utilisés seuls par les grands artistes, mais sont généralement employés pour se compléter en contribuant à une impression centrale. Le personnage de Becky Sharp, par exemple, est délimité indirectement par son discours, ses actions, son environnement et son effet sur les autres, et en même temps est délimité directement par les commentaires que l'auteur et d'autres personnages lui ont fait. l'histoire, à travers l'analyse de ses pensées et de ses émotions, à travers des déclarations explicatives de ses traits et à travers des descriptions occasionnelles d'elle. De toutes ces manières, Thackeray s'efforce de donner au monde l'assurance d'une femme.

Il serait cependant extrêmement difficile d' imaginer Becky Sharp séparée de son environnement de la haute société londonienne. Elle fait partie de son environnement, et son environnement fait partie d'elle. Nous venons de remarquer, dans le cas de cette drôle de chambre des Boffin , combien la simple représentation du décor peut contribuer à la délimitation du caractère. Mais le réglage est important à bien d'autres égards ; et c'est vers une considération particulière de cet élément du récit que nous devons ensuite tourner notre attention.

QUESTIONS DE RÉVISION

1. Quelle combinaison de traits fait qu'un personnage mérite d'être connu ?

2. Distinguer la méthode de l'allégorie et la méthode de la caricature.

3. Imaginez une personne fictive ; et, après avoir suffisamment connu ce personnage imaginaire, écrivez huit thèmes distincts, dans chacun desquels la même figure est projetée conformément à une méthode de délimitation différente : — 1. Par exposition, 2. Par description, 3. Par

analyse psychologique, 4. Par rapports d'autres personnages, 5. Par discours, 6. Par action, 7. Par effet sur d'autres personnages et 8. Par environnement.

LECTURE SUGGÉRÉE

BLISS PERRY : « Une étude de la fiction en prose »— Chapitre V, sur « Les personnages ».

Lisez plus en détail les passages de fiction célèbres parmi lesquels ont été sélectionnées les citations illustratives citées dans ce chapitre.

CHAPITRE VI

PARAMÈTRE

Évolution du contexte dans l'histoire de la peinture —La première étape—La deuxième étape—La troisième étape—Évolution similaire du contexte dans l'histoire de la fiction : La première étape—La deuxième étape—La troisième étape : 1 Le cadre comme aide à l'action—2. Le cadre comme aide à la caractérisation—Harmonie émotionnelle dans le cadre—L'erreur pathétique—Contraste émotionnel dans le cadre—Ironie dans le cadre—Emploi artistique et philosophique—1. La définition comme motif d'action--2. Le décor comme influence sur le personnage—Le décor en tant que héros du récit—Utilisations de la météo—Paramètres romantiques et réalistes—Un décor romantique par Edgar Allan Poe—Un décor réaliste par George Eliot—La qualité de l'atmosphère , ou Couleur locale—Récapitulation.

Evolution du contexte dans l'histoire de la peinture : la première étape.
— Dans l'histoire de la peinture figurative il est intéressant d'étudier l'évolution de l'élément de fond. Cet élément est inexistant dans les premiers exemples d'art pictural. Les personnages des fresques pompéiennes sont limés sur un mur blanc et brillant, le plus souvent de couleur rouge foncé. Le père de la peinture italienne, Cimabue, suivant la coutume des mosaïcistes byzantins , dont il avait sans doute étudié le travail à Ravenne, dessinait ses figures sur un fond dépourvu de distance, de perspective et de détail ; et même dans l'œuvre de son élève plus grand et plus naturel, Giotto, l'élément de fond reste relativement insignifiant. Ce qui nous intéresse dans l'œuvre de Giotto à Padoue et à Assise, c'est d'abord l'histoire qu'il a à raconter, et ensuite la qualité humaine des personnages qu'il met en scène. Son sens du décor est extrêmement léger ; et les détails simples qu'il présente dans le but de suggérer l' heure, le lieu et les circonstances de son action sont décrits de manière très grossière. Ses fresques sont toutes au premier plan. Ce sont les personnages au premier plan de ses images qui attirent notre regard. Ses bâtiments et ses paysages sont formalisés en dehors de toute référence réelle à son peuple. Ce sont des exemples de la première étape de l'évolution – l'étape dans laquelle l'élément d'arrière-plan n'a aucun rapport significatif avec l'objet principal du tableau.

La deuxième étape. — Dans un deuxième temps, l'arrière-plan est mis en relation artistique, ou décorative, avec les personnages du premier plan. Cette phase est exposée par la peinture italienne à sa période de maturité. Les grands Florentins dessinaient leurs figures sur un fond de lignes décoratives, les grands Vénitiens sur un fond de couleurs décoratives. Mais même dans l'œuvre des plus grands d'entre eux, l'arrière-plan existe généralement pour remplir un objectif purement décoratif, un objectif ayant une référence immédiate à l'art mais sans référence immédiate à la vie. Il n'y a aucune raison réelle, en référence à la vie elle-même, pour laquelle la « Joconde » de Léonard devrait nous sourire de manière insondable devant un fond de rochers déchiquetés et de ciel nuageux ; et les rideaux de la « Madone Sixtine » de Raphaël sont présentés simplement comme un détail de composition et ne sont pas destinés à affirmer littéralement que les rideaux suspendus à une tringle existent au ciel.

La troisième étape. — Dans la troisième étape, qui est exposée par la peinture ultérieure, l'arrière-plan est mis en relation vivante avec les figures du premier plan, —une relation suggérée non seulement par les exigences de l'art mais plutôt par les conditions de vie elles-mêmes. Ainsi les grands peintres *de genre hollandais* , comme le jeune Teniers, montrent leurs personnages en relation humaine immédiate avec un intérieur soigneusement détaillé ; ou si, comme Adrian van Ostade , ils les emmènent dehors, c'est pour les montrer tout à fait à l'aise dans un paysage habitué.

Cette étape, dans son développement moderne, présente une relation absolument essentielle entre le premier plan et l'arrière-plan – les personnages et le décor – de sorte que ni l'un ni l'autre ne peuvent être imaginés exactement tels qu'ils sont sans la présence de l'autre. Cette harmonie essentielle se retrouve dans « l'Angélus » de Jean-François Millet. Les gens existent pour donner un sens au paysage ; et le paysage existe dans le but de donner un sens aux gens. L'« Angelus » n'est ni une peinture de figures ni une simple peinture de paysage ; c'est les deux.

Évolution similaire du décor dans l'histoire de la fiction : la première étape. — Dans l'histoire de la fiction, on peut noter une évolution similaire dans l'élément de décor. Les premiers contes populaires de chaque nation se déroulent « il était une fois » et sans aucune localisation précise. Dans la « Gesta Romanorum », ce dépôt médiéval de récits accumulés, l'élément de décor est presque aussi inexistant que l'élément d'arrière-plan dans les fresques de Pompéi. Même dans le « Décaméron » de Boccace, les histoires sont rarement localisées : elles se déroulent presque n'importe où et presque à tout moment. L'intérêt pour le récit de Boccace, comme celui pour la peinture de Giotto, est centré d'abord sur l'élément d'action, et ensuite sur l'élément de caractère. Mais ses histoires sont toutes au premier plan. Lorsque la scène se déroule à l'extérieur, elle se déroule vaguement dans un paysage conventionnel : lorsqu'elle se déroule à l'intérieur, elle se déroule vaguement dans un palais conventionnel. Pour cette raison, son récit manque d'attrait visuel. La plupart de ses *romans* se lisent comme des résumés de romans, présentant un synopsis abstrait de l'action plutôt qu'une représentation concrète de celle-ci. Il vous *raconte* ce qui se passe, au lieu de le *faire* se produire sous les yeux de votre imagination. Ses personnages sont simplement dessinés dans leurs grandes lignes, au lieu d'être projetés de manière vivante par rapport à un environnement défini. Le défaut de son récit, comme le défaut de la peinture de Giotto, est principalement le manque de fond.

La deuxième étape. — Un peu plus tard dans l'histoire de la fiction, comme dans l'histoire de la peinture de figures, nous trouvons des cas dans lesquels l'élément de décor est utilisé à des fins décoratives et est mis en relation artistique avec les éléments d'action et de caractère. Un tel usage est fait du paysage, par exemple, dans « l'Orlando Furioso » de l'Arioste et la « Faerie Queene » de Spenser. Les décors représentés par ces poètes narratifs sont essentiellement picturaux et sont utilisés comme arrière-plan décoratif de l'action plutôt que comme partie intégrante de celle-ci. Si nous cherchons un exemple en prose plutôt qu'en poésie, il suffit de se tourner vers « l'Arcadia » de Sir Philip Sidney. Ici encore, le décor est magnifiquement façonné, mais il n'est utilisé que dans un but décoratif. L'arrière-plan du paysage pastoral n'a aucun rapport nécessaire avec les personnages au premier plan. Il existe pour l'art plutôt que pour la vie. Cet emploi de l'élément de décor dans un but essentiellement pictural subsiste dans de nombreuses œuvres de fiction ultérieures, comme « Paul et Virginie » de Bernardin de Saint-Pierre. En cela, le décor est composé et peint pour le bien de sa propre beauté sentimentale, et est mis en évidence même aux dépens des éléments les plus vitaux du caractère et de l'action. L'histoire n'est pour ainsi dire qu'un simple motif de composition décorative.

La troisième étape : 1. Le cadre comme aide à l'action. — Ce n'est que dans les fictions d'esprit plus moderne que l'élément de décor a été mis en relation vivante avec l'action et les personnages ; et ce n'est qu'au siècle dernier que les possibilités les plus intimes d'une telle relation ont été appréciées et appliquées. Bien sûr, le moyen le plus élémentaire de faire du décor « une partie intégrante de l'histoire » est de l'utiliser comme complément utilitaire à l'action. Sous réserve de certains incidents qui doivent se produire, certains décors et certaines propriétés sont utiles, au roman comme au théâtre ; et si ceux-ci sont fournis à bon escient, le décor deviendra pour ainsi dire une partie de ce qui se passe au lieu de rester simplement un arrière-plan décoratif pour les incidents. Le premier auteur anglais à établir fermement cette relation utilitaire entre le décor et l'action fut Daniel Defoe. Defoe était journaliste de profession ; et la qualité la plus caractéristique de son esprit était une attitude terre-à-terre habituelle. La plausibilité était ce qu'il désirait le plus dans ses fictions ; et il discerna instinctivement que le moyen le plus simple de rendre une histoire plausible était de représenter de manière tout à fait concrète et avec une grande richesse de détails spécifiques les compléments physiques de l'action. Les innombrables détails de l'île de Crusoé sont donc exposés concrètement au lecteur un par un, à mesure que Crusoé les utilise successivement dans ce qu'il fait.

2. Le paramétrage comme aide à la caractérisation. — Mais bien que chez Defoe l'élément de décor se confond avec l'élément d'action, il n'est pas mis en relation intime avec l'élément de caractère. L'île fait partie de ce que fait Crusoé, plutôt que de ce qu'il est. Mais la salle d'habitation des Boffin , qui a été décrite dans le paragraphe de « Notre ami commun » cité vers la fin du chapitre précédent, fait partie de ce que sont les Boffin plutôt que de ce qu'ils font. Le décor dans ce dernier cas est utilisé comme complément à l'élément de caractère plutôt qu'à l'élément d'action. Fielding et ses contemporains furent les premiers romanciers anglais à rendre le décor de cette manière représentatif de la personnalité et utile à l'intrigue ; mais les possibilités plus fines de la relation entre le décor et le caractère ne furent pleinement exploitées qu'au XIXe siècle. Les auteurs du XVIIIe siècle, dans la mesure où ils ont élaboré l' élément de décor, semblent l'avoir fait principalement dans un souci de plus de vivacité. L'attrait du décor étant visuel, l'élément a été utilisé pour illustrer l'action et rendre les personnages clairement évidents à l'œil. En rendant une histoire plus concrète, un décor précis la rendait plus crédible. C'est ce que les romanciers du XVIIIe siècle ont discerné ; mais ce n'est qu'avec la montée du mouvement romantique que l'élément a été appliqué à des usages plus subtils.

Harmonie émotionnelle dans le cadre. — Une attitude nouvelle et très intéressante à l'égard du paysage a été révélée par Rousseau dans la « Nouvelle Héloise » et développée par ses nombreux disciples dans la romance du début du XIXe siècle. Les écrivains qui prônaient un « retour à la nature » écrivaient nature avec un N majuscule et la considéraient généralement comme une présence anthropomorphique. De ce fait, lorsqu'ils développèrent un décor naturel pour leurs histoires, ils instaurèrent un échange d'ambiance sympathique entre les personnages et le paysage, et imaginèrent (pour reprendre la célèbre expression de Leibnitz) une « harmonie préétablie » entre les personnages et le paysage. humeurs changeantes de la nature et de l'homme. Ainsi, le décor n'était plus simplement utilisé pour répondre aux besoins de l'action ou pour donner une plus grande vivacité à l'attrait visuel, mais plutôt pour symboliser et représenter les émotions humaines évoquées chez les personnages à des moments importants de l'intrigue. Lorsque le héros souffrait de tristesse, le ciel était couvert de gros nuages ; et lorsque son esprit s'éclaira d'une lueur d'espoir, le soleil perça une faille nuageuse, projetant de la lumière sur la terre.

Dickens aime particulièrement imaginer une harmonie émotionnelle entre ses décors et ses incidents. Considérons un instant le passage bien connu suivant des funérailles de la petite Nell (« The Old Curiosity Shop », chapitre LXXII) :—

« Le long du chemin bondé, ils la portaient maintenant ; pure comme la neige fraîchement tombée qui la recouvrait ; dont la journée sur terre avait été tout aussi éphémère. Sous le porche, où elle s'était assise lorsque le ciel dans sa miséricorde l'avait conduite dans ce lieu paisible, elle repassa ; et la vieille église la reçut dans son ombre tranquille.

«Ils l'ont portée dans un vieux coin, où elle s'était assise de nombreuses fois à réfléchir, et ont déposé doucement leur fardeau sur le trottoir. La lumière y pénétrait par la fenêtre colorée , une fenêtre où les branches des arbres bruissaient toujours en été et où les oiseaux chantaient doucement tout le jour. À chaque souffle d'air qui remuait parmi ces branches au soleil, une lumière tremblante et changeante tombait sur sa tombe...

« Ils virent la voûte recouverte et la pierre fixée. Puis, lorsque le crépuscule du soir fut venu, et qu'aucun bruit ne troubla le calme sacré du lieu, lorsque la lune brillante répandit sa lumière sur le tombeau et le monument, sur les piliers, les murs et les arches, et surtout (il leur semblait) sur sa tombe tranquille – en ce temps calme, où les choses extérieures et les pensées intérieures regorgent d'assurances d'immortalité, et où les espoirs et les craintes du monde sont humiliés dans la poussière devant eux – alors, avec des cœurs tranquilles et soumis, ils se sont détournés et ont laissé l'enfant à Dieu.

Ici, l'ambiance de la scène s'exprime presque entièrement à travers l'élément de décor ; et l'émotion humaine des personnes en deuil est réalisée et représentée par l'aspect du cimetière.

L' erreur pathétique. — L'usage excessif de cet expédient est déploré par John Ruskin dans un chapitre de « Modern Painters » intitulé « The Pathetic Fallacy ». Son argument est que, puisque les objets concrets ne ressentent pas réellement d'émotions humaines, c'est une violation de la vérité artistique que de leur attribuer de telles émotions. Mais, d'un autre côté , il est indubitablement vrai que les êtres humains traduisent habituellement leurs propres sentiments abstraits en termes concrets de leur environnement ; et c'est pourquoi, au moins dans un sens subjectif, une harmonie émotionnelle existe fréquemment entre l'humeur d'un homme et l'aspect de son environnement. Le même endroit peut paraître à la fois sombre à un homme mélancolique et joyeux à un homme joyeux ; et il y a donc une certaine convenance humaine à le décrire comme sombre ou joyeux, selon le sentiment du personnage qui l'observe. Sans aucun doute, pour un homme terriblement endeuillé, la pluie même peut ressembler à des pleurs du ciel ; et il y a sûrement des moments où il est profondément vrai, subjectivement, de dire que les étoiles du matin chantent toutes ensemble. Ce que nous pouvons appeler une similarité émotionnelle de contexte n'est donc pas nécessairement une erreur. Même lorsqu'il subvertit le réel, comme dans la fable des étoiles du matin, il peut néanmoins être représentatif de la réalité. Dans ses phases les plus courantes et les moins exagérées, il est très utile à des fins de suggestion ; et ce n'est que lorsqu'elle devient flagrante par des abus qu'on peut dire qu'elle contredit les lois de la vie.

Contraste émotionnel dans le cadre. — Souvent cependant, la similitude émotionnelle entre le décor et les personnages est moins utile, pour des raisons d'emphase, que le contraste émotionnel. Dans le passage suivant de « Sans le bénéfice du clergé » de M. Kipling, le bonheur serein et parfait de Holden et Ameera est souligné par contraste avec l'aspect nocturne de la ville infestée de peste :—

« Mon seigneur et mon amour, qu'il n'y ait plus de propos insensés sur le départ. Là où tu es, je suis. C'est assez.' Elle lui passa un bras autour du cou et une main sur sa bouche.

« Il n'y a pas beaucoup de bonheurs aussi complets que ceux qui s'arrachent à l'ombre de l'épée. Ils s'asseyaient ensemble et riaient, s'appelant ouvertement de tous les surnoms susceptibles d'attiser la colère des dieux. La ville en contrebas était enfermée dans ses propres tourments. Des feux de soufre brûlaient dans les rues ; les conques des temples hindous criaient et beuglaient, car les dieux étaient inattentifs à cette époque. Il y avait un service dans le grand sanctuaire mahométan, et l'appel à la prière des minarets était presque incessant. Ils entendirent les lamentations dans les maisons des morts et, une fois, le cri d'une mère qui avait perdu un enfant et réclamait son retour. Dans l'aube grise, ils virent les morts sortir à travers les portes de la ville, chaque portée avec son propre petit groupe de personnes en deuil. C'est pourquoi ils s'embrassèrent et frissonnèrent.

Ironie du décor. — Un contraste émotionnel de cette nature entre l'humeur des personnages et l'ambiance du décor peut être poussé jusqu'à l'ironie. Dans un récit d'Alphonse Daudet intitulé « L'élixir du révérend père Gaucher », un certain monastère est sauvé de la ruine financière grâce à la vente d'un sirop que le père Gaucher a inventé et distillé. Mais la nécessité de goûter fréquemment le sirop au cours du processus de fabrication conduit le révérend père à devenir un ivrogne habituel. Et vers la fin de l'histoire, un contraste ironique se dessine entre le monastère solennel, murmuré de chants et de prières, et le père Gaucher, dans sa distillerie, chantant de manière hilarante une chanson à boire grivois.

Emploi artistique et philosophique . — Les utilisations du décor qui ont été envisagées jusqu'à présent ont été de nature artistique plutôt que philosophique ; mais des écrivains très récents ont commencé à utiliser l'élément non seulement pour illustrer les personnages et les actions, mais aussi pour les déterminer. Les sociologues du XIXe siècle en sont venus à considérer les circonstances comme un motif premier d'action, et l'environnement comme une influence primordiale sur le caractère ; et des écrivains récents ont appliqué cette thèse philosophique dans leur emploi de l'élément de décor.

1. La définition comme motif d' action. — La manière dont le décor peut suggérer l'action est ainsi abordée par Stevenson dans son « Gossip on Romance » :—

« Le drame est la poésie de la conduite, le romantisme la poésie des circonstances. Le plaisir que nous prenons dans la vie est de deux sortes : l'actif et le passif. Nous sommes désormais conscients d'une grande maîtrise de notre destinée ; aussitôt nous sommes soulevés par les circonstances, comme par une vague déferlante, et précipités, nous ne savons comment, vers l'avenir. Maintenant, nous sommes satisfaits de notre conduite, puis simplement de notre environnement. Il serait difficile de dire lequel de ces modes de satisfaction est le plus efficace, mais ce dernier est sûrement le plus constant....

« Une chose dans la vie en appelle une autre ; il y a une remise en forme dans les événements et les lieux. La vue d'une tonnelle agréable nous donne envie de nous y asseoir. Un lieu suggère le travail, un autre le farniente, un troisième un lever matinal et de longues promenades dans la rosée. L'effet de la nuit, de l'eau qui coule, des villes éclairées, de la lueur du jour, des navires, du large, évoque dans l'esprit une armée de désirs et de plaisirs anonymes. Nous pensons que quelque chose devrait se produire ; nous ne savons pas quoi, et pourtant nous le cherchons. Et bien des heures les plus heureuses de la vie s'échappent par nous dans cette vaine attention au génie du lieu et du moment. C'est ainsi que les étendues de jeunes sapins et les rochers bas qui pénètrent dans les profondeurs me torturent et me ravissent particulièrement. Quelque chose a dû arriver dans de tels endroits, et peut-être il y a bien longtemps, aux membres de ma race ; et quand j'étais enfant , j'ai essayé en vain de leur inventer des jeux appropriés, comme j'essaie encore, tout aussi vainement, de leur associer une histoire appropriée. Certains endroits parlent distinctement. Certains jardins sombres crient au meurtre ; certaines maisons anciennes demandent à être hantées ; certaines côtes sont réservées au naufrage. D'autres endroits semblent à nouveau respecter leur destin, suggestifs et impénétrables, " miching malcho . L'auberge de Burford Bridge, avec ses tonnelles , son jardin verdoyant et sa rivière silencieuse aux tourbillons – bien qu'elle soit déjà connue comme l'endroit où Keats a écrit une partie de son « Endymion » et où Nelson s'est séparé de son Emma – semble toujours attendre le prochain. de la légende appropriée. Entre ces murs de lierre, derrière ces vieux volets verts, d'autres affaires couvent , attendant leur heure. Le vieux Hawes Inn, au Queen's Ferry, fait un appel similaire à mon imagination. Là, à l'écart de la ville, à côté de la jetée, dans un climat qui lui est propre, moitié intérieur, moitié marin – devant, le bac bouillonnant au gré de la marée et le navire de garde se balançant vers son ancre ; derrière, le vieux jardin avec les arbres. Les Américains le recherchent déjà pour le bien de Lovel et Oldbuck , qui y dînèrent au début de « l'Antiquaire ». Mais vous n'avez pas besoin de me le dire : ce n'est pas tout ; il y a une histoire, non enregistrée ou pas encore complète, qui doit exprimer plus pleinement le sens de cette auberge. cela devrait justifier le lieu ; mais bien que ce sentiment m'ait obligé à me coucher le soir et à me rappeler le matin dans une ronde ininterrompue de plaisir et de suspense, rien ne m'est arrivé dans l'une ou l'autre de ces remarques dignes de remarque. L'homme ou l'heure n'étaient pas encore venus ; mais un jour, je pense, un bateau quittera le Queen's Ferry, chargé d'une chère cargaison, et une nuit glaciale, un cavalier, en mission tragique, fera claquer son fouet sur les volets verts de l'auberge de Burford.

De cette manière, le décor peut, dans de nombreux cas, exister comme élément initial du récit et suggérer une action qui lui est propre. Mais cela pourrait faire plus que cela. Dans certains cas particuliers, le contexte peut non seulement suggérer, mais même provoquer, l'action et demeurer le facteur décisif dans la détermination de son déroulement. C'est le cas, par exemple, dans le récit de M. Kipling, « Au bout du passage », qui s'ouvre ainsi :

« Quatre hommes, chacun ayant droit à « la vie, la liberté et la recherche du bonheur », étaient assis à une table et jouaient au whist. Le thermomètre indiquait – pour eux – cent un degrés de chaleur. La pièce était plongée dans l'obscurité jusqu'à ce qu'on puisse à peine distinguer les picots des cartes et les visages très blancs des joueurs. Une punkah en lambeaux et pourrie en calicot blanchi à la chaux faisait des flaques d'air chaud et gémissait tristement à chaque coup. Dehors, c'était la tristesse d'une journée de novembre à Londres. Il n'y avait ni ciel, ni soleil, ni horizon – rien qu'une brume de chaleur brun-violet. C'était comme si la terre mourait d'apoplexie.

« De temps en temps des nuages de poussière fauve s'élevaient du sol sans vent ni avertissement, se jetaient comme des nappes parmi les cimes des arbres desséchés et redescendaient. Ensuite, un diable de poussière tournoyant traversait la plaine sur quelques kilomètres, se brisait et tombait vers l'extérieur, bien qu'il n'y ait rien pour arrêter son vol, à l'exception d'une longue file basse de wagons de chemin de fer entassés, blancs de poussière, un groupe de huttes. fait de boue, de rails condamnés et de toile, et le seul bungalow trapu de quatre pièces qui appartenait à l'ingénieur adjoint en charge d'une section de la Gaudhari State Line alors en construction.

L'histoire terrible qui suit ne pourrait se produire qu'en raison de la solitude effrayante et, plus particulièrement, de la chaleur exaspérante d'un lieu tel que celui décrit dans ces premiers paragraphes. Le décor de cette histoire provoque et détermine l'action.

2. La définition comme influence sur le caractère. — Mais dans de nombreux autres contes d'écrivains récents, le décor sert moins à déterminer l'action qu'à influencer et façonner les personnages ; et lorsqu'il est utilisé à cette fin, il devient l'expression de l'une des vérités les plus importantes de la vie humaine. Car ce *qu'est* un homme à n'importe quelle période de son existence est en grande partie le résultat de l'interaction de deux forces, à savoir les tendances innées de sa nature et le pouvoir façonnant de son environnement. George Meredith, et plus particulièrement M. Thomas Hardy, consacrent donc une grande attention à la mise en scène comme influence sur le caractère. Considérons, par exemple, le bref passage suivant de « Tess des D'Uberville » de M. Hardy :—

« Au milieu de la graisse suintante et des ferments chauds de Froom Vale, à une saison où l'on pouvait presque entendre le ruissellement des jus sous le sifflement de la fécondation, il était impossible que l'amour le plus fantaisiste ne se passionne. Les cœurs prêts qui y existaient étaient imprégnés de leur environnement.

Zola, dans son essai sur « Le roman expérimental », affirme que la fonction propre du décor est d'exposer « l'environnement qui détermine et complète l'homme » ; et l'étude philosophique de l'environnement réagissant au caractère est l'un des principaux traits de sa propre série monumentale de romans consacrée à la famille Rougon-Macquart . Son exemple a été suivi par une foule d'écrivains récents ; et une nouvelle école de fiction s'est développée, dont le but principal est de montrer l'influence de certaines conditions sociales, naturelles, commerciales ou professionnelles soigneusement étudiées sur le type de personnes qui vivent et travaillent parmi elles.

Cette incitation a été développée pour manifester son avantage en Amérique par des romanciers tels que Mme Mary E. Wilkins Freeman, M. George W. Cable, M. Hamlin Garland, Mme Edith Wharton, Frank Norris, Jack London, M. Booth Tarkington, et M. Stewart Edward White. Chacun de ces auteurs – et bien d'autres pourraient être mentionnés – a atteint une sorte d'éminence particulière en étudiant minutieusement l'effet d'un environnement particulier sur les caractères impressionnables. La grande diversité de la vie dans les nombreux districts des États-Unis offre à nos écrivains de fiction une occasion prédestinée de s'efforcer de faire connaître la nation elle-même.

Mise en scène comme le héros du récit. — Si le décor sert à la fois à déterminer l'action et à façonner les personnages, il peut s'imposer comme le plus important des trois éléments du récit. Dans « Notre Dame de Paris » de Victor Hugo, la cathédrale est le protagoniste de l'histoire. Claude Frollo serait une personne très différente sans l'Église ; et bon nombre des événements principaux, comme la scène tragique ultime où Quasimodo jette Frollo du haut de la tour, ne pourraient se produire ailleurs. Dans l'histoire très subtile de M. Kipling intitulée « Une habitation forcée », incluse dans ses « Actions et réactions », le décor est véritablement le héros du récit. Un millionnaire américain et sa femme, dont les ancêtres étaient anglais, s'installent pour de brèves vacances dans le comté d'Angleterre d'où est originaire la famille de sa femme. Peu à peu la vieille maison et le paysage anglais s'emparent d'eux ; les sentiments ancestraux s'élèvent pour les dominer ; et ils restent pour toujours dans une habitation forcée sur l'ancien sol.

Utilisations de la météo. — Tout ce qui a été dit jusqu'ici sur le décor en général s'applique bien entendu à l'un de ses éléments les plus intéressants, — –le temps. Dans des histoires simples comme les contes habituels des enfants, la météo peut être inexistante. Ou encore, il peut exister principalement dans un but décoratif, comme les fréquentes aubes orientales dorées du poème de Spenser ou les superbes et colorées symphonies du ciel et de la mer dans « Le pêcheur islandais » de Pierre Loti. Il peut être utilisé comme complément utilitaire à l'action : à la fin du « Moulin à soie », comme nous l'avons déjà noté, les pluies tombent et le déluge vient simplement dans le but de noyer Tom et Maggie. Ou bien il peut être employé pour illustrer un personnage : on dit de Clara Middleton, dans « L'Égoïste », qu'elle possède « l'art de s'habiller selon la saison et le ciel » ; et c'est pourquoi l'aspect de l'atmosphère à toute heure contribue à nous donner une idée de son apparence. De manière un peu plus artistique, la météo peut être planifiée en harmonie préétablie avec l'humeur des personnages : cet expédient est merveilleusement utilisé dans les contes sauvages et balayés par le vent de Fiona MacLeod. D'un autre côté, la météo peut contraster émotionnellement avec les personnages : le maître de Ballantrae et M. Henry se battent en duel lors d'une nuit de calme absolu et de froid étouffant. Encore une fois, la météo peut être utilisée pour déterminer l'action : dans la première histoire de M. Kipling intitulée « False Dawn », la tempête de sable aveuglante pousse Saumarez à proposer à la mauvaise fille. Ou encore, il peut être utilisé pour exercer une influence déterminante sur le personnage : la formidable tempête vers la fin de « Richard Feverel », dans le chapitre intitulé « La nature parle », détermine le retour du héros auprès de sa femme. Dans certains cas même, la météo elle-même peut être le véritable héros du récit : la grande éruption du Vésuve dans « Les derniers jours de Pompéi » domine la fin de l'histoire.

Bien que la météo soit un sujet sur toutes les lèvres, rares sont ceux qui sont capables d'en parler avec intelligence et art. Très peu d'écrivains de fiction – et presque tous sont récents – ont fait preuve d'une maîtrise du temps, une maîtrise basée à la fois sur une observation détaillée et précise des phénomènes naturels et sur un sens philosophique de la relation entre ces phénomènes. et les préoccupations des êtres humains. Peut-être que dans aucun autre détail de l'artisanat, Robert Louis Stevenson ne prouve aussi clairement sa maîtrise que dans sa gestion du temps, toujours décrite de manière vivante et véridique, pour servir un objectif toujours adapté à ses fictions.

Paramètres romantiques et réalistes . — Considérons ensuite la principale différence entre les mérites d'un bon décor romantique et d'un bon décor réaliste. Puisque le réaliste nous amène à comprendre sa vérité par une imitation minutieuse du réel, la chose la plus souhaitable dans un cadre réaliste est la fidélité aux faits ; et cela ne peut être atteint que par une observation précise. Mais comme le romantique n'est pas tenu d'imiter le réel et fabrique son investiture simplement dans le but d'incarner sa vérité de manière claire et cohérente, la chose la plus désirable dans un cadre romantique est une adéquation imaginative à l'action et aux personnages ; et cela peut parfois être atteint par la seule inventivité artistique, sans démonstration d'observation du réel. La vraisemblance est bien sûr le mérite le plus élevé de l'un ou l'autre type de décor ; mais alors que chez le réaliste la vraisemblance réside dans la ressemblance avec la réalité, la vraisemblance chez le romantique réside plutôt dans l'aptitude artistique. La distinction est peut-être mieux observée dans les romans historiques produits par l'une et par l'autre école. Dans le cadre de romans historiques réalistes, comme « Romola » de George Eliot et « Salammbô » de Flaubert, les auteurs ont surtout recherché l'exactitude des détails ; mais dans les romans historiques romantiques, comme ceux de Scott et de Dumas père , les auteurs ont plutôt recherché une mise en scène imaginative. Les réalistes ont suivi la lettre et les romantiques l'esprit d'autres époques et d'autres pays.

Un cadre romantique par Edgar Allan Poe. — Comme exemple d'un décor romantique pur, très éloigné de la réalité et pourtant tout à fait fidèle à l'action et aux personnages, nous ne pouvons pas faire mieux que d'examiner l'ouverture souvent citée de «La Chute de la maison Usher» de Poe. » :—

«Pendant toute une journée d'automne morne, sombre et silencieuse, alors que les nuages étaient bas et oppressants dans le ciel, j'avais traversé seul, à cheval, une région singulièrement morne; et enfin je me trouvai, à mesure que les ombres du soir avançaient, en vue de la mélancolique maison Usher. Je ne sais pas comment c'était, mais dès le premier aperçu du bâtiment, un sentiment de tristesse insupportable a envahi mon esprit. Je dis insupportable ; car ce sentiment n'était soulagé par aucun de ces sentiments à moitié agréables, parce que poétiques, avec lesquels l'esprit reçoit habituellement même les images naturelles les plus sévères de ce qui est désolé ou terrible. J'ai regardé la scène devant moi – la simple maison et les simples éléments du paysage du domaine, les murs sombres, les fenêtres vides en forme d'œil, quelques carex rêches et quelques troncs blancs de plantes pourries. arbres – avec une dépression totale de l'âme que je ne peux mieux comparer à aucune sensation terrestre qu'à l'après-rêve du fêtard sous l'opium : l'amère chute dans la vie quotidienne, la hideuse chute du voile. Il y avait un glacial, un naufrage, une nausée du cœur, une tristesse non rachetée de la pensée qu'aucun aiguillon de l'imagination ne pouvait torturer en quoi que ce soit de sublime... Il était possible, réfléchis-je, qu'un simple arrangement différent du des détails de la scène, des détails du tableau suffiraient à modifier, ou peut-être à annihiler, sa capacité d'impression douloureuse ; et agissant sur cette idée, j'ai retenu mon cheval jusqu'au bord escarpé d'un tarn noir et sinistre qui gisait dans un éclat imperturbable près de la demeure, et j'ai regardé - mais avec un frisson encore plus excitant qu'auparavant - sur le paysage remodelé et inversé. des images du carex gris, des horribles tiges d'arbres et des fenêtres vides et semblables à des yeux.

Certes, ce décor n'a que très peu de ressemblance avec la réalité ; mais tout aussi certainement son adéquation artistique au récit de terreur qu'il prélude lui confère une vraisemblance imaginative.

Un cadre réaliste par George Eliot. — À titre d'exemple de décor réaliste, copiant fidèlement le réel, examinons le passage suivant de «Adam Bede» (chapitre XVIII):—

« Vous auriez peut-être su que c'était dimanche si vous vous étiez réveillé seulement dans la cour de la ferme. Les coqs et les poules semblaient le savoir et n'émettaient que des chants sourds ; le bouledogue lui-même avait l'air moins sauvage, comme s'il se serait contenté d'une morsure plus petite que d'habitude. Le soleil semblait appeler toutes choses au repos et non au travail ; il dormait lui-même sur l'étable couverte de mousse ; sur le groupe de canards blancs blottis ensemble, le bec rentré sous les ailes ; sur la vieille truie noire allongée langoureusement sur la paille, tandis que son plus gros petit trouvait un excellent sommier sur les grosses côtes de sa mère ; sur Alick , le berger, dans sa nouvelle blouse, faisant une sieste inquiète, mi-assis, mi-debout sur les marches du grenier.

Il n'y a aucune aptitude imaginative évidente dans ce passage, puisque dans le chapitre où il se produit , les personnages principaux vont à des funérailles

; mais cela a une vraisemblance extraordinaire, due à l'observation précise par l'auteur des détails de la vie dans l'Angleterre rurale.

La qualité de l'atmosphère ou la couleur locale. — Ces deux passages diffèrent très largement l'un de l'autre. En une chose, et une seule, ils se ressemblent. Chacun d'eux présente la qualité subtile appelée « atmosphère ». Cette qualité est très difficile à définir, même si sa présence peut être reconnue instinctivement dans toute œuvre d'art graphique, comme une peinture ou une description. Sans tenter de le définir, nous pouvons découvrir la base technique de sa présence si nous recherchons le seul dispositif délibéré dans lequel ces deux passages, aussi différents soient-ils dans tous les autres aspects , ne font qu'un. On remarquera que dans chacun d'eux, les détails sélectionnés pour la présentation ont été choisis uniquement en fonction d'une qualité commune qui leur est inhérente : la qualité de la tristesse et de l'obscurité dans un cas, et la qualité de la quiétude du sabbat dans l'autre. —et qu'ils ont été organisés pour transmettre une idée complète de cette qualité centrale et omniprésente. On suppose communément que ce qu'on appelle « atmosphère » dans une description dépend de l'énoncé d'une multiplicité de détails ; mais cette conception populaire est une erreur. « L'atmosphère » dépend plutôt d'une sélection stricte de détails imprégnés d'une qualité commune, d'un rejet rigoureux de tous les autres qui sont dissonants dans leur humeur, et d'un arrangement de ceux sélectionnés en vue d'exposer leur qualité commune en tant qu'esprit omniprésent de l'atmosphère. scène.

C'est évidemment la base technique de « l'atmosphère » d'un décor purement imaginaire comme celui de la mélancolique Maison Usher. L'effet est indéniablement produit par la suppression de tous les détails qui ne contribuent pas au sentiment central de morosité. Mais le même dispositif sous-tend (moins évidemment, bien sûr) toutes les descriptions de lieux réels riches en « atmosphère ». Ce que l'on appelle la « couleur locale » – l'aspect et le ton mêmes d'une localité définie – n'est pas produit par une multiplicité photographique de détails, mais par une combinaison de matériaux soigneusement sélectionnés pour suggérer l'esprit central du lieu à représenter. L'appareil photo se défait souvent en mettant en avant des détails qui sont en dissonance avec l'esprit de la scène qu'il cherche à reproduire : il en va de même pour l'auteur qui surcharge son image de détails multiples, aussi fidèles soient-ils aux faits. Les véritables triomphes de la « coloration locale » ont été réalisés par des hommes qui ont touché le cœur et l'esprit d'un lieu – en ont capté le ton et le timbre comme George Du Maurier l'a fait avec le *Quartier Latin* – et n'ont exposé que ces détails. comme picoté par ce ton spirituel.

Récapitulation. — Nous avons étudié les nombreuses utilisations de l'élément de décor et avons vu que dans la fiction la mieux développée, il est devenu entièrement coordonné avec les éléments de personnage et d'action. Les romanciers en sont venus à considérer qu'une histoire donnée ne peut se produire que dans un ensemble de circonstances données, et que si le décor est modifié, l'action doit être modifiée et les personnages dessinés différemment. Il est donc impossible, dans la meilleure fiction d'aujourd'hui, de considérer le décor comme séparé des autres éléments du récit. Il fut un temps, bien sûr, où la description en soi existait dans le roman, et l'action était interrompue pour permettre l'introduction de passages picturaux n'ayant aucun rapport nécessaire avec le sujet de l' histoire, des « blocs » de mise en scène. , pour ainsi dire, qui pourrait être supprimé sans nuire à la progression du récit. Mais la pratique des meilleurs romanciers contemporains est résumée et exprimée par Henry James dans cette phrase emphatique de son essai sur « L'Art de la Fiction » :— « Je ne peux pas imaginer la composition existant dans une série de blocs, ni concevoir, dans aucun roman qui mérite d'être discuté, d'un passage de description qui n'est pas dans son intention narrative.

QUESTIONS DE RÉVISION

1. Expliquer et illustrer les trois étapes historiques de l'évolution de l'élément de décor.

2. Que voulait dire Ruskin par « l'erreur pathétique » ?

3. Quelles sont les utilisations modernes de l'élément de décor ?

4. Expliquez le processus permettant d'obtenir une atmosphère ou une couleur locale.

5. Présentez des exemples originaux d'harmonie émotionnelle, de contraste émotionnel et d'ironie dans le décor.

LECTURE SUGGÉRÉE

ROBERT LOUIS STEVENSON : « Un potin sur la romance ».

BLISS PERRY : « Une étude de la fiction en prose » — Chapitre VII, sur « Le décor ».

Lisez plus en détail les passages de fiction célèbres parmi lesquels ont été sélectionnées les citations illustratives citées dans ce chapitre.

CHAPITRE VII

LE POINT DE VUE DANS LE NARRATIF

L'importance du point de vue – Deux classes, l'interne et l'externe – I. Subdivisions de la première classe : 1. Le point de vue de l'acteur principal ; 2. Le point de vue de certains acteurs subsidiaires ; 3. Les points de vue des différents acteurs ; 4. Le point de vue épistolaire.— II. Subdivisions de la deuxième classe :— 1. Le point de vue omniscient ; 2. Le point de vue limité ; 3. Le point de vue rigidement restreint —Deux tons narratifs, impersonnel et personnel : 1. Le ton impersonnel ; 2. Le ton personnel – Le point de vue comme facteur de construction – Le point de vue comme héros du récit.

L'importance du point de vue. — Nous avons maintenant examiné en détail les éléments du récit, et il nous faut maintenant considérer les différents points de vue sous lesquels ils peuvent être vus et, par conséquent, représentés. Étant donné une série donnée d'événements à exposer, la structure de l'intrigue, les moyens de délimitation des personnages, l'utilisation du décor, le ton et la teneur du récit dépendent tous directement de la réponse à la question : Qui doit raconte l'histoire?

Car une suite donnée d'incidents est vue et jugée différemment, selon le point de vue duquel on l'observe. Les preuves dans les procès pour meurtre les plus importants consistent principalement en des récits successifs racontés par différents témoins ; et il est très intéressant de remarquer, en les comparant, combien un ton et une teneur très différents sont donnés au même événement par chacun des observateurs qui le racontent. Il reste au jury à déterminer, si possible, à partir d'une comparaison des différents points de vue des différents témoins, ce qui s'est réellement passé. Mais cela s'avère, dans de nombreux cas , extrêmement difficile. Un témoin a vu l'action d'une manière, un autre d'une autre ; l'un portait un certain jugement sur le caractère de l'accusé, l'autre formait un jugement diamétralement différent ; chacun a sa perception distincte de la chaîne de causalité qui a abouti à l'acte ; l'accusé lui-même serait en désaccord avec tous les témoins, s'il était effectivement capable d'examiner les faits sans se tromper, conscient ou inconscient ; et nous pouvons être certains qu'un esprit omniscient infaillible, conscient de tous les motifs cachés, verrait la question encore différemment. La tâche du jury est, avant tout, d'induire, à partir de toutes ces incohérences tragiques, une vision absolue de la vérité réelle qui sous-tend les faits si différemment vus et si diversement jugés.

Une telle vision absolue est difficilement possible à l'esprit limité de l'homme ; et bien que l'écrivain de fiction le suppose souvent lorsqu'il raconte son histoire, il est rarement possible de le maintenir de manière cohérente. Il est donc plus sûr de reconnaître que la vérité absolue d'une histoire, qu'elle soit réelle ou fictive, ne peut jamais être entièrement racontée ; que la même série d'incidents semble différente selon les points de vue ; et que par conséquent les différents points de vue à partir desquels une histoire peut être considérée doivent être soigneusement étudiés dans le but de déterminer lequel d'entre eux il est possible, dans un cas donné, d'approcher le plus près d'une vision claire de la vérité.

Deux classes, l'interne et l' externe. — Les points de vue à partir desquels une histoire peut être vue et racontée sont nombreux et variés ; mais ils peuvent tous être groupés en deux classes, les internes et les externes. Une histoire vue intérieurement est racontée à la première personne par l'un de ses participants ; une histoire vue extérieurement est racontée à la troisième personne par un esprit éloigné des événements décrits. Il existe bien entendu de nombreuses variantes, tant du point de vue interne qu'externe. Ceux-ci doivent à leur tour être examinés afin de déterminer les avantages et les inconvénients particuliers de chacun.

I. Subdivisions de la première classe : 1. Le point de vue de l' acteur principal. — Tout d'abord, une histoire peut être racontée par l'acteur principal de sa série d'événements, —le héros, comme dans « Henry Esmond », ou l'héroïne, comme dans « Jane Eyre ». Ce point de vue est particulièrement précieux dans les récits dans lesquels l'élément d'action est prédominant. Les multiples aventures de Gil Blas semblent à la fois plus vivantes et plus plausibles racontées à la première personne qu'elles ne le seraient à la troisième. Lorsque ce qui est fait est étrange ou frappant, nous préférons en être informés par celui-là même qui l'a fait. « Treasure Island » est raconté par Jim Hawkins, « Kidnapped » par David Balfour ; et une grande partie de la vivacité de ces histoires passionnantes dépend du fait qu'elles sont racontées dans chaque cas par un garçon qui s'est toujours tenu au premier plan de l'action. La plausibilité de « Robinson Crusoé » est accrue par la convention selon laquelle le héros raconte sa propre expérience personnelle : en fait, Defoe, dans toutes ses fictions, préférait écrire à la première personne, car ce qu'il recherchait avant tout était la plausibilité du ton.

Ce point de vue est également d'un suprême avantage pour raconter une émotion personnelle. Considérez un instant le paragraphe suivant de « Kidnapped » (Chapitre X) :—

« Je ne sais pas si j'avais ce que vous appelez peur ; mais mon cœur battait comme celui d'un oiseau , à la fois rapide et petit ; et il y avait une ombre devant mes yeux que j'effaçais continuellement et qui revenait continuellement. Quant à l'espoir, je n'en avais pas ; mais seulement une obscurité de désespoir et une sorte de colère contre le monde entier qui me faisait désirer vendre ma vie aussi cher que je le pouvais. J'ai essayé de prier, je m'en souviens, mais la même précipitation de mon esprit, comme celle d'un homme qui court, ne me permettait pas de réfléchir aux mots ; et mon principal souhait était que l'affaire commence et qu'elle soit terminée.

Maintenant, par souci d'expérimentation, parcourons ce passage en substituant le pronom « il » au pronom « je ». Ainsi:--

« Il n'avait guère ce qu'on appelle peur ; mais son cœur battait comme celui d'un oiseau , à la fois rapide et petit ; et il y avait une ombre devant ses yeux qu'il effaçait continuellement et qui revenait continuellement. Quant à l'espoir, il n'en avait pas… » et ainsi de suite. Remarquez combien de vivacité est perdue, combien d'immédiateté l'émotion. Le piquant et la saveur de l'expérience sont sacrifiés, car le lecteur est obligé de se tenir à l'écart et de l'observer de loin.

Le point de vue de l'acteur principal apporte de la vivacité encore d'une autre manière. Cela nécessite un caractère concret et objectif absolu dans la délimitation des caractères subsidiaires. En revanche, cela exclut l'analyse de leurs émotions et de leurs pensées. Le héros peut seulement nous dire ce qu'ils ont dit et fait, à quoi ils ressemblaient en action et en parole, et ce qu'ils lui semblaient penser et ressentir. Mais il ne peut pas entrer dans leur esprit et fouiller dans leurs motivations. De plus, il ne peut pas, sans sacrifier le naturel de son humeur, analyser dans une large mesure ses propres processus mentaux. Par conséquent, il est presque impossible de raconter, du point de vue du héros, une histoire dont les principaux événements sont mentaux ou subjectifs. On imagine mal George Eliot écrire à la première personne : le « roman psychologique » exige la troisième.

Mais la principale difficulté qu'il y a à raconter une histoire du point de vue de l'acteur principal réside dans la difficulté de caractériser le narrateur. Tous les moyens de délimitation directe lui sont retirés. Il ne peut pas écrire d'essais sur ses mérites ou ses défauts ; il ne peut ni se décrire ni s'analyser ; il ne peut pas se voir comme les autres le voient. Nous devons tirer notre idée de qui et de ce qu'il est, uniquement à partir des choses qu'il fait et dit, et de la manière dont il nous les raconte. Et bien qu'il ne soit pas particulièrement difficile, dans un cadre bref, de délimiter un personnage à travers sa façon de raconter les choses [Remarquez Laughton O. Zigler , dans « Le Captif » de M. Kipling, dont le discours a été examiné dans un chapitre précédent], il est extrêmement difficile de maintenir cet expédient de manière cohérente tout au long d'un long roman.

De plus, une longue histoire ne peut être racontée que par une personne dotée d'un sens narratif bien développé ; et il est souvent difficile de concéder au héros la capacité narrative dont il fait preuve. Comment se fait-il, pourrions-nous nous demander, que Jim Hawkins soit capable d'une description aussi magistrale que celle du « vieux marin brun, coupé en sabre », dans le deuxième paragraphe de « L'Île au trésor » ? Comment se fait-il que David Balfour, un garçon sans instruction, soit capable d'écrire la prose rythmée de Robert Louis Stevenson, maître du style ? Et dans de nombreux cas , il est également difficile de donner au héros un motif suffisant pour raconter sa propre histoire. Pourquoi, dans la suite de « Kidnapped », David Balfour devrait-il écrire tous les détails intimes de son amour pour Catriona ? Et comment est-il concevable que Jane Eyre puisse raconter à quiconque, et encore moins au grand public, les profondes émotions intimes évoquées par sa relation avec M. Rochester ?

La réponse est, bien entendu, que de telles violations des termes stricts de la réalité sont justifiées par les conventions littéraires ; et que si le gain en vivacité est suffisamment grand, le lecteur sera prêt à admettre, premièrement, que l'histoire sera racontée par l'acteur principal, quel qu'en soit le motif, et deuxièmement, qu'il lui sera accordé la maîtrise narrative requise. Mais il n'en reste pas moins qu'il est très difficile pour le héros de dessiner son propre personnage autrement que par les grandes lignes ; et par conséquent, si l'accent est mis moins sur ce qu'il fait que sur le genre de personne qu'il est, l'expédient sera inefficace.

Le principal avantage structurel de raconter l'histoire à travers la personne du héros est que sa présence en tant que personnage central dans chaque événement raconté assure la cohérence et donne l'unité à l'histoire. Mais les inconvénients qui en découlent sont qu'il est souvent difficile d'expliquer la présence du héros dans chaque scène, qu'il ne peut pas être un témoin oculaire d'événements se déroulant au même moment et dans des lieux différents, et qu'il est difficile d'expliquer sa possession de connaissances. concernant les détails du complot qui n'ont pas de rapport immédiat avec lui. Il semble toujours quelque peu boiteux d'affirmer, comme sont souvent obligés de le faire les héros racontant leurs propres histoires : « Ces choses-là, je ne les savais pas à l'époque et je les ai découvertes seulement plus tard ; mais je les insère ici, car c'est à ce point de l'intrigue qu'ils appartiennent.

2. Le point de vue de certains acteurs subsidiaires. — Beaucoup de ces inconvénients peuvent être surmontés en racontant l'histoire, non pas du point de vue de l'acteur principal, mais de celui d'un personnage mineur de l'histoire. Dans ce cas encore, l'analyse de caractère est exclue ; mais le narrateur peut définir directement l'acteur principal, par le biais de commentaires descriptifs et explicatifs. Dans les histoires où le héros est une personne extraordinaire et ne peut, sans impudeur, s'appuyer sur ses propres capacités inhabituelles, il est évidemment avantageux de le représenter du point de vue d'un ami admiratif. Ainsi, lorsque Poe a inventé le roman policier, il a sagement décidé de montrer l'extraordinaire pouvoir analytique de Dupin à travers un récit raconté non par le détective lui-même mais par un homme qui le connaissait bien ; et Sir Arthur Conan Doyle, suivant ses traces, a inventé le Dr Watson pour raconter les histoires de Sherlock Holmes.

L'exemple réel de Boswell et Johnson confirme la possibilité pour un acteur mineur de connaître intimement toutes les phases de la vie et du caractère d'un héros. Et comme le point de vue du personnage secondaire est tout aussi interne aux événements eux-mêmes que celui de l'acteur principal, l'histoire peut être racontée avec une immédiateté, une vivacité et une plausibilité se rapprochant de près de l'effet dérivé d'un récit raconté par le héros. Et il est désormais moins difficile de rendre compte de la connaissance qu'a le narrateur de tous les détails de l'intrigue. Il peut être témoin de scènes mineures nécessaires auxquelles le héros n'est pas présent ; il peut savoir des choses (et les dire au lecteur) qu'à l'époque le héros ignorait ; et si sa présence est refusée à un incident important, le héros peut le lui raconter ensuite.

Néanmoins, il est souvent très difficile de maintenir tout au long d'une longue histoire le point de vue d'un acteur mineur de l'intrigue. Thackeray échoue complètement dans sa tentative de raconter « Les Nouveaux arrivants » du point de vue d'Arthur Pendennis, le héros d'un ancien roman. Stevenson confie à Mackellar la tâche de raconter « Le Maître de Ballantrae » : mais lorsque le Maître disparaît et que Mackellar reste chez lui avec M. Henry, il faut que l'auteur invente un deuxième personnage, le Chevalier de Burke, pour raconter le récit des pérégrinations du Maître.

3. Les points de vue des différents acteurs. — Ce dernier cas nous amène à considérer la possibilité de raconter différentes sections de l'histoire du point de vue de différents personnages, en attribuant à chacun la phase particulière du récit qu'il est particulièrement apte à raconter. Les trois quarts de « l'étrange cas du docteur Jekyll et de M. Hyde » sont racontés à la troisième personne, extérieurement ; mais la vivacité finale et intime de l'horreur s'obtient en passant à un point de vue interne pour les deux derniers chapitres, le premier écrit par le Dr Lanyon et le dernier par Jekyll lui-même. M. Kipling a développé des utilisations très subtiles en utilisant l'expédient consistant à ouvrir une histoire du point de vue d'un narrateur qui s'appelle simplement « je » et qui n'est caractérisé d'aucune façon, puis à laisser l'histoire proprement dite être racontée à lui-même. ce narrateur impersonnel par plusieurs personnages clairement délimités par leur discours et par les rôles qu'ils ont joué dans le conte qu'ils racontent. Cet appareil est utilisé dans presque toutes les histoires des « Trois Soldats ». Le narrateur rencontre Mulvaney, Ortheris et Learoyd dans certaines circonstances, et en recueille peu à peu les divers traits de l' histoire, un détail étant apporté par l'un des acteurs, un autre par un autre, jusqu'à ce que des fragments successifs le l'histoire se construit. C'est de cette manière également, comme nous l'avons déjà noté, que l'histoire de Mme Bathurst se déroule devant le lecteur.

4. Le point de vue épistolaire. — Un moyen pratique de déplacer à tout moment le fardeau du récit vers un certain personnage spécial est de présenter une lettre écrite par ce personnage à l'une des autres personnes impliquées dans l'intrigue. Cet expédient est employé avec une intelligence extraordinaire par George Meredith dans « Evan Harrington ». La majeure partie de l'histoire est racontée de manière externe ; mais de temps en temps, la comtesse de Saldar , intelligente et pleine d'esprit , écrit une lettre dans laquelle un incident majeur est éclairé de son point de vue personnel.

Depuis l'époque de Richardson, ce procédé a fréquemment été utilisé pour raconter une histoire entière à travers une série de lettres échangées entre les personnages. Le principal avantage de cette méthode est le changement constant de point de vue, qui permet au lecteur de voir chaque incident important à travers les yeux de chacun des personnages tour à tour. En outre, il est relativement facile de caractériser à la première personne lorsque la chose écrite est aussi intime et personnelle qu'une lettre. Mais l'inconvénient du dispositif réside dans le fait qu'il tend à l'incohérence dans la structure du récit. Il est difficile pour l'auteur de s'en tenir à l'essentiel à chaque instant sans violer le ton désinvolte et discursif qu'exige le style épistolaire.

Bien entendu, une certaine unité peut être obtenue si les lettres utilisées sont toutes écrites par un seul caractère. Le principal avantage de cette méthode par rapport à un récit direct écrit par l'un des acteurs est le motif supplémentaire de révélation de sujets intimes qui vient du fait que le narrateur n'écrit pas pour le grand public, mais seulement pour l'ami. , ou amis, à qui les lettres sont adressées. Mais une série de lettres écrites par une seule personne risque fort de devenir monotone ; et l'on gagne généralement plus que l'on perd en attribuant successivement le rôle épistolaire à différents personnages.

II. Subdivisions de la deuxième classe. — Nous avons vu que, si l'emploi d'un point de vue interne confère au récit vivacité de l'action, objectivité de l'observation, immédiateté de l'émotion et plausibilité du ton, il s'accompagne de plusieurs difficultés dans la délimitation des personnages et de la construction du terrain. Il est donc dans de nombreux cas plus judicieux pour l'auteur de considérer le récit de l'extérieur et de l'écrire à la troisième personne. Mais il existe plusieurs manières différentes de procéder ; car, bien qu'une histoire vue de l'extérieur soit racontée dans tous les cas par un esprit distinct de celui des personnages, il existe de nombreuses positions différentes dans lesquelles cet esprit peut se placer, et de nombreuses ambiances différentes dans lesquelles il peut raconter l'histoire.

1. Le point de vue omniscient. — Tout d'abord (pour commencer par une phase qui contraste le plus avec le point de vue interne) l'esprit externe peut se placer à équidistance de tous les personnages et prendre à leur égard une attitude d'omniscience absolue. L'histoire, dans un tel cas, est racontée par une sorte de dieu , qui connaît le passé et le futur de l'action tout en regardant le présent, et qui voit dans l'esprit et le cœur de tous les personnages à la fois et les comprend mieux qu'eux-mêmes.

Le principal avantage pratique de l'adoption du point de vue divin est que le narrateur n'est jamais obligé de rendre compte de sa possession d'informations intimes. Il peut observer des événements qui se produisent au même moment dans des lieux très éloignés. L'obscurité ne peut pas obscurcir ses yeux ; les portes verrouillées ne peuvent pas l'exclure. Il peut être avec un personnage lorsque ce personnage est le plus seul. Il peut nous faire comprendre les pensées qui ne tremblent pas dans la parole, les émotions qui vacillent et s'apaisent dans l'inaction. Il peut savoir et nous transmettre la part de la pensée réelle d'une personne qui est exprimée et celle qui est cachée par le langage qu'elle utilise. Et le lecteur ne cherche aucun motif pour expliquer la révélation par le narrateur des secrets personnels des personnages.

Le point de vue omniscient est le seul qui permette à grande échelle de représenter un personnage à travers l'analyse mentale. Il est donc habituellement utilisé dans le « roman psychologique ». Il fut toujours employé par George Eliot, et choisi presque toujours par George Meredith. C'est, bien sûr, d'une valeur inestimable pour raconter le genre d'histoire dont les principaux événements sont mentaux ou subjectifs. Une expérience spirituelle qui ne se traduit pas en action concrète ne peut être considérée de manière adéquate que du point de vue divin. Mais lorsqu'il est employé dans la narration d'événements objectifs, l'écrivain court le danger d'une abstraction excessive. Une certaine vivacité – une certaine immédiateté de l'observation – sont susceptibles d'être perdues, à cause de l'éloignement des caractères de l'esprit qui les voit.

Ce point de vue est à la fois le plus facile et le plus difficile que l'auteur puisse adopter. Techniquement, c'est la plus simple, car l'écrivain est absolument libre dans le choix et la configuration de ses matériaux narratifs ; mais humainement, c'est la plus difficile, car il est difficile à un homme de jouer systématiquement le rôle d'un dieu, même envers ses propres créatures fictives. Bien que George Eliot assume l'omniscience de Daniel Deronda, le consensus parmi les hommes de bon jugement est qu'elle ne connaît pas vraiment son héros. Deronda est en vérité une personne moindre qu'elle ne le pense ; et son hypothèse d'omniscience s'effondre. En fait, à moins qu'un auteur ne soit doté de la sagesse divine de George Meredith, il est presque sûr de s'effondrer dans ses efforts pour maintenir l'attitude omnisciente de manière cohérente tout au long d'un roman compliqué.

2. Le point de vue limité. — Par conséquent, en adoptant un point de vue extérieur aux personnages, il est généralement plus sage pour l'auteur d'accepter un compromis et d'imposer certaines limites précises à sa propre omniscience. Ainsi, tout en conservant la prérogative de pénétrer à tout moment dans l'esprit d'un ou plusieurs de ses personnages, il peut limiter son observation des autres à ce qui a été réellement vu et entendu d'eux par ceux dont il est omniscient. Dans un tel cas, même si l'auteur raconte l'histoire à la troisième personne, il voit virtuellement l'histoire du point de vue d'un certain acteur, ou de certains acteurs, qui s'y trouvent. La seule phase de ce dispositif qu'il nous faut examiner est celle où l'omniscience du romancier se limite à un seul personnage.

Ce point de vue particulier est utilisé avec un art consommé par Jane Austen. Dans « Emma », par exemple, elle décrit chaque détail intime des pensées et des sentiments de l'héroïne, entrant à volonté dans l'esprit d'Emma ou la regardant de l'extérieur avec des yeux omniscients. Mais en traitant des autres personnages, l'auteur limite ses propres connaissances à ce qu'Emma savait d'eux et les voit systématiquement à travers les yeux de l'héroïne. Ainsi l'histoire, bien qu'écrite par Jane Austen à la troisième personne, est en réalité vue par Emma Woodhouse et pensée à la première. De même, dans Orgueil et Préjugés, Elizabeth Bennet est le seul personnage que l'auteur se permet d'analyser en profondeur : les autres sont vus objectivement, simplement tels qu'Elizabeth les a vus. Le lecteur est informé de chaque étape du changement progressif de sentiments de l'héroïne envers M. Darcy ; mais du changement dans les pensées et les sentiments de Darcy envers Elizabeth, le lecteur ne sait rien jusqu'à ce qu'elle le découvre elle-même.

Bien entendu, en appliquant ce procédé, il est possible à l'auteur, à certains moments du récit, de déplacer son omniscience limitée d'un des personnages à l'autre. Dans un tel cas, même si l'histoire est racontée de manière cohérente à la troisième personne, une scène peut être vue du point de vue de l'un des personnages, une autre du point de vue d'un autre personnage, et ainsi de suite.

Imaginez un instant deux pièces adjacentes avec une seule porte entre elles qui est verrouillée ; et supposons un personnage seul dans chacune des chambres, chacun pensant à l'autre. Or, un auteur assumant l'omniscience absolue pourrait nous dire ce que chacun d'eux pensait au même moment : la porte verrouillée ne serait pas un obstacle pour lui. Mais un auteur racontant l'histoire dans une attitude d'omniscience limitée ne pourrait nous dire que ce que pensait l'un d'eux et ne serait pas capable de voir au-delà de la porte. Qu'il se retrouve ou non libre de choisir quelle pièce il doit connaître dépendra bien sûr du fait qu'il maintienne le même point de vue tout au long de son histoire ou qu'il le sélectionne à nouveau pour chaque scène . Dans le premier cas, le personnage qu'il pourrait voir serait déterminé d'avance ; dans l'autre, il devrait décider selon lequel d'entre eux cette scène spéciale pourrait être la plus efficacement représentée.

L'attitude d'une omniscience limitée est plus facile à maintenir que celle d'un esprit divin connaissant intimement tous les personnages à la fois ; et de plus, l'emploi du point de vue le plus restreint est plus susceptible de produire l'illusion de la vie. Dans l'expérience réelle, nous ne voyons qu'un seul esprit intérieurement, le nôtre ; toutes les autres personnes que nous regardons extérieurement : et donc une histoire qui met à nu un seul esprit et un seul est plus en phase avec la vie elle-même qu'une histoire dans laquelle de nombreux esprits sont scrutés par un œil qui voit tout. En outre, une histoire racontée à la troisième personne du point de vue illustré par les romans de Jane Austen bénéficie de presque tous les avantages d'un récit raconté à la première personne par l'acteur principal, sans être encombré de certains des inconvénients les plus notables.

3. Le point de vue rigidement restreint . — Cependant, dans un souci de concret, il est souvent conseillé à l'auteur écrivant à la troisième personne de restreindre encore plus son point de vue et, renonçant absolument à la prérogative de l'omniscience, de se limiter à une attitude purement observatrice et entièrement extérieur à tous les personnages. Dans ce cas, l'auteur porte comme un bonnet invisible comme celui de Fortunat , qui lui permet de se déplacer inaperçu parmi ses personnages ; et il nous rapporte extérieurement leurs regards, leurs actions et leurs paroles, sans jamais assumer la capacité de sonder leur esprit. Ce point de vue rigidement extérieur est fréquemment employé par Guy de Maupassant dans ses fictions plus brèves ; mais bien qu'il soit particulièrement précieux dans la nouvelle, il est extrêmement difficile à maintenir dans l'étendue étendue d'un roman. Le principal avantage de ce point de vue est qu'il nécessite de la part de l'auteur une attitude à l'égard de son histoire qui est à tout moment visuelle plutôt qu'intellectuelle. Il ne donne pas une interprétation toute faite de ses incidents, mais se contente de les projeter sous les yeux de ses lecteurs et laisse à chacun le privilège de les interpréter par lui-même. Mais, d'un autre côté, le lecteur perd l'avantage de la connaissance supérieure du romancier sur ses créatures : et, sauf dans les moments dramatiques où les mobiles ressortent clairement de l'action, il risque de ne pas comprendre la portée humaine de la scène.

Deux tons de récit, impersonnel et personnel : 1. Le ton impersonnel. — En employant toutes les phases du point de vue extérieur, à l'exception de celle qui a été discutée en dernier lieu, l'auteur est libre de choisir entre deux tons de récit très différents, —l'impersonnel et le personnel. Il peut soit effacer, soit mettre l'accent sur sa propre personnalité en tant que facteur de l'histoire. Les grandes épopées et les contes populaires ont tous été racontés de manière impersonnelle. Quel que soit le genre de personne qu'Homère ait pu être, il ne s'immisce jamais dans son récit ; et nous pouvons lire à la fois l'Iliade et l'Odyssée sans tirer une idée plus précise de sa personnalité que celle que l'on peut tirer des indications qui nous sont données par les choses qu'il connaît. Personne ne connaît l'auteur de « Beowulf » ou du « Nibelungen Lied ». Ces histoires semblent se raconter. Ils sont vus du point de vue de personne, ou de celui de n'importe qui, quelle que soit la manière dont nous choisissons de le dire. De nombreux auteurs modernes, comme Sir Walter Scott, adoptent instinctivement une attitude épique à l'égard de leurs personnages et de leurs incidents : ils les regardent avec une grande inconscience et les décrivent comme n'importe qui les verrait. D'autres auteurs, comme M. William Dean Howells, s'efforcent délibérément de garder la note personnelle en dehors de leurs histoires : ils triomphent consciemment de leur moi-même en s'efforçant de laisser leurs personnages tranquilles.

2. Le ton personnel. — Mais les romanciers d'une autre classe préfèrent admettre franchement au lecteur que le narrateur qui se démarque de tous les personnages et les décrit à la troisième personne est l'auteur lui-même. Ils donnent un ton personnel au récit ; ils affirment leurs propres particularités de goût et de jugement, et ne vous laissent jamais oublier qu'eux, et eux seuls, racontent l'histoire. Le lecteur doit le voir à travers ses yeux. C'est ainsi, par exemple, que Thackeray expose ses histoires, – en prenant pitié de ses personnages, en les admirant, en se moquant d'eux ou en les aimant, et ne laissant jamais échapper une occasion d'en discuter avec ses lecteurs.

M. Howells, dans la section XV de son ouvrage « Criticism and Fiction », commente négativement la tendance de Thackeray « à rester là dans sa scène, à en parler les mains dans les poches, à interrompre l'action et à gâcher l'illusion dans laquelle seul le la vérité de l'art réside » ; et dans une autre phrase, il le condamne comme « un écrivain qui avait si peu de sensibilité artistique, qu'il n'a jamais hésité en aucune occasion, grande ou petite, à faire une incursion parmi ses personnages, et à les rattraper pour les montrer au lecteur et au lecteur ». dites-lui à quel point ils étaient beaux ou laids ; et crions sur leurs propriétés étonnantes. Cette condamnation radicale de l'attitude narrative de l'un des grands maîtres les plus appréciés semble tout simplement un peu sectaire. Il est vrai, bien sûr, que les artistes de fiction les plus stricts, comme Guy de Maupassant, préfèrent raconter leurs histoires de manière impersonnelle : ils laissent rigidement seuls leurs personnages et permettent au lecteur de les voir sans s'interroger sur la personnalité de l'auteur. Mais il existe un type de littérature dont le charme principal pour le lecteur réside dans le fait qu'il lui est permis de voir les choses à travers l'esprit de l'auteur. Lorsque nous lisons l'essai de Charles Lamb sur « La Maison des Mers du Sud », nous ne le lisons pas tant pour regarder le bâtiment désert et mémorable que pour regarder Elia le regarder. De même, de nombreux lecteurs reviennent encore et encore à « The Newcomes », non pas tant pour le plaisir de voir la haute société londonienne que pour le plaisir de voir Thackeray la voir. Quoi qu'il en soit, le mérite ou le défaut de la méthode n'est pas une question de règles et de règlements, mais du ton et de la qualité d'esprit de l'auteur. Qu'il puisse ou non s'immiscer en toute sécurité dans ses fictions dépend entièrement de qui il est. Il s'agit là plus d'une question de personnalité que d'art : et ce qui pourrait être insupportable chez un auteur peut constituer le principal mérite d'un autre. Par exemple, le plus grand charme des romans de Sir James Barrie émane de l'habitude de l'auteur de mettre l'accent sur la relation personnelle entre lui et ses personnages. L'attitude variée de l'auteur à l'égard de Sentimental Tommy est une question d'intérêt humain tout autant que tout ce que Tommy ressent lui-même.

Admettons donc, malgré M. Howells, que l'auteur de fiction a le droit de s'affirmer comme narrateur, pourvu qu'il soit une personne intéressante et charmante. Il nous reste à considérer les différentes ambiances dans lesquelles, dans un tel cas, l'écrivain peut considérer son histoire. L'auteur auto-effaceur s'efforce de cacher sa propre opinion sur les personnages, afin de ne pas interférer avec l'indépendance de jugement du lecteur à leur sujet ; mais l'auteur qui écrit personnellement n'hésite pas à révéler, ni même à exprimer directement, son admiration pour les mérites d'un personnage ou sa dépréciation pour ses défauts. Vous chercherez en vain, en étudiant les personnages fictifs de Guy de Maupassant, une indication de l'approbation ou de la désapprobation de l'auteur à leur égard ; et il y a quelque chose de très admirable dans cette impassibilité absolue de l'art. Mais d'un autre côté, il y a une certaine humanité salutaire chez un auteur qui aime ou déteste ses personnages tout comme il aimerait ou détesterait le même genre de personnes dans la vie réelle, et qui écrit à leur sujet avec l'éclat de son émotion personnelle. Sir James Barrie désapprouve souvent Tommy ; parfois il se sent obligé de le gronder ; mais il l'aime pour cela : et l'on sent instinctivement que le héros se dessine d'autant plus fidèlement qu'il est représenté par un ami.

Le point de vue comme facteur de construction. — Il ressort de la discussion qui précède sur les différents points de vue du récit qu'aucun d'entre eux ne peut être absolument mieux prononcé que les autres. Mais ceci peut être dit de manière dogmatique : il y a toujours un meilleur point de vue à partir duquel raconter une nouvelle donnée ; et bien que l'auteur travaille avec beaucoup moins de restrictions techniques lors de la planification d'un roman, il existe presque toujours un meilleur point de vue à partir duquel raconter un roman donné. Par conséquent, il est conseillé à l'auteur de déterminer le plus tôt possible, à partir d'un examen attentif de ses matériaux, quel est le meilleur point de vue à partir duquel raconter l'histoire qu'il envisage, et d'envisager ensuite son récit de ce point de vue et seulement ça.

De plus, l'intérêt de l'art exige que le point de vue choisi soit, si possible, maintenu de manière cohérente tout au long du récit. Mais c'est une question très difficile ; et ce n'est que ces dernières années que même les meilleurs écrivains ont appris à le maîtriser. Les romans qui ont été racontés sans une seule violation de ce principe sont très peu nombreux. Mais il n'en reste pas moins que toute rupture injustifiée du point de vue retenu déséconomise l'attention du lecteur. Il est regrettable, par exemple, que Thomas Bailey Aldrich, dans « Marjorie Daw », ait jugé nécessaire, après avoir raconté presque toute l'histoire par lettres, de passer brusquement au point de vue extérieur et de terminer l'histoire par quelques pages. du récit direct. Une telle variation inattendue de méthode surprend et, dans une certaine mesure, perturbe l'attention du lecteur, et nuit ainsi à l'effet de la chose à transmettre.

Henry James et M. Kipling font preuve, à leurs diverses manières, d'une maîtrise extraordinaire du point de vue ; et leurs œuvres peuvent être très utilement étudiées pour trouver des exemples de cette phase particulière de l'art du récit. Le titre même de « What Maisie Knew », d'Henry James, proclame le point de vue rigidement restreint à partir duquel le matériel narratif est envisagé. Dans le conte de M. Kipling, « A Deal in Cotton », qui est inclus dans « Actions and Reactions », l'intérêt vient principalement de l'astuce consistant à raconter l'histoire deux fois : d'abord du point de vue d'Adam Strickland, et la deuxième fois du point de vue du serviteur du corps natif d'Adam, qui connaissait de nombreuses choses cachées à son maître.

Le point de vue en tant que héros du récit. — Dans certains cas particuliers, le point de vue est devenu, pour ainsi dire, le véritable héros de l'histoire. Il y a quelques années , M. Brander Matthews, en collaboration avec feu HC Bunner , a conçu un récit très intelligent intitulé « Les documents du dossier ». Il s'agissait simplement d'une série de documents numérotés, de nature très différente, présentés sans introduction ni commentaire de la part des auteurs. La série contenait des coupures de journaux divers, des lettres personnelles, des lettres d'information, des rapports d'hippodromes, des billets de prêt sur gage, des en-têtes de lettres, des télégrammes, des programmes de théâtre , des publicités, des factures acquittées, des enveloppes, etc. Malgré la diversité de ces documents , les auteurs ont réussi à fabriquer un récit tout à fait cohérent et clair en tous points. Mais l'intérêt principal résidait dans la nouveauté et l'intelligence du point de vue ; et bien qu'un tel expédient technique exagéré puisse être utile de temps à autre pour un type particulier d'histoire, il n'a aucune valeur générale. Un point de vue qui attire l'attention sur lui-même détourne nécessairement l'attention de l'histoire représentée ; et dans un récit d'importance sérieuse, l'accent principal devrait être mis sur la chose qui est racontée plutôt que sur la manière de la raconter.

QUESTIONS DE RÉVISION

1. En quoi l'impression d'un récit dépend-elle du point de vue choisi par l'auteur ?

2. Imaginez un événement fictif ; et après vous être suffisamment familiarisé avec cet incident imaginaire, écrivez sept thèmes distincts, dans chacun desquels cet incident est projeté d'un point de vue différent :— 1. Tel que vu par l'acteur principal ; 2. Vu par un acteur mineur ; 3. Vu par différents acteurs ; 4. Comme indiqué dans les lettres ; 5. D'un point de vue omniscient ; 6. D'un point de vue limité ; et 7. D'un point de vue strictement restreint.

3. Imaginez un événement fictif ; et écrivez deux thèmes distincts, dans l'un desquels cet événement est raconté personnellement, et dans l'autre de manière impersonnelle.

LECTURE SUGGÉRÉE

Lisez les œuvres de fiction les plus importantes mentionnées dans ce chapitre.

CHAPITRE VIII

L'accent dans le récit

Caractéristiques essentielles et contributives —L'art distingue les deux par l'accent mis —De nombreux dispositifs techniques : 1. L'accent est mis sur la position terminale ; 2. Accentuation par position initiale ; 3. Accentuation par pause [Discussion plus approfondie sur l'accentuation par position] ; 4. Accent mis sur la proportion directe ; 5. Accent mis sur la proportion inverse ; 6. Accentuation par itération ; 7. Accentuation par antithèse ; 8. Accent mis par Climax ; 9. Accent mis sur la surprise ; 10. Accent mis sur le suspense ; 11. Accent mis sur le mouvement imitatif.

essentielles et contributives . — Les caractéristiques de tout objet que nous contemplons peuvent, avec un jugement intelligent, être divisées en deux classes, selon qu'elles sont intrinsèquement essentielles, ou bien simplement contributives, à l'existence de cet objet en tant qu'entité individuelle. Si l'une de ses caractéristiques intrinsèquement essentielles devait être modifiée, cet objet cesserait d'être lui-même et deviendrait un autre objet ; mais si l'un ou l'ensemble de ses caractéristiques simplement contributives devait être modifié, l'objet conserverait toujours son individualité, quelle que soit l'ampleur de la modification de son aspect. Et en général , on peut dire que nous ne comprenons un objet que lorsque nous sommes capables de classer intelligemment dans un groupe ou dans l'autre chaque caractéristique qu'il présente à notre attention.

L'art distingue les deux par l'accent. — En contemplant des objets naturels, il est souvent difficile de distinguer les caractéristiques qui sont simplement contributives de celles qui sont intrinsèquement essentielles ; mais cela ne devrait pas être difficile à faire en contemplant une œuvre d'art. Car il est possible à l'artiste – en fait cela lui incombe – d'aider l'observateur à distinguer clairement entre les détails essentiels et les détails contributifs de l'objet qu'il a fabriqué. En employant certains expédients techniques pour exposer son œuvre, l'artiste est capable de communiquer à l'observateur sa propre distinction intelligente entre ses caractéristiques les plus importantes et ses caractéristiques les moins importantes. Il le fait en mettant l'accent sur les détails nécessaires et en mettant l'accent sur les détails subsidiaires.

L'importance du principe d'emphase est reconnue dans tous les arts ; car c'est seulement par l'application de ce principe que l'artiste peut rassembler et grouper à l'arrière-plan les éléments subsidiaires de son œuvre, tout en mettant en relief les éléments qui incarnent l'essence de ce qu'il a à dire. L'auréole dont les mosaïstes byzantins entouraient le visage de leurs saints, la gloire de la lumière dorée qui luit autour de la figure du Christ au ciel dans les décorations du Tintoret, les murs blancs et clairs du palais des Doges minés par des arcades sombres et obscures, le refrain de une chanson provençale, l'ombre nette sous la visière de la statue équestre de Verrocchio, le clair-obscur stimulant des peintures de personnages de Rembrandt – tous ces expédients sont conçus pour attirer l'attention sur les éléments essentiels d'un ensemble composé de nombreuses parties. Par de tels dispositifs techniques, il faut mettre l'accent sur la vérité centrale d'une œuvre d'art afin que l'observateur ne regarde pas plutôt les simples accidents de son investiture. Lorsque de nombreux éléments sont rassemblés dans le but de représenter une idée, certains d'entre eux doivent être plus importants que les autres parce qu'ils en sont intrinsèquement plus imprégnés ; et l'artiste échouera à atteindre son objectif s'il n'indique clairement quels éléments sont essentiels et lesquels ne sont que subsidiaires.

De nombreux dispositifs techniques . — Presque aucune autre œuvre d'art, à l'exception d'une cathédrale gothique ou d'une représentation théâtrale, n'est constituée d'éléments plus multiples que ceux d'un récit fictif. Les détails d'un roman sont si nombreux et si variés que l'auteur a toujours besoin d'une bonne compréhension et d'une application minutieuse du principe d'emphase. Il convient donc que le présent chapitre soit consacré à l'énumération et à l'illustration des différents dispositifs techniques employés par les artistes dans la narration pour mettre l'accent nécessaire sur les caractéristiques essentielles de leurs histoires.

1. Accentuation par position terminale. — Tout d'abord, il est évidemment facile de mettre l'accent par position. Dans tout récit, ou section d'un récit, conçu pour être lu en une seule séance, les derniers instants sont nécessairement emphatiques parce qu'ils sont les derniers. Lorsque le lecteur met le récit de côté, il se souvient très clairement de la dernière chose qui a été présentée à son attention ; et s'il repense aux premières parties de l'histoire, il doit le faire en réfléchissant au passage final. Par conséquent, il est nécessaire dans la nouvelle, et conseillé dans les chapitres d'un roman, de réserver à la position ultime l'un des traits intrinsèquement les plus importants du récit ; car c'est sûrement du mauvais art que de gaspiller l'accent naturel d'une position en la plaçant sur un élément subsidiaire.

L'importance de ce simple expédient sera facilement reconnue si l'étudiant rassemble une centaine de nouvelles écrites par des maîtres reconnus et examine le dernier paragraphe de chacune. Considérons un instant les dernières phrases de « Markheim », que nous avons déjà citées à un autre sujet :

« Il a confronté la femme de chambre sur le seuil avec quelque chose comme un sourire.

« 'Tu ferais mieux d'aller chercher la police', dit-il : 'J'ai tué ton maître.'»

L'histoire entière est résumée dans la phrase finale ; et la dernière phrase résonne à jamais dans la mémoire du lecteur.

Voici, pour citer un nouvel exemple, la conclusion du « Masque de la mort rouge » de Poe :—

« Et maintenant on reconnaissait la présence de la Mort Rouge. Il était venu comme un voleur dans la nuit. Et un à un, les fêtards tombèrent dans les salles ensanglantées de leur fête, et chacun mourut dans la posture désespérée de sa chute. Et la vie de l'horloge d'ébène s'éteignit avec celle du dernier des gays. Et les flammes des trépieds expirèrent. Et les Ténèbres, la Décadence et la Mort Rouge exerçaient une domination illimitée sur tout.

Le sentiment de ruine absolue que nous ressentons dans ce paragraphe impressionnant est dû, dans une large mesure, à l'accent mis sur lui par sa finalité. L'effet serait sans aucun doute diminué si un autre paragraphe était ajouté et lui enlevait son importance de position.

Afin de tirer le meilleur parti de la position terminale, le grand artiste Guy de Maupassant a développé dans ses nouvelles une périodicité de structure au moyen de laquelle il réservait la solution du récit, chaque fois que cela était possible, jusqu'aux phrases finales. Cette structure périodique est employée, par exemple, dans son récit bien connu du « Collier » (« La *Parure* »). Il s'agit d'une pauvre femme qui perd un collier de diamants qu'elle a emprunté à un riche ami pour le porter lors d'un bal. Elle en achète un autre exactement pareil et le rend à sa place. Pendant dix ans, elle et son mari travaillent jour et nuit pour rembourser les dettes qu'ils ont contractées pour acheter les bijoux de substitution. Une fois toutes les dettes payées, la femme raconte à son amie ce qui s'est passé. Suit ensuite cette dernière phrase de l' histoire :——

« 'Oh, ma pauvre Mathilde. Mais les miennes étaient fausses. Ils valaient tout au plus cinq cents francs !

Le modèle périodique de Guy de Maupassant fut assidûment copié par O. Henry ; mais ce collaborateur populaire des magazines américains est allé encore plus loin que son maître et a développé une double surprise qui s'est produite subitement à la fin du récit. Un exemple typique de son œuvre est « Le Don des Mages », dans lequel un résultat inattendu est immédiatement couronné par un second résultat encore plus inattendu. Le succès d'O. Henry auprès du public de lecture peut être attribué principalement à son habileté à tirer pleinement parti du puissant expédient de l'accentuation par position terminale. Son habileté technique peut être mieux étudiée en lisant rapidement les derniers paragraphes d'une centaine de ses histoires. Il avait l'heureuse faculté de dire en dernier ce qu'il avait à dire de meilleur et de plus brillant.

2. Accentuation par position initiale. — À côté de la dernière position, l'endroit le plus emphatique dans un bref récit, ou une section d'un récit, est bien entendu le premier. L'esprit du lecteur reçoit avec une vivacité particulière tout ce qui lui est présenté au début. C'est pour cette raison qu'il est nécessaire dans la nouvelle, et conseillé dans les chapitres d'un roman, de commencer par un élément qui non seulement est intrinsèquement essentiel, mais qui frappe également la note clé du récit qui va suivre. Edgar Allan Poe est particulièrement artistique en appliquant ce principe d'emphase par position initiale. Nous avons déjà cité, dans un autre contexte, l'ouverture solennelle de « La Chute de la maison Usher », avec sa suggestion d'une tristesse inimitable comme note dominante du récit. Dans « Le tonneau d'Amontillado », où ce qu'il faut souligner est l'élément d'action, Poe commence par cette phrase : « J'avais supporté les mille blessures de Fortunato comme je pouvais ; mais quand il s'est risqué à l'insulter, j'ai juré de me venger » : et nous savons déjà que l'histoire doit présenter un acte signalé de vengeance. Dans « The Tell-Tale Heart », qui est une étude sur la folie meurtrière et traite principalement de l'élément de caractère, l'auteur s'ouvre ainsi :—

« C'est vrai ! – nerveux – très, très terriblement nerveux, j'avais été et je le suis ; mais pourquoi *dis* -tu que je suis fou ? La maladie avait aiguisé mes sens, non pas les avoir détruits, mais elle ne les avait pas émoussés. Surtout, le sens de l'ouïe était aigu. J'ai entendu toutes choses dans le ciel et sur la terre. J'ai entendu beaucoup de choses en enfer. Comment, alors, suis-je fou ? Écouter! et voyez avec quelle santé, avec quel calme je peux vous raconter toute cette histoire.

3. Accentuation par Pause. — En général, on peut dire que toute pause dans un récit souligne par position ce qui la précède immédiatement, et aussi (bien que dans une mesure considérablement moindre) ce qui la suit immédiatement. C'est pour cette raison que de nombreux maîtres de la nouvelle, comme Daudet et de Maupassant, construisent leurs récits par sections, afin de multiplier le nombre de positions terminales et initiales. Les astérisques disposés sur la page non seulement rendent le lecteur conscient de l'achèvement d'une partie intégrante de l'histoire, mais concentrent également son attention avec insistance sur la dernière chose qui a été dite avant l'interruption. L'emploi des *points de suspension* , si fréquent chez les auteurs français, est un procédé qui sert à interrompre une phrase dans le seul but de la souligner par une pause. .

Discussion plus approfondie sur l'accent mis par position. — Les exemples que nous avons sélectionnés pour illustrer l'opportunité de mettre l'accent par position ont été choisis par commodité parmi des nouvelles ; mais le même principe peut être appliqué avec le même succès dans la construction des chapitres d'un roman. Certains grands romanciers, mais peu artistiques, comme Sir Walter Scott, se montrent singulièrement obtus et profitent de l'avantage de placer le matériel emphatique dans une position emphatique. Scott néglige presque toujours la fin de ses chapitres : il laisse les sections de son récit dériver et s'éparpiller, au lieu de les arrondir vers une conclusion emphatique. Mais les romanciers plus artistiques, comme Victor Hugo par exemple, ne manquent jamais de profiter de la position terminale. Considérez la fin du livre XI, chapitre II, de « Notre Dame de Paris ». La gitane Esmeralda a été pendue place de Grève . Le bossu Quasimodo a jeté l'archidiacre Claude Frollo du haut de la tour de Notre-Dame. Ce paragraphe conclut ensuite le chapitre :—

« Quasimodo leva alors les yeux vers la bohémienne, dont il vit le corps, suspendu au gibet, frémir au loin sous sa robe blanche avec les derniers tremblements de l'agonie ; puis il le descendit jusqu'à l'archidiacre, étendu au pied de la tour et n'ayant plus forme humaine ; et il dit avec un sanglot qui fit se soulever sa profonde poitrine : « Oh ! tout ce que j'ai aimé !'

La fin d'un chapitre peut être artistiquement planifiée soit (comme dans le cas précédent) pour résumer avec une finalité absolue l'accomplissement narratif du chapitre, soit, en préfigurant vaguement le déroulement ultérieur de l'histoire, pour inciter le lecteur à continuer. L'aîné Dumas possédait à un degré remarquable la faculté de terminer un chapitre de manière à inciter le lecteur à commencer immédiatement le suivant. Il le faisait le plus souvent en introduisant un nouveau fil narratif dans une phrase de la phrase finale, attisant ainsi la curiosité du lecteur à suivre le fil.

L'expédient de l'accentuation par borne et par position initiale ne peut bien entendu s'appliquer sans réserve à l'ensemble d'un roman. Le dernier chapitre d'un roman à l' intrigue compliquée est souvent nécessairement consacré à nouer ou dénouer des nœuds mineurs dans les fils dispersés du réseau général. Par conséquent, l'endroit le plus important dans un long récit n'est pas à la toute fin, mais plutôt à la fin du chapitre qui présente le point culminant. En outre, bien que de nombreux grands romans, comme « La Lettre écarlate », aient commencé à un moment emphatique de l'intrigue, beaucoup d'autres se sont ouverts lentement et n'ont présenté aucun élément important jusqu'à ce que le récit soit bien engagé. « Le Talisman » de Scott, « L'Espion » de Fenimore Cooper et bien d'autres romans du début du XIXe siècle ont commencé avec un cavalier solitaire que le lecteur était obligé de suivre pendant plusieurs pages avant que quoi que ce soit n'arrive. Dernièrement, cependant, les romanciers ont appris auprès des auteurs de nouvelles l'art de s'ouvrir avec insistance sur des éléments importants pour l'intrigue.

4. Accentuation par proportion directe. — Un autre moyen de mettre l'accent dans le récit est la proportion. Plus de temps et plus d'attention devraient être accordés aux scènes essentielles plutôt qu'aux questions d'intérêt subsidiaire. Les personnages les plus importants devraient avoir le plus de choses à dire et à faire ; et l'attention accordée aux autres doit être proportionnelle à leur importance dans l'action. Becky Sharp se démarque nettement des cinquante autres personnages de « Vanity Fair », car elle consacre plus de temps qu'à aucun autre. De même, dans « Emma » et dans « Orgueil et préjugés », comme nous l'avons noté au chapitre précédent, l'héroïne est à chaque fois soulignée par le fait qu'elle est présentée d'un point de vue plus intime que les personnages mineurs de l'épisode. l'histoire. Il est sage, dans un souci d'accentuation par proportion, de dessiner les personnages majeurs plus complètement et avec plus de soin que les mineurs ; et on peut donc dire beaucoup, sur ce terrain, pour défendre l'habitude de Dickens de ne dessiner humainement que les personnages principaux de ses romans et de se contenter de caricaturer les acteurs secondaires.

5. Accentuation par la proportion inverse. — Il est parfois possible, dans des cas particuliers, de souligner ironiquement par proportion inverse. Un auteur peut délibérément consacrer plusieurs pages successives à s'attarder sur des sujets subsidiaires, pour ensuite souligner brusquement un paragraphe ou une phrase soudaine dans laquelle il se tourne vers la seule chose qui compte vraiment. Mais cet expédient ironique est, bien entendu, moins souvent utile que celui qui consiste à mettre l'accent sur une proportion directe.

6. Accentuation par itération. — Sans aucun doute, le moyen le plus simple d'inculquer un détail de récit est de le répéter encore et encore. L'accentuation par itération est un dispositif favori de Dickens. Le lecteur n'est jamais autorisé à oublier le slogan de Micawber ou le regard moral de Pecksniff. Dans de nombreux cas, certes, le lecteur souhaite pouvoir échapper à la répétition constamment récurrente ; mais Dickens applique parfois cet expédient avec un effet émotionnel subtil. Dans « Le Conte de deux villes », par exemple, les références répétées aux échos de pas et au tricot de Madame Defarge contribuent beaucoup au sentiment de catastrophe imminente.

Certains auteurs modernes ont développé une phase d'emphase par itération qui s'apparente à l'emploi du *leit-motiv* dans les drames musicaux de Richard Wagner. Dans les opéras wagnériens, un certain thème musical est consacré à chacun des personnages et est intégré à la partition chaque fois que le personnage apparaît. De même, dans les pièces ultérieures d'Henrik Ibsen, certaines phrases sont répétées fréquemment, pour indiquer la récurrence de certaines humeurs dramatiques. Ainsi, dans « Rosmersholm », il est fait référence au symbole étrange des « chevaux blancs », chaque fois que l'ambiance de la scène momentanée préfigure le double suicide qui doit mettre fin à la pièce. Il n'est pas nécessaire de rappeler aux étudiants de « Hedda Gabler » l'accent mis par itération sur les phrases « Des feuilles de vigne dans ses cheveux », « Imaginez ça, Hedda ! », « Théa aux cheveux ondulés », « Le seul coq sur le perchoir à volaille » et « Les gens ne font pas de telles choses ! » Le même procédé peut être employé tout aussi efficacement dans la nouvelle que dans le roman. Un seul exemple suffira à titre d'illustration. Remarquez, en examinant le discours impressionnant du vieux lama dans « Kim » de M. Kipling, combien l'accent est dérivé de la récurrence continuelle de certaines phrases, comme « la recherche de la rivière », « la justice de la roue », « la justice de la roue ». pour acquérir du mérite », et ainsi de suite.

Un expédient narratif qui se distingue à peine de la simple itération est le dispositif du parallélisme des structures. Par exemple, dans l'histoire de Hawthorne « La Vieille Fille Blanche », la première scène et la dernière, bien qu'elles soient séparées dans le temps par de très nombreuses années, se déroulent dans la même chambre spacieuse, les rayons de lune tombant de la même manière à travers l'espace. deux fenêtres profondes et étroites, tandis que des rideaux ondulants produisent le même semblant d'expression fantomatique sur un visage mort.

7. Accentuation par antithèse. — L'accent mis sur le récit est également atteint par l'antithèse, —un expédient employé dans tout art. Dans la plupart des histoires, il est bon de choisir les personnages de manière à ce qu'ils se mettent en contraste. Dans la grande scène de duel du « Maître de Ballantrae », dont une sélection a été citée dans un chapitre précédent, le calme flegmatique de M. Henry contraste fortement avec la fougue imprévisible du Maître ; et chaque personnage ressort plus vivement en raison de son opposition à l'autre. Des deux femmes aimées de Tito Melema , l'une, Tessa, est simple et enfantine, l'autre, Romola , complexe et intellectuelle. Les histoires les plus intéressantes présentent un contraste constant de personnalités qui se déjouent mutuellement ; et chaque fois que des personnages aux opinions variées et aux objectifs opposés viennent noblement aux prises dans une lutte qui les concerne d'une manière vitale, la tension de la situation sera augmentée si la différence entre les personnages est marquée. Cet expédient revêt donc une importance particulière dans le drame. Othello semble d'une émotion plus poignante en présence de l'intellectuel froid Iago. Dans « L'école du scandale », Charles et Joseph Surface sont beaucoup plus efficaces ensemble que l'un ou l'autre ne le serait seul. L'insouciance sincère et joyeuse de l'un déclenche la dissimulation douce et suffisante de l'autre ; le premier donne de la lumière au jeu, et le second de l'ombre. L'esprit d'Hamlet est aiguisé par l'absurdité bavarde de Polonius ; la triste sagesse du monde de Paula Tanqueray est accentuée par l'innocence d' Ellean . De même, pour revenir au roman pour des exemples, il suffit d'exempler le contraste d'esprit entre Sherlock Holmes et le Dr Watson, le contraste d'humeur entre Claude Frollo et Phoebus de Châteaupers , le contraste d'idéaux entre Daniel Deronda et Gwendolen Grandcourt .

L'expédient de l'antithèse est également employé efficacement dans l'équilibre scène contre scène. La désolation absolue qui termine « Le Masque de la Mort Rouge » est précédée « d'un bal masqué de la plus insolite magnificence ». Dans « Kenilworth » de Scott, nous passons des superbes festivités que Leicester institue en l'honneur de la reine Elizabeth, à la prison solitaire où croupit Amy Robsart , son épouse abandonnée. Victor Hugo est, dans la fiction moderne, le plus grand maître de l'antithèse d'ambiance entre scène et scène. Ses effets les plus emphatiques sont obtenus, comme ceux de l'architecture gothique, par une juxtaposition du grotesque et du sublime. Souvent, certes, il surcharge l'antithétique ; et des pans entiers de son récit se déplacent comme la poutre mobile d'un ferry-boat, s'inclinant tantôt d'un côté, tantôt de l'autre. Mais malgré ses excès dans l'emploi de ce procédé, sa pratique doit être étudiée avec soin ; car, à son meilleur , il illustre de manière plus convaincante que tout autre auteur l'efficacité de l'accentuation par contraste.

La manière la plus subtile d'employer cet expédient est de présenter une antithèse d'ambiance au sein d'une seule scène. Le récit de Dame Quickly sur la mort de Falstaff touche à la fois les sommets de l'humour et les profondeurs du pathos. À la fin de « Mme. Bathurst », le récit tragique est interrompu par le passage d'un pique-nique chantant une légère chanson d'amour. Shylock, dans son grand dialogue avec Tubal, est à la fois plongé dans la mélancolie de la défection de sa fille et rouge de triomphe parce qu'il tient enfin Antonio dans ses griffes. Chaque émotion semble plus puissante car elle contraste avec l'autre. Dans « Love-o'-Women » de M. Kipling, l'effet tragique est renforcé par le fait que l'histoire est racontée par l'humoriste Mulvaney. Ainsi:--

« 'Et maintenant ?' » dit - elle en le regardant ; et le clou de peinture rouge solitaire sur le blanc de son visage comme une cible sur une cible.

« Il leva les yeux, lentement et très lentement, et il la regarda longuement et très longtemps, et il tira sa spache. ajustez ses dents avec une clé qui le fait trembler .

« 'Je meurs ', Aigypte — je meurs ", dit-il ; oui, ce sont ses paroles, car je me souviens du nom qu'il l'appelait. Il prenait la couleur de la mort, mais ses yeux n'étaient jamais là. râlé . Ils étaient fixés – fixés sur elle. Sans mot ni avertissement , elle ouvrit les bras à fond et "Ici !" dit-elle. (Oh, quel méricle d'or avec une voix c'était .) « Meurs ici », dit-elle ; et Love-o'-Women s'est effondrée en avant, et elle l' a soutenu , car c'était une belle et grande femme.

8. Souligné par Climax. — Un autre expédient rhétorique sur lequel l'accent peut être dérivé est, bien entendu, l'utilisation du point culminant. Les matériaux d'une nouvelle ou d' un chapitre de récit doivent dans presque tous les cas être rassemblés par ordre croissant d'importance, chaque incident portant l'intérêt à un niveau plus élevé que celui du précédent. Il en va de même pour la structure d'un roman, du début jusqu'au point culminant ; mais bien sûr , il est rarement possible, au *dénouement,* de porter les intérêts au-dessus du niveau qu'ils ont atteint au moment de la plus grande complication. La progressivité climatérique de la structure est efficacement exposée dans le conte de mystère et de terreur d'Henry James, « Le tour de vis ». L'auteur sur la tête de l'horreur accumule les horreurs, dans une échelle régulièrement ascendante. Mais, d'un autre côté, de nombreuses histoires ont été gâchées par l'introduction trop tôt dans la structure d'une scène très frappante, après quoi il s'est nécessairement ensuivi une diminution appréciable de l'intérêt. La raison pour laquelle les suites des grands romans ont rarement été couronnées de succès est qu'il a été impossible pour l'auteur du deuxième volume de maintenir une montée en puissance de l'intérêt par rapport au niveau où il s'était arrêté dans le premier.

9. Souligné par Surprise. — Un moyen de mise en valeur moins technique et plus psychologique que ceux dont on a parlé jusqu'ici est celui qui doit son origine à la surprise. Tout ce qui frappe le lecteur de manière inattendue le frappera durement. Il sera le plus impressionné par ce pour quoi il a été le moins préparé. Le chapitre XXXII de « Vanity Fair » se déroule à Bruxelles lors de la bataille de Waterloo. Le lecteur est maintenu dans la ville avec les femmes de l'histoire tandis que les hommes se battent sur le terrain à une douzaine de kilomètres de là. Toute la journée, une canonnade lointaine gronde à l'oreille. A la tombée de la nuit, le bruit s'arrête brusquement. Puis, à la fin du chapitre, on dit au lecteur :—

« Plus aucun tir n'a été entendu sur Bruxelles – la poursuite s'est déroulée à des kilomètres. L'obscurité s'est abattue sur les champs et sur la ville : et Amélia priait pour George, qui gisait sur le visage, mort, avec une balle dans le cœur.

Cette déclaration de la mort de George Osborne est soulignée de plusieurs manières à la fois. Il est rendu emphatique par position, puisqu'il est placé à la toute fin d'un long chapitre ; en proportion inverse, puisqu'il est exposé en une seule phrase après de nombreuses pages consacrées à des sujets moins importants ; mais surtout par le sursaut de surprise avec lequel il frappe le lecteur. De même, la dernière phrase du Collier de Maupassant, citée plus haut dans ce chapitre, est emphatique par surprise aussi bien que par position ; et il en va de même pour la conclusion intelligente et inattendue de « A Sisterly Scheme » de HC Bunner , un petit chef-d'œuvre artistique à bien des égards.

Dans les contes mystérieux, l'intérêt est entretenu principalement par la manipulation habile de la surprise ; mais même dans les romans où le but de mystifier est très loin d'être le but premier de l'auteur, il est souvent sage de garder le secret pour le lecteur en raison de l'emphase de surprise qui peut surgir au moment de la révélation. Dans « Notre ami commun », le lecteur est longtemps amené à supposer que le caractère de M. Boffin évolue pour le pire ; et son intérêt est vivement stimulé lorsqu'il découvre finalement que l'apparente dégénérescence n'est qu'un prétexte.

Dans le drame, cet expédient doit être utilisé avec une grande délicatesse, car un choc de surprise soudain et saisissant est susceptible de disperser l'attention des spectateurs et de les détourner d'une véritable conception de la scène. Le lecteur d'un roman, lorsqu'il découvre avec surprise qu'il a été habilement trompé sur plusieurs pages, peut s'arrêter pour reconstituer sa conception du récit, et peut même relire tout le passage par lequel le secret lui a été caché. Mais au théâtre , les spectateurs ne peuvent pas arrêter la pièce pendant qu'ils reconstruisent rétrospectivement leur jugement sur une situation ; et c'est pourquoi, dans le drame, un moment de surprise doit être soigneusement préparé par une suggestion anticipée. Avant que Lady Macbeth ne soit révélée marchant dans son sommeil, son médecin et sa femme de chambre sont envoyés pour raconter au public son « agitation somnolente ». C'est un excellent art au théâtre ; mais ce serait du mauvais art dans les pages d'un roman. Dans une histoire écrite pour être lue, la surprise est plus efficace lorsqu'elle est complète.

10. Accent mis sur le suspense. — Une forme d'accentuation encore plus intéressante dans le récit est l'accentuation par le suspense. Wilkie Collins est reconnu pour avoir dit que le secret pour retenir l'attention de ses lecteurs résidait dans la capacité de faire trois choses : « Faites- les rire ; faites- les pleurer ; faites- les attendre. Respectez toujours ces trois-là ; et le plus grand est le dernier. La capacité de faire attendre le lecteur, à travers de nombreuses pages et parfois à travers de nombreux chapitres, est un atout très précieux de l'écrivain de fiction ; mais cette capacité est utilisée de manière optimale lorsqu'elle est exercée dans certaines limites. En premier lieu, il ne sert à rien de faire attendre le lecteur si l'on ne lui donne pas d'abord une idée de ce qu'il doit attendre. Le lecteur devrait être séduit; il devrait être amené à désirer le fruit qui est juste au-delà de sa portée ; et il ne faut pas le laisser dans l'ignorance quant à la nature du fruit, de peur qu'il ne le désire sans enthousiasme. Le vague sentiment de « quelque chose qui est sur le point d'arriver » n'intéresse pas autant le lecteur que le sentiment vif de l'imminence d'un événement particulier dont il souhaite ardemment être témoin. L'expédient du suspense est plus efficace lorsque l'une ou l'autre de deux choses, et deux seulement, que le lecteur a imaginées à l'avance, est sur le point de se produire, et que le lecteur, désireux de l'une et appréhendant l'autre, est tenu d'attendre pendant que la balance tremble . En second lieu, il est rarement utile de faire attendre le lecteur si l'on ne lui donne finalement pas ce qu'il attendait. Une nouvelle peut parfois exprimer un suspense qui ne peut jamais être satisfait. Le célèbre conte de Frank R. Stockton, « La Dame ou le Tigre ? », se termine par une question à laquelle ni le lecteur ni l'auteur ne sont en mesure de répondre ; et la nouvelle fascinante de Bayard Taylor, « Qui était-elle ? », ne révèle jamais le séduisant secret de l'identité de l'héroïne. Mais dans une longue histoire, un suspense non satisfait est souvent moins catégorique que l'absence de suspense du tout, car le lecteur se sent finalement trompé par l'auteur qui ne lui fait rien attendre. Il existe bien entendu des exceptions à cette affirmation. Dans « The Marble Faun », Hawthorne a sans doute raison de ne jamais révéler la forme des oreilles de Donatello, même si le lecteur attend continuellement la révélation ; mais, dans le même roman, il est difficile de voir ce qu'il y a à gagner, le cas échéant, à faire attendre en vain le lecteur la vérité sur le passé obscur de Miriam.

11. Accent mis sur le mouvement imitatif. — L'accent mis sur le récit peut également être atteint par le mouvement imitatif. Tout ce que l'on imagine s'être produit rapidement doit être raconté rapidement, en peu de mots et à un rythme rapide ; et tout ce qu'on imagine s'être produit lentement doit être raconté d'une manière plus tranquille, – parfois avec un plus grand nombre de mots que ne l'exige absolument le sens seul, – les mots étant en outre disposés selon un rythme de lenteur appréciable. . Dans « Markheim », le dealer est assassiné en une seule phrase soudaine : « Le long poignard en forme de brochette a brillé et est tombé. » Mais, plus tard dans l'histoire, il faut au héros un paragraphe entier, contenant pas moins de trois cents mots, pour gravir les vingt-quatre marches jusqu'au premier étage de la maison. Dans le passage suivant de « Le Masque de la Mort Rouge », remarquez dans quelle mesure l'effet est dû au mouvement imitatif dans le récit :—

« Mais à cause d'une certaine crainte sans nom que les suppositions folles de la momie avaient inspirée à tout le groupe, personne ne trouva personne qui avança la main pour s'emparer de lui ; de sorte que, sans entrave, il passa à un mètre de la personne du prince ; et tandis que la vaste assemblée, comme d'un seul élan, se retirait du centre des pièces jusqu'aux murs, il se frayait un chemin sans interruption, mais du même pas solennel et mesuré qui l'avait distingué dès le premier, à travers la chambre bleue. au violet, du violet au vert, du vert à l'orange, de nouveau au blanc, et même de là au violet, avant qu'un mouvement décidé ait été fait pour l'arrêter. C'est alors que le prince

Prospero, affolé de rage et de honte de sa propre lâcheté momentanée, se précipita à travers les six chambres, sans que personne ne le suive à cause d'une terreur mortelle qui s'était emparée de tous. Le spectre et le Prince traversent successivement la même série de salles ; mais il faut aux premiers cinquante et un mots pour parcourir la distance, alors qu'il n'en faut que six aux seconds.

Dans chaque histoire artistiquement façonnée, les méthodes de mise en valeur énumérées dans ce chapitre se révèlent être continuellement appliquées. Ses traits essentiels seront mis en évidence par la position (terminale ou initiale), par la pause, par la proportion (directe ou inverse), par l'itération ou le parallélisme, par l'antithèse, par le point culminant, par la surprise, par le suspense, par le mouvement imitatif ou par un combinaison de tout ou partie de ces éléments. La nécessité de mettre l'accent est toujours présente ; les moyens de mise en valeur sont simples ; et tout écrivain narratif qui connaît son art s'efforcera de toujours les employer au mieux.

QUESTIONS DE RÉVISION

1. Quelles raisons expliquent l'importance du principe d'emphase en art ?

2. Imaginez un événement fictif d'une complexité suffisante ; sélectionnez le détail qui vous semble le plus essentiel ; puis écrivez onze thèmes distincts, racontant ce même incident, et soulignant successivement ce détail, 1. Par position terminale ; 2. Par position initiale ; 3. Par Pause ; 4. Par proportion directe ; 5. Par proportion inverse ; 6. Par itération ; 7. Par antithèse ; 8. Par point culminant ; 9. Par surprise ; 10. Par suspense, et 11. Par mouvement imitatif.

LECTURE SUGGÉRÉE

VICTOR HUGO : « Notre Dame de Paris ».— C'est un des grands romans du monde ; et il illustre, à plusieurs moments, chaque dispositif technique d'accentuation qui a été exposé dans ce chapitre.

CHAPITRE IX

L'ÉPIQUE, LE DRAME ET LE ROMAN

Fiction un terme générique—Récit en vers et récit en prose—Trois ambiances de la fiction : I. L'ambiance épique—II. L'ambiance dramatique : 1. Influence de l'acteur ; 2. Influence du Théâtre ; 3. Influence du public—[Romans dramatisés]— III. L'ambiance romanesque.

Fiction un terme générique. — Tout au long du présent volume, le mot *fiction* a été utilisé avec une signification très large, pour inclure tout type de composition littéraire dont le but est d'incarner certaines vérités de la vie humaine dans une série de faits imaginaires. La raison en est que les mêmes méthodes artistiques générales, avec des modifications très légères et évidentes, sont applicables à toute sorte de récit qui met en scène des personnages imaginés dans une série d'actes imaginés. Presque tous les principes techniques qui ont été esquissés dans les six chapitres précédents s'appliquent non seulement au roman et à la nouvelle, mais également à l'épopée et au petit récit en vers, et aussi (bien qu'avec certaines limites évidentes) au drame. Les matériaux et les méthodes de la fiction peuvent être étudiés dans les œuvres d'Homère, de Shakespeare et même de Browning, ainsi que dans les œuvres de Balzac, Turgénieff et M. Kipling. La nature du récit est nécessairement la même, quel que soit son état d'esprit ou son support. Les méthodes de construction des intrigues, de délimitation des personnages, d'emploi des décors ne diffèrent pas sensiblement selon qu'un récit est écrit en vers ou en prose ; et dans les deux cas, le même choix de point de vue et la même variété d'accents sont possibles. Par conséquent, dans ce volume, aucune tentative n'a été faite jusqu'à présent pour distinguer un type de récit fictif d'un autre.

Récit en vers et récit en prose. — Une telle distinction, si elle est tentée, ne devrait être faite que sur les lignes les plus larges et les plus générales. Tout d'abord, il faut admettre que, dans une enquête qui s'intéresse uniquement aux méthodes de la fiction, aucune distinction technique n'est possible entre le récit écrit en vers et le récit écrit en prose. Les deux diffèrent par l'ambiance de leurs matériaux et le support par lequel ils s'expriment ; mais ils ne diffèrent pas nettement dans les méthodes de construction. En ce qui concerne l'intrigue, les personnages et le décor, Sir Walter Scott s'est mis à travailler dans les romans de Waverley, écrits en prose, tout comme il avait travaillé dans « Marmion » et « La Dame du Lac », qui sont des romans écrits en prose. écrit en vers. Dans ses vers, il disait les choses avec le meilleur art, dans sa prose, il avait plus de choses à dire ; mais dans chaque cas, son objectif principal était le même : et on ne peut rien tirer d'une affirmation critique selon laquelle « Ivanhoe » est une fiction et que « Marmion » ne l'est pas. Dans l'histoire de chaque nation, la fiction a été écrite d'abord en vers et seulement ensuite en prose. Ce que nous appelons vaguement roman s'est développé tardivement dans la littérature, à une époque où la prose avait supplanté le vers comme support naturel du récit. C'est pour cela, et c'est seulement pour cela, que nous en sommes venus à considérer le roman comme un type de littérature en prose. Car il n'y a aucune raison inhérente pour laquelle un roman ne peut pas être écrit en vers. Il y a un sens dans lequel « Aurora Leigh » de Mme Browning, « Lucile » d'Owen Meredith et « The Angel in the House » de Coventry Patmore, pour mentionner des œuvres de qualité et de calibre très différents , peuvent être considérés plus à juste titre comme des romans que comme des romans. poèmes. L'histoire de « Maud » a inspiré Tennyson à s'exprimer poétiquement, et il a raconté l'histoire dans une série de paroles exquises ; mais la même histoire aurait pu être utilisée par un autre auteur comme base d'un roman en prose. Le sujet de « Évangéline » a été suggéré à Longfellow par Hawthorne ; et si le grand poète en prose avait écrit lui-même l'histoire, elle ne différerait pas essentiellement, quant au matériel ou quant à la méthode structurelle, du récit tel que nous le connaissons par l'intermédiaire du romancier en vers. François Coppée a composé d'admirables nouvelles en vers comme en prose. « *La Grève des* Forgerons » , écrite en alexandrins rimés, ne diffère pas sensiblement dans sa méthode narrative de « Le Substitut » (« *Le Remplaçant* »), écrit en prose. Certes, le premier est un poème et le second ne l'est pas ; mais seul un critique très borné qualifierait cette dernière de nouvelle sans appliquer également le même terme à la première. Par conséquent, la question de savoir si un certain conte fictif doit être raconté en vers ou en prose n'a pas sa place dans une discussion générale sur les matériaux et les méthodes de la fiction. C'est simplement une question d'expression et doit être décidée dans chaque cas par l'attitude capricieuse de l'auteur à l'égard de son sujet.

Trois ambiances de fiction. — En éliminant donc, comme étant inutile, toute tentative de distinction critique entre la fiction écrite en vers et la fiction écrite en prose, nous pouvons néanmoins tirer un certain profit d'une distinction selon des lignes larges et générales entre les trois principaux modes de fiction. ,—l'épopée, le dramatique et ce que (faute de terme plus précis) nous pourrions appeler le romanesque. Certains matériaux de fiction sont intrinsèquement épiques, dramatiques ou romanesques, selon le cas. En outre, un auteur, selon son attitude mentale envers la vie et envers le sujet de ses fictions, peut présenter ses histoires dans une ambiance épique, dramatique ou romanesque. Pour comprendre cette distinction, il faut examiner la nature de l'épopée et du drame, puis étudier le roman en comparaison avec ces deux types de fiction les plus anciens.

I. L'ambiance épique. —Les grandes épopées du monde, que ce soit, comme dans le cas des sagas nordiques et peut-être des poèmes homériques, qu'elles aient été une agrégation progressive et involontaire de ballades traditionnelles, ou bien, comme dans le cas de « l' Énéide » et "Paradise Lost", ils ont été la production délibérée d'un seul artiste conscient, ont atteint leur signification principale du fait qu'ils ont résumé en eux-mêmes toute la contribution au progrès humain d'une certaine race, d'une certaine nation, d'un certain religion organisée. La gloire qu'était la Grèce est incarnée et chantée à jamais dans « l'Iliade », la grandeur qu'était Rome, dans « l' Énéide ». Tout ce que le Moyen Âge a donné au monde est rassemblé et exprimé dans la « Divine Comédie » de Dante : toute l'histoire médiévale, la science, la philosophie, l'érudition, la poésie, la religion peuvent être reconstruites à partir d'une bonne lecture et d'une compréhension complète de ce seul poème monumental. . Si vous voulez connaître le Portugal dans sa grande époque de découverte, de conquête et d'expansion nationale, lisez les « Lusiades » de Camoëns . Si vous connaissez le christianisme militant contre les légions assiégées des Sarrasins, lisez la « Jérusalem libérée » du Tasse. Si vous voulez savoir ce que la religion puritaine signifiait autrefois pour les plus grands esprits d'Angleterre, lisez le « Paradis perdu » de Milton.

Les grandes épopées n'ont atteint cette signification historique et de reprise qu'en présentant comme sujet une lutte vaste et communautaire, dans laquelle une race entière, une nation entière, une religion organisée entière a été impliquée, une lutte imaginée comme si vaste qu'elle elle a ébranlé le ciel aussi bien que la terre et appelé au conflit non seulement les hommes mais aussi les dieux. L'épopée a toujours traité d'une lutte, à la fois humaine et divine, pour établir une grande cause communautaire. Cette cause, dans l' Énéide , est la fondation de Rome ; dans la « Jérusalem Libérée », c'est la récupération du Saint- Sépulcre ; dans la « Faerie Queene », c'est le triomphe des vertus sur les vices ; dans les Lusiades , c'est la découverte et la conquête des Indes ; dans la « Divine Comédie », c'est le salut de l'âme humaine. Quelles que soient les nations, les races, les dieux qui s'opposent à la fondation de Rome ou à la libération de Jérusalem, ils doivent être vaincus, car dans les deux cas, la cause épique est juste et prédestinée à prévaloir.

En conséquence, les personnages des grandes épopées sont mémorables principalement en raison du rôle qu'ils jouent dans l'avancement ou le retardement de la victoire de la vaste cause sociale qui est le sujet de l'histoire. Leurs vertus et leurs défauts sont communs et représentatifs : ils ne sont pas jugés en tant qu'individus, en dehors du conflit dans lequel ils figurent : et, par conséquent, ils sont rarement intéressants par leurs traits individuels. C'est en rendant compte des phases les plus intimes et personnelles du caractère humain que la littérature épique se montre, par rapport au roman moderne, inefficace. L'auteur épique manifeste peu de sympathie pour tout individu qui lutte contre la cause à établir. Les flirts d'Énée avec Didon et son abandon ultérieur n'intéressent guère Virgile en raison de sa personnalité individuelle : ce qui l'intéresse principalement, c'est que tant qu'Énée s'attarde avec la reine carthaginoise, la fondation de Rome est retardée, et que lorsqu'à La dernière fois qu'Énée la quitte, il le fait pour faire avancer la cause épique. Virgile considère donc la désertion de Didon comme un acte de vertu héroïque de la part de l'homme qui s'embarque pour fonder une nation. Mais un romancier moderne (et c'est là le point principal à considérer à cet égard) aurait une conception plus personnelle de l'ensemble. Il serait bien moins intéressé en ce moment par la fondation définitive de Rome que par la misère de la femme abandonnée ; et au lieu de considérer Énée comme un modèle de vertu héroïque , il le jugerait personnellement bas. On voit par là que l'attitude romanesque envers le personnage est bien plus intime que l'attitude épique. La colère d'Achille est significative pour Homère, non pas tant parce qu'elle est une manifestation de la personnalité individuelle que parce qu'elle est un facteur de mise en péril de la victoire des Grecs. Considérés comme des types de personnages individuels, la plupart des héros d'Homère sont de simples garçons. C'est la cause pour laquelle ils se battent qui leur donne leur dignité : la Grèce en guerre doit reprendre possession de la beauté qu'une race inférieure lui a volée . Même Hélène elle-même n'est qu'une idée pour laquelle il faut se battre ; elle n'est pas, en tant que femme, intéressante humainement. Ce n'est que dans des passages peu fréquents, comme la scène de séparation entre Andromaque et Hector, que les épopées anciennes révèlent l'attitude intime envers les personnages à laquelle nous nous sommes habitués dans le roman moderne.

Parce que les auteurs épiques se sont toujours intéressés aux conflits communautaires plutôt qu'à la personnalité individuelle, ils ont rarement fait usage de l'élément de l'amour, la plus intime et la plus personnelle de toutes les émotions. Il n'y a pas d'amour chez Homère, et presque pas d'amour chez Virgile et chez Milton. Le Tasse, bien sûr, utilise un motif amoureux comme base pour chacun des trois principaux volets de son histoire ; mais de ce fait, son épopée, bien que gagnant en modernité et en charme, perd quelque chose de l'immensité communautaire – de la dignité impersonnelle – de « l'Iliade » et de « l' Énéide ». D'un autre côté, les auteurs romanciers, parce qu'ils se sont principalement intéressés à la révélation des phases intimes de la personnalité individuelle, ont choisi l'élément amoureux comme motif principal de leurs récits. Et c'est là l'une des principales différences, du côté du contenu, entre fiction épique et romanesque.

Certaines grandes œuvres de fiction se situent à la frontière entre l'épopée et le roman. « Don Quichotte » est par exemple une de ces œuvres. C'est une épopée dans la mesure où elle résume et exprime toute la contribution de l'Espagne au progrès de l'humanité. Il est représentatif de la nation qui l'a produit : toutes les phases de la vie et du caractère espagnols, de leurs idéaux et de leur tempérament, y sont incarnées. Mais, d'un autre côté, il est romanesque dans l'accent qu'il met sur la personnalité individuelle, dans l'intimité avec laquelle il concentre l'intérêt non pas tant sur une nation que sur un homme.

L'épopée, au sens ancien, est morte aujourd'hui. La facilité de l'intercommunication entre les nations a fait de nous tous des citoyens du monde ; et un sens accru de la relativité des idéaux nationaux et religieux nous a rendus catholiques envers d'autres systèmes que le nôtre. Par conséquent , nous avons perdu la croyance en un conflit communautaire si absolument juste et nécessaire qu'il appelle au combat des puissances non seulement humaines mais divines. De plus, depuis la Révolution française, nous avons appris à placer l'un au-dessus de la multitude et à croire que, bien sûr, la société existe pour le bien de l'individu plutôt que pour le bien de la société. Le roman, qui traite de la personnalité individuelle en soi et pour elle-même, est donc plus en phase avec la vie moderne que l'épopée, qui présente l'individu principalement en relation avec une cause commune qu'il s'efforce de faire avancer ou de retarder.

La note épique survit cependant dans certains romans modernes marquants. « La Case de l'oncle Tom », par exemple, est moins important en tant que roman que comme épopée de la grande cause de l'abolition. À la base de nombreuses œuvres d'Erckmann-Chatrian se cache un objectif épique visant à faire avancer la cause de la paix universelle en décrivant les horreurs de la guerre. Balzac avait à l'esprit la phase de reprise de la composition épique lorsqu'il planifia sa « Comédie humaine » (en choisissant son titre en imitation évidente de celui du poème de Dante) et commença à résumer toutes les phases de la vie humaine dans une seule série monumentale de récits. . De même, le regretté Frank Norris avait une idée épique en tête lorsqu'il planifiait une trilogie de romans (qu'il mourut malheureusement avant de terminer) pour montrer ce que la grande industrie du blé signifie pour le monde moderne.

Au sens large et social, l'épopée est indéniablement un type de fiction plus grand que le roman, car elle reprend davantage la vie au sens large et envisage l'humanité avec une vision plus vaste ; mais au sens profond et personnel, le roman est le plus grand, parce qu'il est plus capable d'une étude intime de l'émotion individuelle. Et il est possible, comme nous l'avons vu, que la fiction moderne soit à la fois épique et romanesque dans son contenu et dans son ambiance, épique dans la reprise de tous les aspects d'une certaine phase de la vie et dans la présentation d'une lutte sociale, et romanesque dans le casting. l'accent est mis sur les détails personnels du caractère et sur la représentation d'émotions intimes. Aucun autre auteur n'a probablement mieux réussi qu'Émile Zola à combiner les ambiances épique et romanesque de la fiction ; et les romans de la série des Rougon-Macquart ont une signification à la fois communautaire et personnelle.

II. L' ambiance dramatique. — Il est un peu plus simple de faire une distinction tant dans le contenu que dans la méthode entre la fiction romanesque et la fiction dramatique, car cette dernière est produite dans des conditions particulières qui imposent des limites définies à l'auteur. Un drame est, par essence, une histoire conçue pour être présentée par des acteurs sur scène devant un public. Le dramaturge travaille donc toujours sous l'influence de trois influences auxquelles le romancier n'est pas soumis : à savoir le tempérament des acteurs par lesquels ses pièces doivent être jouées, les conditions physiques du théâtre dans lequel elles doivent être jouées. être produits et la nature psychologique du public devant lequel ils doivent être présentés. La force combinée de ces trois influences extérieures sur le dramaturge explique toutes les différences essentielles entre le drame et le roman.

1. Influence de l' acteur. — Tout d'abord, en raison de l'influence de ses acteurs, le dramaturge est obligé de dessiner le personnage par l'action et d'éliminer de son œuvre presque tout autre moyen de caractérisation. Il doit donc choisir dans la vie des moments actifs plutôt que passifs. Ses personnages doivent constamment faire quelque chose ; ils ne peuvent pas s'arrêter pour une contemplation attentive. Par conséquent, le romancier a un éventail de sujets plus large que le dramaturge, parce qu'il est capable d'envisager la vie avec plus de calme et de s'occuper, le cas échéant, de pensées et de sentiments qui ne se traduisent pas en action. En décrivant des événements objectifs dans lesquels l'élément d'action est primordial, le drame est plus immédiat et plus vivant ; mais le roman peut décrire des événements subjectifs qui dépassent largement la présentation des acteurs de théâtre. De plus, n'étant pas obligé de penser aux acteurs, le romancier a une plus grande liberté dans la création des personnages que le dramaturge. Les grands personnages du drame ont été imaginés par des dramaturges qui ont déjà acquis la maîtrise du théâtre de leur lieu et de leur époque, et qui ont donc façonné leurs rôles pour les adapter aux acteurs individuels qu'ils ont trouvés prêts à les jouer. Ils ont ainsi doté leurs personnages des caractéristiques physiques, et même dans une certaine mesure, mentales, de certains acteurs réels. Le Cyrano de Bergerac de M. Rostand n'est pas seulement Cyrano, mais aussi Constant Coquelin ; La Tosca de Sardou n'est pas seulement La Tosca, mais aussi Mme. Sarah Bernhardt ; La Célimène de Molière n'est pas seulement Célimène , mais aussi Mlle. Molière ; Hamlet de Shakespeare n'est pas pas seulement Hamlet, mais aussi Richard Burbage. En travaillant ainsi avec un seul œil sur le réel, le dramaturge risque fort de tomber dans le mensonge. Dans la dernière scène de « Hamlet », la reine dit du prince : « Il est gros et à bout de souffle. » Cette phrase était bien entendu occasionnée par le fait que Richard Burbage était corpulent pendant la saison de 1602. Mais la vérité éternelle est que le prince Hamlet est un homme mince ; et Shakespeare a été contraint ici de nier la vérité afin de justifier le fait. D'un autre côté, le dramaturge est sans aucun doute aidé dans son grand objectif de créer des personnages en gardant à l'esprit certaines personnes réelles qui ont été choisies pour les représenter ; et ce que le romancier gagne en étendue et en liberté de caractérisation, il risque de le perdre en caractère concret de délimitation.

2. Influence du Théâtre. — Deuxièmement, la forme et la structure du drame, à toute époque, sont imposées au dramaturge par la taille, la forme et les caractéristiques physiques du théâtre pour lequel il écrit. Les pièces de théâtre doivent être construites d'une manière pour s'adapter au théâtre de Dionysos, d'une autre manière pour s'adapter au Globe sur le Bankside, d'une autre manière encore pour s'adapter à la scène moderne éclairée par l'électricité derrière un avant-scène encadré. Le dramaturge, dans la construction de son récit, est entravé par une multitude de restrictions physiques, dont il doit faire une étude particulière afin de les forcer à contribuer à la présentation de sa vérité au lieu de lui nuire. Là encore, le romancier travaille avec plus de liberté. Son travail est rarement soumis à des restrictions purement physiques venant de l'extérieur. Parfois, certes, certaines conditions arbitraires du métier d'éditeur ont exercé une influence sur la structure du roman. En Angleterre, au début du XIXe siècle, il était plus facile de vendre un roman en trois volumes qu'un conte de moindre envergure ; et de nombreuses histoires de l'époque ont dû être reconstituées au-delà de leur longueur naturelle et véridique afin de répondre aux demandes du public et des éditeurs. Mais un tel cas, dans l'histoire du roman, est exceptionnel. En général, le romancier peut construire comme bon lui semble. Il peut raconter une histoire, longue ou courte, se déroulant dans peu d'endroits ou dans de nombreux endroits ; et n'est pas, comme le dramaturge moderne, limité à quatre ou cinq décors différents et, dans le temps, aux deux heures de trafic de la scène. Le roman est donc bien plus utile que le drame en tant que moyen de montrer la croissance progressive du caractère, le développement de la personnalité sous des influences s'étendant sur de longues périodes de temps et exercées dans de nombreux endroits différents.

3. Influence du public. — Troisièmement, le contenu même du drame est déterminé par le fait qu'une pièce doit être conçue pour intéresser une multitude plutôt qu'un individu. Le romancier écrit pour un lecteur assis seul dans sa bibliothèque : que dix de ces lecteurs ou cent mille lisent finalement un livre, l'auteur s'adresse à chacun d'eux indépendamment de tous les autres. Mais le dramaturge doit planifier son récit pour intéresser simultanément une multitude d'observateurs hétérogènes. Le drame doit donc être plus riche en attrait populaire ; mais le roman peut être plus subtil en faisant appel à l'un plutôt qu'au grand nombre. Puisque le romancier s'adresse à un seul individu, ou à une succession illimitée d'individus, il peut choisir le genre de lecteur pour lequel il va écrire ; mais le dramaturge doit plaire au plus grand nombre et est donc à la merci de la multitude. Il écrit moins librement que le romancier, puisqu'il ne peut choisir ses auditeurs. Ses thèmes, ses pensées et ses émotions sont limités par les limites de l'appréciation populaire.

Cette condition importante est puissante pour déterminer le contenu approprié de la fiction dramatique. Car il a été constaté dans la pratique que la chose la plus susceptible d'intéresser une foule est la lutte entre les personnages. S'exprimant empiriquement, feu Ferdinand Brunetière , dans sa préface aux *Annales du Théâtre et de la Musique* de 1893, affirmait que le drame a toujours eu affaire à une lutte entre des volontés humaines ; et sa déclaration, formulée dans le slogan « Pas de lutte, pas de drame », est depuis devenue un lieu commun de la critique dramatique. La raison en est simplement que les personnages intéressent la foule principalement dans les crises émotionnelles qui les amènent au combat. Un seul individu, comme le lecteur d'un roman, peut s'intéresser intellectuellement à ces douces influences sous lesquelles un personnage se dévoile aussi doucement qu'une rose qui s'ouvre ; mais à la multitude rassemblée, un personnage n'attire que dans les moments de discorde. C'est pourquoi le drame, pour intéresser le public, doit présenter ses personnages dans une lutte de volontés, qu'elle soit simplement désinvolte, comme dans le cas de Benedick et Béatrice, ou douce, comme dans celui de Viola et Orsino, ou terrible. , avec Macbeth, ou pitoyable, avec Lear. Le drame s'apparente donc à l'épopée, en ce sens qu'il doit représenter une lutte ; mais il s'apparente davantage au roman, dans la mesure où il traite du caractère humain dans ses aspects individuels plutôt que communautaires. Mais en termes de représentation des personnages, le drame est plus restreint que le roman ; car bien que le romancier soit libre de montrer une lutte de volontés humaines individuelles chaque fois qu'il le souhaite, il ne lui est pas interdit, comme le dramaturge, de représenter autre chose. En couvrant cette province particulière, le drame est indéniablement plus vivant et emphatique ; mais de nombreuses phases capitales de l'expérience humaine ne sont pas controversées mais contemplatives ; et le roman peut les révéler sereinement, sans recourir au bruit et à la fureur du drame.

Puisque l'esprit de la multitude est plus émotif qu'intellectuel, le dramaturge, dans ses moments les plus efficaces, est obligé de présenter l'action avec l'émotion pour motif. Mais le romancier, lorsqu'il motive l'action, peut se montrer plus attentionné et plus intellectuel, puisque son appel s'adresse à l'esprit individuel. Dans ses processus psychologiques, la foule est plus banale et plus traditionnelle que l'individu. Le drame est donc moins utile que le roman en tant que véhicule pour transmettre des idées inhabituelles et avancées sur la vie. La foule n'a aucune spéculation dans ses yeux : elle est impatiente de la pensée originale et de toute émotion autre que héritée : elle manifeste peu de faveur pour l'original, le questionnement, le nouveau. Donc, si un auteur a des idées sur la religion, ou sur la politique, ou sur les lois sociales, qui sont en avance sur son temps, il fera mieux de les incarner dans un roman que dans un drame ; parce que la première fait appel à l'esprit individuel, qui a plus de patience pour la considération intellectuelle.

En outre, le romancier n'a pas besoin, comme le dramaturge, de répondre à la nécessité immédiate d'attirer le public. L'auteur dramatique, puisqu'il projette son histoire pour une multitude hétérogène de personnes, doit incorporer dans une même œuvre d'art unique des éléments qui intéresseront toutes les classes de l'humanité. Mais l'auteur romanesque, puisqu'il est libre de choisir à sa guise ses auditeurs, peut, s'il le veut , n'écrire que pour les esprits les plus développés. C'est un élément de la grandeur de Shakespeare que ses pièces les plus marquantes, comme « Hamlet » et « Othello », intéressent les personnes qui ne savent ni lire ni écrire, ainsi que les personnes aux sensibilités instruites. Mais c'est une preuve de la grandeur de Meredith que ses romans soient du caviar pour le général. Le « Ils » de M. Kipling est la plus grande histoire parce qu'il se défend d'être compris par ceux pour qui il n'est pas vraiment destiné. En présentant les phases les plus subtiles et les plus délicates de l'expérience humaine, le roman transcende de loin le drame. Le drame, dans sa profondeur la plus profonde, est plus poignant ; mais le roman, à son apogée, est plus exquis.

Romans dramatisés . — Le matériau propre du drame est, comme nous l'avons vu, une lutte entre des volontés humaines individuelles, motivées par l'émotion plutôt que par l'intellect, et exprimées en termes d'action objective. En représentant un tel matériau, le drame est suprême. Mais le roman a une portée plus large ; car en plus de montrer (bien que de manière moins catégorique) cet aspect particulier de la vie humaine, il peut incarner de nombreuses autres phases, à peine moins importantes, de l'expérience individuelle. Récemment, un effort a été fait pour briser la barrière entre le roman et le drame : de nombreuses histoires, qui ont d'abord été racontées dans un esprit romanesque, ont ensuite été reconstituées et racontées pour être présentées au théâtre. Cette tentative a parfois réussi, mais a le plus souvent échoué. Pourtant, il devrait être très facile de distinguer un roman qui peut être dramatisé d'un roman qui ne l'est pas. Certaines scènes de la littérature romanesque, comme le duel dans « Le Maître de Ballantrae », sont essentiellement dramatiques tant par leur contenu que par leur ambiance. De telles scènes peuvent être adaptées avec très peu de travail aux usages du théâtre. Certains romans, comme « Jane Eyre », qui exposent une lutte emphatique entre les volontés humaines individuelles, sont intrinsèquement capables d'une représentation théâtrale. Mais tout roman dans lequel la principale source d'intérêt n'est pas le choc des personnages, dans lequel l'élément d'action est subordonné, ou dans lequel l'appel principal est adressé à l'esprit individuel (et non à l'esprit collectif), n'est pas capable de d'être dramatisé avec succès.

III. L' ambiance romanesque. — Il est impossible de déterminer si, à l'heure actuelle, le roman ou le drame est le moyen le plus efficace d'incarner les vérités de la vie humaine dans une série de faits imaginaires. La fiction dramatique a la plus grande profondeur et la fiction romanesque a la plus grande ampleur. Ce dernier est plus étendu, le premier plus intensif dans son art. Mais cela peut être décidé définitivement. Le roman, à son apogée, peut nécessiter une plus grande sagesse de la part de l'auteur ; mais le drame est techniquement plus difficile, puisque le dramaturge, en plus de maîtriser toutes les méthodes générales de fiction qu'il emploie nécessairement en commun avec le romancier, doit travailler conformément à un ensemble spécial de conditions auxquelles le romancier n'est pas soumis. George Meredith est peut-être un plus grand auteur que Sir Arthur Wing Pinero ; mais Pinero est nécessairement plus rigide dans sa maîtrise de la structure.

QUESTIONS DE RÉVISION

1. Définissez les trois ambiances de la fiction : épique, dramatique et romanesque.

2. Quels sont les avantages et les inconvénients de l'ambiance épique ?

3. Expliquez les trois influences sous lesquelles le dramaturge doit toujours faire son travail : celle de l'acteur, celle du théâtre et celle du public.

4. Quel genre de roman peut-on dramatiser avec succès ?

LECTURE SUGGÉRÉE

Étudiez, de manière comparative, le personnage d' Énée dans l'épopée de Virgile, le personnage de Macbeth dans le drame de Shakespeare et le personnage de Sentimental Tommy dans les romans de Sir James Barrie.

Les étudiants qui désirent poursuivre une étude particulière des matériaux et des méthodes du théâtre trouveront une discussion complète de ces sujets dans trois livres de Clayton Hamilton, intitulés « The Theory of the Theatre », « Studies in Stagecraft » et « Problems of the Theatre ». le dramaturge.

CHAPITRE X

LE ROMAN, LA NOVELETTE ET LA NOUVELLE

Roman, roman et nouvelle —Le roman et la nouvelle—La nouvelle, un type distinct—Le dicton de Poe—La formule de Brander Matthews—Définition de la nouvelle—Explication de ceci Définition : 1. « Effet narratif unique » ; 2. « La plus grande économie de moyens » ; et 3. « L'accent maximum » — Des nouvelles qui ne sont pas des nouvelles —Des nouvelles qui ne sont pas brèves—Les annotations de Bliss Perry—Le romancier et l'auteur de nouvelles—La nouvelle plus artistique Que le roman – La nouvelle presque nécessairement romantique.

Roman, nouvelle et nouvelle . — En détournant notre attention de l'épopée et du drame, et en la limitant au type général de fiction qui, dans le dernier chapitre, était vaguement appelé romanesque, nous trouverons possible de distinguer assez nettement, sur la base à la fois du matériel et de la méthode, entre trois formes différentes : le roman, la nouvelle et la nouvelle. Les Français, plus précis que nous dans l'usage des termes dénotatifs, ont l'habitude de diviser leur fiction romanesque en ce qu'ils appellent le *roman* , la *nouvelle* et le *conte* . "Roman" et "novelette" sont des termes tout aussi utiles que *roman* et *nouvelle* ; en effet, comme « romanette » est le diminutif de « roman », ils expriment encore plus clairement que leurs équivalents français le rapport entre les deux formes qu'ils désignent. Mais il est grandement regrettable que nous n'ayons pas en anglais un mot distinctif qui équivaut à *conte* . Edgar Allan Poe a utilisé le mot « conte » avec un sens similaire ; mais ce terme est si indéfini et vague qu'il a été écarté par les critiques ultérieurs . Il est d'usage aujourd'hui d'utiliser le mot « nouvelle », que le professeur Brander Matthews a suggéré d'orthographier avec un trait d'union pour indiquer qu'il a une signification particulière et technique.

Les Français appliquent le terme *roman* à de vastes œuvres comme « Notre Dame de Paris » et « Eugénie Grandet » ; et ils appliquent le terme *nouvelle* à des œuvres de portée plus brève mais de méthode similaire, comme la « Colomba » et la « Carmen » de Prosper Mérimée . En anglais, nous pouvons classer comme romans des œuvres comme « Kenilworth », « The Newcomes », « The Last of the Mohicans », « The Rise of Silas Lapham » ; et nous pouvons classer comme romans des œuvres comme « Daisy Miller », « Le Trésor de Franchard », « La Lumière qui a échoué ». La différence est simplement que la nouvelle (ou *nouvelle*) est une œuvre de moindre étendue et couvre une toile plus petite que le roman (ou *roman*). La distinction est quantitative mais non qualitative. La nouvelle traite de moins de personnages et d'incidents que le roman ; elle se limite généralement à une économie de temps et de lieu plus stricte ; il présente une vision moins étendue de la vie, avec (le plus souvent) un art plus intensif. Mais ces différences ne sont pas suffisamment précises pour justifier qu'il soit considéré comme une espèce distincte du roman. Hormis les restrictions imposées par la brièveté du propos, l'écrivain de romans emploie les mêmes méthodes que l'écrivain de romans ; et, en outre, il présente des éléments similaires.

Le roman et la nouvelle. — De plus en plus ces dernières années, le roman a tendance à se raccourcir en romanette. Un sens plus strict de l'art a conduit à l'exclusion des passages digressifs et discursifs ; et la hâte et la préoccupation des lecteurs contemporains ont milité contre l'habitude insouciante et décousue des auteurs d'une époque antérieure. La leçon de l'excision et de la condensation a été enseignée par des écrivains aux tons aussi différents que Mérimée , Turgénieff et Stevenson. « Le roman en trois volumes est éteint », comme l'a déclaré M. Kipling dans la devise préfixée au poème intitulé « Le Trois-Decker », dans lequel, avec un mélange de satire et de sentiment, il en chantait le requiem. C'était presque toujours, en matière de structure, une forme négligée ; et il n'y a donc guère de raisons de regretter que le roman semble destiné à le supplanter. Car la nouvelle atteint le même objectif que le roman, avec nécessairement une plus grande importance artistique et une charge considérablement moindre sur le temps et l'attention du lecteur.

La nouvelle, un type distinct. — Mais le *conte* , ou nouvelle, diffère du roman et de la nouvelle non seulement quantitativement, mais aussi qualitativement, non seulement par la longueur, mais aussi par la nature. Dans des *contes* comme « Le Collier » de Maupassant et « La Dernière Classe » de Daudet, dans des nouvelles comme « Ligeia », « L'hôte ambitieux », « Markheim » et « Sans le bénéfice du clergé », le but La qualité de l'auteur est bien distincte de celle de l'écrivain de romans et de romans. Par leur matériau et leur méthode, ainsi que par leur étendue, ces histoires représentent un type sensiblement différent.

La nouvelle, ainsi que le roman et la nouvelle, ont toujours existé. La parabole du « Fils prodigue », au quinzième chapitre de l'Évangile selon Luc, est tout aussi sûrement une nouvelle par sa matière et sa méthode que les livres de « Ruth » et « Esther » sont des romans par la forme. Mais la conscience critique de la nouvelle en tant qu'espèce de fiction distincte par son objectif et sa méthode du roman ne date que du XIXe siècle. C'est Edgar Allan Poe qui fut le premier à désigner et à réaliser la nouvelle comme une forme distincte d'art littéraire. Dans l'introduction savante et approfondie de son recueil « American Short Stories » [3], le professeur Charles Sears Baldwin souligne que Poe, plus que n'importe lequel de ses prédécesseurs dans l'art de la fiction, considérait le récit comme une structure. C'est lui qui, le premier, a rejeté du conte tout ce qui était étranger au récit, du point de vue de la forme narrative, et a rendu le déroulement du récit plus direct. Les caractéristiques essentielles de sa structure étaient (pour reprendre les mots du professeur Baldwin) l'harmonisation, la simplification et la gradation. Il a dépouillé ses histoires de la moindre incongruité. Ce qu'il enseignait par son exemple était la réduction à un cours directement prédéterminé ; et il fit comprendre aux écrivains qui lui succédèrent la nécessité de rechercher l'unité d'impression par une stricte unité de forme.

Le dicton de Poe. — Poe était à la fois un critique et un conteur ; et ce qu'il a inculqué par l'exemple, il l'a également énoncé par précepte. Dans sa désormais célèbre critique des « Contes » de Hawthorne, publiée initialement dans le *Graham's Magazine* de mai 1842, il expose ainsi sa théorie sur l' espèce :

« Le roman ordinaire est répréhensible, par sa longueur, pour des raisons déjà exposées en substance. Comme il ne peut être lu d'un seul coup, il se prive, bien entendu, de l'immense force que l'on peut tirer de la *totalité* . Les intérêts mondains intervenant pendant les pauses de la lecture modifient, annulent ou contrecarrent plus ou moins les impressions du livre. Mais un simple arrêt de la lecture suffirait à lui seul à détruire la véritable unité. Dans le récit bref, cependant, l'auteur est en mesure de réaliser la plénitude de son intention, quelle qu'elle soit. Pendant l'heure de lecture, l'âme du lecteur est sous le contrôle de l'écrivain. Il n'y a pas d'influences externes ou extrinsèques résultant de la lassitude ou d'une interruption.

« Un habile artiste littéraire a construit un conte. S'il est sage, il n'a pas façonné ses pensées pour s'adapter à ses incidents ; mais après avoir conçu, avec un soin délibéré, un certain *effet unique ou unique* à produire, il invente alors de tels incidents – il combine ensuite tels événements qui peuvent le mieux l'aider à établir cet effet préconçu. Si sa toute première phrase ne tend pas à provoquer cet effet, alors il a échoué dès son premier pas. Dans toute la composition, il ne doit y avoir aucun mot écrit dont la tendance, directe ou indirecte, ne soit pas vers l'unique dessin préétabli . Et par de tels moyens, avec tant de soin et d'habileté, un tableau est enfin peint qui laisse dans l'esprit de celui qui le contemple avec un art apparenté un sentiment de la plus complète satisfaction. L'idée du conte a été présentée sans tache, parce que intacte ; et c'est une fin inaccessible au roman. Une brièveté excessive est tout aussi inacceptable ici que dans le poème ; mais une longueur excessive est encore à éviter.

La formule de Brander Matthews. — Dès le début, la popularité des nouvelles de Poe était internationale ; et son exemple concret dans sa recherche d'une impression totale a exercé une influence immédiate non seulement en Amérique mais plus encore en France. Mais sa théorie abstraite, qui (pour des raisons évidentes) n'a pas été aussi largement connue, n'a été reçue dans le corps général de la pensée critique que bien plus tard au cours du siècle. C'est ce qui resta au professeur Brander Matthews, dans son essai bien connu sur « La philosophie de la nouvelle », imprimé à l'origine dans le *Lippincott's Magazine* d'octobre 1885, [4] énoncer explicitement ce qui était implicite dans le passage de la critique de Poe déjà cité, et donner une actualité générale à la théorie selon laquelle la nouvelle diffère du roman essentiellement, — et pas seulement en termes de longueur. Dans la deuxième section de son essai, le professeur Matthews a déclaré :—

« Une vraie nouvelle est autre chose et quelque chose de plus qu'une simple histoire courte. Une nouvelle vraie diffère du roman principalement par son unité essentielle d'impression. Dans un usage beaucoup plus exact et précis du mot, une nouvelle a une unité ce qu'un roman ne peut pas avoir. Souvent, notons-le en passant, la nouvelle remplit les trois fausses unités du drame classique français : elle montre une action, en un seul lieu, un jour. Une nouvelle traite d'un seul personnage, d'un seul événement, d'une seule émotion ou de la série d'émotions suscitées par une seule situation. Le paradoxe de Poe selon lequel un poème ne peut pas dépasser une centaine de vers sous peine de cesser d'être un poème et de se diviser en une suite de poèmes, peut servir à suggérer la différence précise entre la nouvelle et le roman. La nouvelle est un effet unique, complet et autonome, tandis que le roman est nécessairement divisé en une série d'épisodes. Ainsi , la nouvelle a, ce que le roman ne peut pas avoir, l'effet de « totalité », comme l'appelait Poe, l'unité de l'impression.

« En vérité, la nouvelle n'est pas seulement un chapitre d'un roman, ni un incident ou un épisode extrait d'un récit plus long, mais au mieux, elle impressionne le lecteur en lui faisant croire qu'elle serait gâchée si elle était agrandis, ou s'ils étaient incorporés dans une œuvre plus élaborée.

« En fait, on peut dire que personne n'a jamais réussi comme écrivain de nouvelles s'il n'avait pas d'ingéniosité, d'originalité et de compression ; et que la plupart de ceux qui ont réussi dans cette voie avaient aussi une touche de fantaisie.

Définition de la nouvelle . — Sur la base de ces théories, l'auteur s'est efforcé il y a quelques années de formuler en une seule phrase une définition de la nouvelle. Ainsi : *Le but d'une nouvelle est de produire un effet narratif unique avec la plus grande économie de moyens et la plus grande emphase.* [5]

Explication de cette définition : 1. « Effet narratif unique ». — En raison de sa concision, cette phrase nécessite une petite explication. Un effet narratif implique nécessairement les trois éléments que sont l'action, les personnages et le décor. En visant à produire un effet narratif, la nouvelle se distingue donc du sketch, qui peut s'intéresser à un seul de ces éléments, sans impliquer les deux autres. Le sketch traite le plus souvent d'un personnage ou d'un décor dépourvu de l'élément d'action ; mais dans la nouvelle, quelque chose doit se produire. À cet égard, la nouvelle se rapproche plus du roman que du sketch. Mais même si, dans le roman, deux ou trois éléments du récit peuvent être si intimement liés les uns aux autres qu'aucun d'entre eux ne se distingue clairement des autres, il est presque toujours d'usage dans la nouvelle de mettre l'accent sur une prépondérance marquée. sur l'un des éléments, à la subversion des deux autres. Les nouvelles peuvent donc être divisées en trois classes, selon que l'effet qu'elles visent à produire est avant tout un effet d'action, ou de caractère, ou de décor. « Le Masque de la Mort Rouge » produit un effet de décor, « Le Cœur révélateur » un effet de caractère et « Le Tonneau d'Amontillado » un effet d'action. Par souci d'économie, il incombe à l'auteur de suggérer dès le départ lequel des trois types d'effet narratif l'histoire est censée produire. La manière dont Poe a accompli cela dans les trois histoires que nous venons de mentionner peut être vue immédiatement à l'examen du premier paragraphe de chacune. Après avoir choisi son effet, l'auteur d'une nouvelle doit se limiter à produire celui-là, et cela seulement. Il doit s'arrêter au moment même où son dessein préétabli a été atteint ; et jamais, au cours de la progression de sa composition, il ne devrait s'en détourner au nom d'un moindre effet qui n'est pas absolument inhérent à son seul objectif narratif. Stevenson a insisté sur ce point d'attention dans un passage d'une lettre personnelle adressée à Sir Sidney Colvin :

« Y mettre un autre terme ? Ah oui, mais ce n'est pas comme ça que j'écris ; toute l'histoire est implicite ; Je n'utilise jamais un effet quand je peux l'aider, à moins qu'il ne prépare les effets qui doivent suivre ; voilà en quoi consiste une histoire. Faire une autre fin, c'est faire en sorte que le début soit complètement faux. Le *dénouement* d'une longue histoire n'est rien, c'est juste une « conclusion complète », que vous pouvez aborder et accomplir à votre guise – c'est une coda, pas un membre essentiel du rythme ; mais le corps et la fin d'une nouvelle sont l'os des os et le sang du sang du début.

2. « La plus grande économie de moyens » ; et 3. « Une plus grande importance ». — L'expression « effet narratif unique », avec toutes ses implications, devrait désormais être claire. L'expression « avec la plus grande économie de moyens » implique que l'auteur d'une nouvelle doit raconter son histoire avec le moins de personnages et d'incidents nécessaires, et doit la projeter dans la gamme de lieu et de temps la plus étroite possible. S'il peut s'entendre avec deux personnages, il ne devrait pas en utiliser trois. Si un seul événement suffit à son effet, il doit s'en tenir à cela. Si son histoire peut se dérouler en un seul endroit à la fois, il ne doit pas la disperser en plusieurs temps et en plusieurs lieux. Mais en recherchant toujours la plus grande concision possible, il ne doit pas négliger la nécessité tout aussi importante de produire son effet « avec la plus grande insistance ». S'il peut gagner sensiblement en importance en violant l'économie la plus stricte possible, il devrait le faire ; car, comme l'a déclaré Poe, une brièveté excessive est inacceptable, tout comme une longueur excessive. Ainsi, la parabole du « Fils prodigue », qui pourrait être racontée avec seulement deux personnages – le père et l'enfant prodigue – prend suffisamment d'importance par l'introduction d'un troisième – le bon fils – pour justifier cette violation de l'économie . . Le plus grand problème structurel de l'écrivain de nouvelles est de trouver le juste équilibre entre l'effort d'économie de moyens – qui tend à la concision – et l'effort d'emphase maximale – qui tend à l'amplitude du traitement.

Des récits brefs qui ne sont pas des nouvelles . — Il ne fait aucun doute que la nouvelle, ainsi définie de manière rigide, existe comme une forme distincte de fiction, —une espèce littéraire définie obéissant à des lois qui lui sont propres. De temps à autre, avant le XIXe siècle, cela apparaissait inconsciemment. Depuis Poe, elle a pris conscience d'elle-même et a été délibérément perfectionnée par des maîtres ultérieurs, comme Guy de Maupassant. Mais il faut admettre franchement qu'il y a toujours eu et qu'il existe encore des récits brefs qui échappent totalement à cette définition rigide et plutôt étroite. Le professeur Baldwin, après un examen attentif des cent contes du « Décaméron » de Boccace, conclut que deux seulement d'entre eux étaient des nouvelles au sens critique moderne du terme [6] et que trois autres seulement abordaient la totalité de l'impression qui dépend de la conscience. unité de forme. Si nous choisissions au hasard une centaine de nouvelles tirées des meilleures revues contemporaines, nous constaterions, bien entendu, qu'une plus grande proportion d'entre elles répondraient à la définition ; mais il est presque certain que la majorité d'entre elles seraient encore des récits simplement courts, au lieu de véritables nouvelles au sens critique moderne du terme. Pourtant, ces brèves fictions, qui ne sont pas des nouvelles et pour lesquelles nous n'avons pas de nom, n'en sont pas moins estimables dans leur contenu et présentent parfois une vision plus large de la vie que celle qui pourrait être englobée dans les limites rigides d'une nouvelle technique. . Les contes de Hawthorne occupent une place plus élevée dans l'histoire de la littérature que ceux de Poe, car ils révèlent une vision plus profonde de la vie, même si le grand rêveur de la Nouvelle-Angleterre viole souvent le principe d'économie des moyens et construit avec moins de fermeté que Poe, à l'esprit mathématique. Les brefs contes de Washington Irving, tels que « Rip Van Winkle » et « The Legend of Sleepy Hollow », qui ne sont pas des nouvelles au sens technique du terme, ont bien plus de valeur en tant que représentations de l'humanité que bien des chefs-d'œuvre structurels de Guy. de Maupassant. « Pour ma part, écrit

Irving à l'un de ses amis, je considère une histoire simplement comme un cadre sur lequel tendre les matériaux ; c'est le jeu de la pensée, du sentiment et du langage, le tissage de personnages, délimités avec légèreté mais de manière expressive ; l'exposition familière et fidèle de scènes de la vie commune ; et la veine d'humour à moitié dissimulée qui joue souvent à travers le tout, voilà ce que je vise et dont je me félicite dans la mesure où je pense avoir réussi. Il y a beaucoup à dire en faveur de cette méthode sinueuse et tranquille ; et les auteurs trop concentrés sur une réalisation purement technique risquent de perdre la largeur de vue géniale sur la vie que des hommes comme Irving ont si charmantement affichée. Admettons donc que l'histoire simplement courte mérite tout autant d'être cultivée que la nouvelle technique.

Des histoires courtes qui ne sont pas brèves. — Mais s'il existe beaucoup de nouvelles qui ne sont pas des nouvelles, il existe aussi certaines nouvelles qui ne sont pas des nouvelles. « Le Tour d'écrou », d'Henry James, est une nouvelle, au sens technique du terme, bien qu'elle contienne entre deux et trois cents pages. Assurément, ce n'est pas un roman. Il vise à produire un effet narratif, et un seul ; et il est difficile d'imaginer comment toute la force de son mystère et de sa terreur cumulés aurait pu être créée avec une plus grande économie de moyens. C'est une longue et courte histoire. Le « Dr. Jekyll et M. Hyde », conçu et exécuté en grande partie comme une nouvelle, est plus long que « La Plage de Falesá » du même auteur, conçu et exécuté comme un roman. La célèbre nouvelle d'Edward Everett Hale, « L'homme sans pays », est suffisamment longue pour être imprimée à elle seule dans un petit volume. Ce qu'il faut donc retenir, c'est que les deux types différents de brèves fictions doivent être distingués l'un de l'autre non pas par une longueur comparative mais par une méthode structurelle. Le critique peut formuler des lois techniques du type le plus strict ; mais il ne faut pas oublier que ces lois ne s'appliquent pas (et il n'y a aucune raison pour qu'elles le soient) à ces autres récits estimables qui, bien que brefs, restent en dehors de la définition de la nouvelle.

de Bliss Perry . — Compte tenu de cette limitation du sujet, nous pouvons procéder à une étude plus approfondie du type strict de la nouvelle. Dans un admirable essai sur « La nouvelle » [7] , le professeur Bliss Perry avait longuement discuté de ses exigences et de ses restrictions. Admettant que les auteurs de nouvelles mettent généralement l'accent sur l'un des trois éléments du récit, au détriment des deux autres, le professeur Perry attire l'attention sur le fait que dans la nouvelle sur les personnages, « les personnages doit être unique, suffisamment original pour attirer le regard immédiatement. L'écrivain ne dispose pas du temps suffisant pour révéler toute la signification humaine du lieu commun. "Si son thème est le développement du caractère, alors ce développement doit être accéléré par des expériences marquantes." C'est pourquoi cette classe de nouvelles, comparée au roman, doit présenter des personnages plus inhabituels et plus inattendus. Mais dans la nouvelle d'action, en revanche, l'intrigue peut se suffire à elle-même et les personnages peuvent être de simples personnages profanes. L'héroïne de « La Dame ou le Tigre », par exemple, est simplement *une* femme – pas n'importe quelle femme en particulier ; et le héros de « La Fosse et le Pendule » est simplement *un* homme – pas n'importe quel homme en particulier. La situation elle-même est suffisante pour retenir l'intérêt du lecteur pendant le bref espace de l'histoire. Ainsi, même si, dans la nouvelle de personnages, l'acteur principal est susceptible d'être étonnamment individualisé, la nouvelle d'action peut se contenter de personnages totalement incolores, dépourvus de tout trait personnel. Le professeur Perry ajoute que dans la catégorie des nouvelles qui mettent l'accent sur le décor, « les personnages et l'action peuvent être presque sans signification » ; et il continue : « Si l'auteur peut nous découvrir un nouveau coin du monde, ou esquisser la scène familière selon le désir de notre cœur, ou éclairer l'une des grandes occupations humaines, comme la guerre, ou le commerce, ou l'industrie, il a le pouvoir, par ce seul moyen, de nous donner la plus entière satisfaction.

Du fait que la nouvelle ne maintient pas longtemps les pouvoirs du lecteur, le professeur Perry déduit certaines opportunités offertes aux nouvellistes mais refusées aux romanciers,— opportunités, à savoir, « pour un didactisme innocent, pour poser des questions ». problèmes sans y répondre, pour énoncer des prémisses arbitraires, pour omettre des détails désagréables et, inversement, pour rendre beau l'horrible, et enfin pour le symbolisme poétique. Passant à l'examen des exigences que la nouvelle impose à l'écrivain, il affirme que, au mieux, « elle fait appel à une imagination visuelle d'un ordre élevé : le pouvoir de voir l'objet ; pénétrer jusqu'à sa nature essentielle; de sélectionner le trait caractéristique par lequel il peut être représenté. De plus, cela exige une maîtrise du style, « la magie verbale qui recrée pour nous ce que l'imagination a vu ». Mais, d'un autre côté, « écrire une nouvelle ne nécessite aucun pouvoir d'imagination soutenu » ; "La nouvelle n'exige pas non plus de la part de son auteur un bon sens, une ampleur et une tolérance de point de vue essentielles." Puisqu'il ne traite que de phases éphémères de l'existence – « non pas d'ensembles, mais de fragments » – l'auteur de la nouvelle « n'a pas besoin d'être cohérent ; il n'a pas besoin de réfléchir. Ainsi, malgré les difficultés techniques qui assaillent l'auteur de nouvelles, son travail est, sur le plan humain, plus facile que celui du romancier, qui doit être sain d'esprit et cohérent, et doit être capable de soutenir un effort prolongé de compréhension. imagination interprétative.

Le romancier et l'écrivain de nouvelles . — Ces points ont été si largement traités et si admirablement illustrés par le professeur Perry qu'ils n'appellent pas de discussion plus approfondie dans cette enceinte. Mais peut-être faudrait-il ajouter quelque chose concernant les différents équipements dont ont besoin les auteurs de romans et les auteurs de nouvelles. Matthew Arnold, dans un sonnet bien connu, parle de Sophocle comme d'un homme « qui voyait la vie de manière constante et la voyait dans son ensemble » ; et si l'on juge le romancier et l'écrivain de nouvelles d'après leur attitude envers la vie, on peut dire qu'ils se partagent ce vers. Balzac, George Eliot et Meredith regardent la vie en grand ; ils essaient de « le voir dans son ensemble » et de reproduire le chaos de ses relations complexes : mais Poe, de Maupassant et M. Kipling visent plutôt à « voir régulièrement » une phase limitée de la vie, à concentrer leur esprit sur un seul point de la vie. expérience, puis de décrire ce point de manière brève et frappante. Il s'ensuit que le romancier a besoin d'une expérience de la vie bien plus étendue que celle dont a besoin l'écrivain de nouvelles. Les grands romanciers ont tous été des hommes d'âge mûr et dotés d'une grande sagesse. Mais si un auteur connaît profondément un petit point de la vie, il peut créer une grande nouvelle, même si cette seule chose est la seule qu'il connaît. Edgar Allan Poe ne savait rien de la vie telle qu'elle est réellement vécue, de la véritable humanité du caractère, de la responsabilité morale dans les relations humaines ; et pourtant il était parfaitement équipé pour produire ce qui reste jusqu'à ce jour les exemples les plus parfaits de la nouvelle dans notre langue. Il n'est donc pas surprenant que, même si les grands romans du monde ont été écrits pour la plupart par des hommes de plus de quarante ans, les grandes nouvelles ont été écrites par des hommes entre vingt et trente ans. M. Kipling a écrit deux ou trois nouvelles qui sont presque géniales alors qu'il n'avait que dix-sept ans. La stabilité de la vision est une qualité d'esprit bien distincte de la capacité de voir les choses dans leur ensemble. Les « Contes simples des collines » sont, à bien des égards, les meilleures histoires étant donné qu'elles sont l'œuvre d'un garçon de vingt ans : tout ce que M. Kipling a vu à ce très jeune âge, il l'envisageait régulièrement et l'exprimait avec la glorieuse force triomphale de la jeunesse. Mais si à la même époque il s'était essayé à un roman, le monde aurait sans doute découvert à quel point il était très jeune. Il aurait été incapable de découper une coupe transversale de l'immensité de la vie humaine, de la voir dans son ensemble et de représenter l'effroyable complexité de ses interrelations. D'un autre côté, la plupart des hommes mûrs qui ont été assez sages pour faire cette dernière chose se sont montrés incapables de concentrer leur esprit de manière constante sur un seul point d'expérience. Intégralité et stabilité de la vision : rares sont les hommes qui, comme Sophocle, les possèdent tous deux. Un même auteur n'a donc presque jamais pu écrire de grandes nouvelles et de grands romans. Scott n'a écrit qu'une seule nouvelle, « Wandering Willie's Tale » dans « Redgauntlet » ; Dickens n'en a écrit qu'un seul qui mérite d'être considéré comme un chef-d'œuvre de l'art : « Le rêve d'une étoile d'un enfant » ; et Thackeray, Cooper, George Eliot et Meredith n'en ont écrit aucun. D'un autre côté, Poe n'aurait pas pu écrire un roman ; Guy de Maupassant se montre moins magistral dans ses œuvres plus étendues ; et M. Kipling doit encore prouver que le roman est dans ses pouvoirs. Hawthorne est l'exemple le plus remarquable de l'homme qui, d'abord écrivain de nouvelles, a développé au cours de ses années de maturité une maîtrise du roman.

La nouvelle plus artistique que le roman. — Contrairement à la nouvelle, le roman vise à produire une série d'effets,—une combinaison cumulative des éléments du récit,—et ne connaît aucune restriction à l'économie de moyens. Il s'ensuit que le roman, en tant que forme littéraire, requiert beaucoup moins d'attention que la nouvelle aux moindres détails de l'art. Les grands romans peuvent être écrits par des auteurs aussi insouciants que Scott, aussi paresseux que Thackeray ou aussi encombrants que George Eliot ; car si un romancier nous fait une critique de la vie qui est nouvelle et vraie, nous lui pardonnons s'il échoue sur les points les plus délicats de la structure et du style. Mais sans ces points plus intéressants, la nouvelle est impossible. L'économie de moyens qu'elle exige ne peut être conservée que par une restriction rigide de la structure ; et l'accent nécessaire ne peut être produit que par la perfection du style. Les grands maîtres de la nouvelle, comme Poe et Hawthorne, Daudet et de Maupassant, ont tous été des artistes prudents : ils n'ont pas, comme Thackeray, été négligés dans leur structure ; ils n'ont pas, comme Scott, été indifférents au style. L'instinct artistique se manifeste presque toujours très tôt. Si un homme est destiné à être artiste, il fait généralement preuve d'une précocité d'expression surprenante à une époque où il a encore très peu de choses à exprimer. C'est une autre raison pour laquelle la nouvelle, contrairement au roman, appartient à la jeunesse plutôt qu'à la vieillesse. Même si un jeune écrivain peut être obligé de reconnaître son infériorité par rapport à ses aînés en termes de maturité de son message, il n'est pas rare qu'il les transcende en termes de finesse de réalisation technique.

La nouvelle presque nécessairement romantique. — Un autre point qui reste à considérer, avant d'abandonner cette discussion générale pour consacrer plus particulièrement notre attention à une étude technique de la structure de la nouvelle, est que, bien que le roman puisse être soit réaliste, soit romantique dans son sens, Selon la méthode générale, la nouvelle est presque nécessairement obligée d'être romantique. Dans le peu d'espace qui lui est imparti, il est pratiquement impossible pour l'écrivain de nouvelles d'induire une vérité générale à partir de faits particuliers imaginés imités de la réalité : il est beaucoup plus simple de déduire les détails imaginés de l'histoire à partir d'une thèse centrale, soutenue par solidement dans l'esprit de l'auteur et suggéré au lecteur dès le départ. Il est plus rapide de penser de la vérité aux faits que de penser des faits à la vérité. Daudet et de Maupassant, qui travaillaient avec réalisme dans leurs romans, travaillaient avec romantisme dans leurs *contes* ; et les grandes nouvelles de notre propre langue ont presque toutes été écrites par des auteurs romantiques, comme Poe, Hawthorne, Stevenson et M. Kipling.

[3]

Une contribution à « La Bibliothèque Wampum » ; Longmans, Green & Co., 1904.

[4]

Cet article, inclus plus tard dans *Pen and Ink* , 1888, a depuis été publié seul dans un petit volume : Longmans, Green & Co., 1901.

[5]

Cette définition a été publiée d'abord dans le *Bookman* de février 1904, puis dans le *Reader* de février 1906. Elle a ensuite été répétée dans presque tous les livres traitant de cet aspect particulier de l'art de la fiction.

[6]

La deuxième histoire du deuxième jour et la sixième histoire du neuvième jour. Voir « Histoires courtes américaines », p. 28.

[7]

Publié pour la première fois dans *The Atlantic Monthly* en août 1902, et inclus depuis sous le titre XII. dans « Une étude de la fiction en prose » : Houghton, Mifflin & Co., 1904.

QUESTIONS DE RÉVISION

1. Distinguer le roman, la nouvelle et la nouvelle.

2. Définissez la nouvelle.

3. Expliquez les contributions apportées par Edgar Allan Poe et Brander Matthews à la conscience de la nouvelle en tant que forme particulière d'art.

4. Quels sont les avantages et les inconvénients de la nouvelle par rapport au roman ?

5. Le réalisme est-il possible dans la nouvelle ? Si non, pourquoi pas ?

LECTURE SUGGÉRÉE

EDGAR ALLAN POE : Revue des « Contes » de Hawthorne.

BRANDER MATTHEWS : « La philosophie de la nouvelle. »

BLISS PERRY : « Une étude de la fiction en prose »— Chapitre XII, sur « La nouvelle ».

CHARLES SEARS BALDWIN : Introduction aux « American Short Stories ».

HENRY SEIDEL CANBY : « La nouvelle en anglais. »

CHARLES RAYMOND BARRETT : « Écriture de nouvelles. »

BRANDER MATTHEWS : Introduction à « La nouvelle : des spécimens illustrant son développement ».

CHAPITRE XI

LA STRUCTURE DE LA NOUVELLE

Une seule meilleure façon de construire une nouvelle —Les problèmes de construction d'une nouvelle—La position initiale—La position terminale—L'analyse de « Le Corbeau » par Poe— L'analyse de « Ligeia »—L'analyse de « Le Corbeau » Fils prodigue »—Style essentiel à la nouvelle.

Une seule meilleure façon de construire une nouvelle . — Puisque le but d'une nouvelle est de produire un effet narratif unique avec la plus grande économie de moyens et compatible avec la plus grande insistance, il s'ensuit que, étant donné tout effet narratif unique — tout thème, en d'autres termes, pour une nouvelle – il ne peut y avoir qu'une seule meilleure façon de construire l'histoire basée sur celle-ci. Un roman peut être construit de multiples manières ; et le choix de la méthode dépend davantage du tempérament et du goût de l'auteur que de la nécessité logique inhérente. Mais dans une nouvelle, le problème de l'auteur est avant tout structurel ; et la structure est une question d'intellect plutôt qu'une question de tempérament et de goût. Or, l'intellect diffère du goût en ce qu'il est une qualité d'esprit absolue et générale, plutôt qu'individuelle et personnelle. Il n'y a pas de contestation de goût, comme le dit justement le proverbe latin ; mais les questions d'intelligence peuvent être discutées logiquement jusqu'à ce qu'une décision définitive soit prise. Ainsi, bien que la planification d'un roman doive être laissée à l'auteur individuel, la structure d'une nouvelle peut être considérée comme une question impersonnelle et absolue, comme l'élaboration d'une proposition géométrique.

Problèmes de construction de nouvelles . — Le problème initial de l'écrivain de nouvelles est de trouver par des moyens intellectuels la meilleure manière de construire l'histoire qu'il a à raconter ; et, pour résoudre ce problème, il lui reste de nombreuses questions à aborder et à trancher. Tout d'abord, il doit conserver la nécessité d'une économie de moyens en considérant combien, ou plutôt *combien peu* de personnages sont nécessaires au récit, combien peu d'événements distincts il peut s'entendre et quelle est l'étroitesse de l'étendue du temps et du temps. endroit dans lequel il peut compacter son matériel. Il doit ensuite considérer tous les points de vue disponibles pour raconter l'histoire donnée, et doit décider lequel d'entre eux servira le mieux son objectif. Ensuite, en décidant de la manière de définir les personnages, de représenter l'action, d'employer le décor, il doit toujours être guidé par l'effort de trouver un juste équilibre entre (d'une part) la plus grande économie de moyens et (d'autre part) la plus grande importance. Et enfin, pour conserver ce dernier besoin, il doit, en planifiant le récit étape par étape, être guidé par le principe d'emphase dans toutes ses phases.

La position initiale. — L'accent naturel mis sur la position initiale et finale est, dans la nouvelle, une question de première importance. L'ouverture d'un conte parfaitement construit répond à deux objectifs, l'un intellectuel et l'autre émotionnel. Intellectuellement, il indique clairement au lecteur si, dans le récit qui suit, l'élément d'action, ou de personnage, ou de décor doit être prédominant, - en d'autres termes, lequel des trois types d'effet narratif l'histoire est destiné à produire. Émotionnellement, il frappe la note clé et suggère le ton de toute l'histoire. Edgar Allan Poe, dans ses plus grands contes, planifiait infailliblement ses ouvertures pour remplir ces objectifs. Il a commencé une histoire de mise en scène par une description ; une histoire de personnage avec une remarque faite par ou à propos de l'acteur principal ; et une histoire d' action avec une phrase pleine d'incidents potentiels. De plus, il a transmis dès sa toute première phrase un sens subtil du ton émotionnel de l'ensemble du récit.

En ouvrant ses nouvelles, Hawthorne se montrait bien inférieur à son grand contemporain. Ce n'est qu'à son insu qu'il tombait parfois sur l'inévitable première phrase. Souvent, il perdait du temps au début en écrivant une introduction inutile ; et souvent il partait sur une mauvaise voie, en suggérant un personnage au début d'une histoire d'action, ou en suggérant un décor au début d'une histoire de personnages. Le conte du Gentle Boy, par exemple, qui fut l'un des premiers à attirer l'attention sur son génie, commence inutilement par un essai historique de trois pages ; et ce n'est que lorsque le récit est bien avancé que le lecteur est capable de ressentir l'unique chose dont il s'agit.

M. Rudyard Kipling, dans ses récits antérieurs, a employé une méthode d'ouverture qui mérite un examen critique attentif. Dans « Plain Tales from the Hills » et dans les nombreux volumes qui suivirent au cours des années suivantes, son habitude était de commencer par un essai explicatif, remplissant l'espace d'un paragraphe ou deux, dans lequel il énonçait le thème de l'histoire qu'il avait racontée. était sur le point de le dire. « C'est de cela que doit traiter l'histoire », disait-il succinctement : « Maintenant, écoutez le conte lui-même. » Cette méthode est extrêmement avantageuse sur le plan économique. Il donne d'emblée au lecteur une possession intellectuelle du thème ; et connaissant dès le début l'effet qu'on veut produire, il peut suivre avec une plus grande économie d'attention le récit qui le produit. Mais, d'un autre côté, la méthode est peu artistique, dans la mesure où elle présente explicitement ce qui pourrait être transmis implicitement avec plus de subtilité, et renverse l'ambiance du récit en obstruant l'exposition. Dans ses nouvelles ultérieures, M. Kipling a pour l'essentiel écarté cet expédient commode mais trop évident, et a révélé implicitement son thème à travers la teneur narrative et le ton émotionnel de ses phrases initiales. Que cette dernière méthode d'ouverture soit la plus artistique apparaîtra immédiatement par une comparaison d'exemples. C'est le début de «Thrown Away», une première histoire :—

« Élever un garçon dans ce que les parents appellent le « système de vie protégée » n'est pas sage, si le garçon doit aller dans le monde et se débrouiller tout seul. À moins qu'il ne soit un sur mille , il doit certainement traverser de nombreux ennuis inutiles ; et il se peut qu'il en arrive à un chagrin extrême simplement par ignorance des proportions appropriées des choses.

« Laissez un chiot manger le savon dans la salle de bain ou mâcher une botte nouvellement noircie. Il mâche et rit jusqu'à ce que, peu à peu, il découvre que le noircissement et le vieux brun Windsor l'ont rendu très malade ; il soutient donc que le savon et les bottes ne sont pas sains. N'importe quel vieux chien de la maison lui montrera bientôt combien il est imprudent de mordre les oreilles des gros chiens. Étant jeune, il se souvient et part à l'étranger, à six mois, d'une petite bête bien élevée et à l'appétit calmé. S'il avait été tenu à l'écart des bottes, du savon et des gros chiens jusqu'à ce qu'il atteigne la Trinité adulte et avec des dents développées, considérez à quel point il serait terriblement malade et battu ! Appliquez cette notion à la « vie protégée » et voyez comment cela fonctionne. Cela n'a pas l'air joli, mais c'est le meilleur de deux maux.

« Il était une fois un garçon qui avait été élevé selon la théorie de la « vie protégée » ; et la théorie l'a tué mort… »

Et ainsi de suite. À ce stade, après l'introduction explicative, le récit proprement dit commence. Considérons maintenant le début d'une histoire ultérieure, « Sans le bénéfice du clergé ». Voici la première phrase : — « Mais si c'est une fille ? Remarquez tout ce qui a déjà été dit et suggéré dans cette petite question de six mots. Le début de cette histoire est sûrement mené avec le meilleur art.

L'ouverture de l'exposé a été copiée de M. Kipling par O. Henry et établie par cet écrivain comme une mode qui est encore poursuivie par les contributeurs des magazines américains. Mais un expédient populaire ne doit pas nécessairement être considéré comme une contribution permanente aux méthodes de fiction ; et M. Kipling, dans ses nouvelles nouvelles, est un meilleur artiste que Miss Edna Ferber ou que n'importe quel autre des nombreux imitateurs d'O. Henry.

La position terminale. — Mais, dans la structure de la nouvelle, l'accent mis sur la position finale est une question encore plus importante. A cet égard encore, Poe montre son talent artistique, en s'arrêtant au moment même où il a atteint complètement son dessein préétabli . Ses conclusions restent à ce jour inégalées dans le sens qu'elles donnent de finalité absolue. Hawthorne était beaucoup moins ferme dans la maîtrise de la fin de ses histoires. Sa prédilection personnelle pour indiquer une morale pour orner son récit l'a amené fréquemment à annexer un passage de commentaire homilétique qui n'était pas l'os des os et le sang du sang du récit lui-même. Dans le chapitre sur l'emphase, nous avons déjà attiré l'attention sur le dispositif de structure périodique de Guy de Maupassant, au moyen duquel la solution de l'histoire est retenue jusqu'aux phrases finales. Cet expédient extrêmement efficace n'est cependant applicable que dans le genre d'histoire dans laquelle l'élément de surprise est inhérent à la nature du thème. Dans aucun autre aspect de la construction, l'œuvre de l'auteur inexpérimenté ne peut être aussi facilement détectée que dans le dernier passage de son histoire. « Lispeth » de M. Kipling (le premier des « Plain Tales from the Hills »), écrit très jeune, commençait parfaitement [le premier mot est « Elle »] et se déroulait bien ; mais lorsqu'il approcha de sa conclusion, le jeune auteur ne savait où s'arrêter. Son histoire se terminait en réalité par ces mots : « Et elle n'est jamais revenue » ; car à ce moment-là, son dessein préétabli avait été entièrement réalisé. Mais au lieu de conclure là, il a ajouté quatre paragraphes inutiles, traitant de la vie ultérieure de son héroïne – qui étaient tous, pour reprendre sa propre expression familière, « une autre histoire ». Poe et de Maupassant n'auraient pas commis cette erreur ; et M. Kipling non plus après avoir acquis la maîtrise de la méthode artistique. Dans l'une des histoires les plus célèbres d'O. Henry, intitulée « Le don des mages », l'auteur a commis l'erreur technique d'ajouter un paragraphe superflu après que son schéma logique ait été complété.

L'analyse de Poe sur "Le Corbeau ". — Dans son article très intéressant sur « La philosophie de la composition », Edgar Allan Poe a décrit étape par étape les processus intellectuels par lesquels il a développé la structure de « Le Corbeau » et a façonné un poème fini à partir d'un effet préconçu. Il est fort regrettable qu'il n'ait pas rédigé un essai similaire retraçant en détail les étapes successives de la construction d'une de ses nouvelles. Avec son intellect extraordinairement clair et analytique, il a façonné ses intrigues avec une précision mathématique. Il a travaillé avec une telle rigueur que dans ses meilleurs récits, on sent que la suppression d'une peine équivaudrait à une amputation. Il réussit absolument à donner à son récit la plus grande importance avec la plus grande économie de moyens.

Analyse de « Ligeia ». — Si nous apprenons de bout en bout comment une seule histoire parfaite est construite, nous aurons parcouru un long chemin dans la compréhension de la technique de construction d'une histoire dans son ensemble. Analysons donc une des nouvelles de Poe – en suivant pour l'essentiel la méthode qu'il a lui-même suivie dans son analyse du « Corbeau

» – afin de connaître les étapes successives par lesquelles toute excellente nouvelle peut être développée à partir de son thème. Choisissons « Ligeia » comme sujet de cette étude, parce qu'elle est très connue et parce que Poe lui-même la considérait comme le plus grand de ses contes. Voyons comment, à partir du thème de l'histoire, Poe a développé étape par étape la structure de son tissu fini ; et comment, compte tenu de son dessein préétabli , la progression de son plan était inévitable à chaque étape. [8]

Le thème de « Ligeia » a été évidemment suggéré par ces vers de Joseph Glanvill qui, cités comme devise de l'histoire, sont répétés trois fois au cours du récit :—

« Et là réside la volonté qui ne meurt pas. Qui connaît les mystères de la volonté et sa vigueur ? Car Dieu n'est qu'une grande volonté, pénétrant toutes choses par la nature de son intention. L'homme ne s'abandonne pas entièrement aux anges, ni à la mort, si ce n'est par la faiblesse de sa faible volonté.

Poe a reconnu, avec le moraliste anglais, que la volonté humaine est forte et peut vaincre bon nombre des maux dont la chair est l'héritière. S'il était encore plus fort, il pourrait accomplir des choses plus puissantes ; et s'il était *beaucoup* plus fort, il est même concevable qu'il puisse vaincre la mort, son dernier et plus féroce ennemi. Or, il était légitime, dans le cadre de la fiction, d'imaginer un personnage doté d'une volonté suffisamment forte pour vaincre la mort ; et un effet narratif saisissant pourrait certainement être produit en exposant cette conquête morale. C'est alors devenu le but de l'histoire : mettre en scène un personnage doté d'une volonté surhumaine et montrer comment, par la simple force de sa volonté, cette personne a vaincu la mort.

Ayant ainsi décidé de son thème, l'auteur de l'histoire fut d'abord obligé de considérer combien, ou plutôt *combien peu* de personnages étaient nécessaires au récit. Il y en avait au moins un qui était évidemment essentiel : la personne dotée d'une volonté surhumaine. Pour des raisons esthétiques, Poe a fait de ce personnage une femme et l'a appelée Ligeia ; mais il est évident que *structurellement* l'histoire aurait été la même s'il avait fait du personnage un homme. Le récit qui en aurait résulté aurait été différent en termes d'ambiance et de ton ; mais sa structure n'aurait pas été différente. Compte tenu de ce personnage central, il n'était peut-être pas évident au début qu'une autre personne était nécessaire pour le récit. Mais dans toutes les histoires qui mettent en scène un être extraordinaire, il est nécessaire d'introduire un personnage ordinaire pour servir de référence permettant de mesurer les capacités inhabituelles du personnage central. De plus, dans les récits qui traitent du miraculeux, il est nécessaire d'avoir au moins un témoin oculaire des circonstances extraordinaires, à côté de la personne principalement concernée. Il fallait donc absolument un autre personnage dans le conte. Cette seconde personne devait d'ailleurs être intimement associée à l'héroïne, pour les deux raisons déjà évoquées. La relation la plus intime qu'on puisse imaginer était celle du mari et de la femme ; il doit donc être l'époux de Ligeia. A côté de ces deux personnes, une femme d'une volonté surhumaine et son mari, un homme aux pouvoirs ordinaires, aucun autre caractère n'était nécessaire ; et c'est pourquoi Poe n'en a pas introduit (et *ne pouvait pas*, selon les lois de la nouvelle), en introduire un autre. La Dame de Tremaine, comme nous le verrons plus loin, n'est pas, techniquement considérée, un personnage.

Les grandes lignes de l'histoire pouvaient désormais être tracées. Il faut montrer Ligeia et son mari au lecteur ; puis, en présence de son mari, Ligeia doit vaincre la mort par la vigueur de sa volonté. Mais pour cela, elle doit d'abord mourir. Si elle exerçait simplement sa volonté pour conjurer les attaques de la mort, le lecteur ne serait pas convaincu que sa guérison ait été accomplie par des moyens autres que les moyens ordinaires. Elle doit donc mourir et doit ensuite se ressusciter par un puissant effort de volonté. Le lecteur doit être pleinement convaincu qu'elle est réellement morte ; et c'est pourquoi, avant sa résurrection, elle doit être déposée quelque temps dans la tombe. L'histoire se divisait donc en deux parties : la première, dans laquelle Ligeia était vivante, se terminait par sa mort ; et la seconde, dans laquelle elle était morte, se termina par sa résurrection.

Ayant ainsi établi les grandes lignes de son intrigue, Poe fut ensuite contraint de décider du point de vue à partir duquel l'histoire devait être racontée. Dans les conditions existantes, l'un des trois points de vue distincts aurait pu paraître, à première vue, disponible : celui du personnage principal, celui du personnage secondaire et celui d'une personnalité extérieure omnisciente. Mais il suffisait d'un peu de réflexion pour montrer qu'un seul de ces trois pouvait être employé avec succès. Évidemment, l'histoire ne pouvait pas être racontée par Ligeia : car il serait gênant de laisser une femme extraordinaire parler de ses propres qualités inhabituelles ; et de plus, elle pouvait difficilement raconter une histoire dont l'un des principaux traits était son séjour parmi les morts sans qu'on lui demande de révéler les secrets de sa prison. Il était également impossible de raconter l'histoire du point de vue d'une personnalité omnisciente extérieure. Pour que l'incident final et miraculeux paraisse convaincant, il fallait qu'il soit raconté non pas de manière impersonnelle mais personnellement, non pas de l'extérieur mais par un témoin oculaire. L'histoire doit donc bien sûr être racontée par le mari de Ligeia.

À ce stade, les grandes lignes étaient terminées. Il devint alors nécessaire pour Poe de planifier en détail les deux divisions de l'histoire. Dans la première partie, aucune action n'était nécessaire et très peu d'attention devait être accordée au réglage. Il était essentiel que toute l'accent de l'écrivain soit mis sur l'élément de caractère ; car le seul but de cette première division de l'histoire doit être de produire sur le lecteur une impression extrêmement emphatique de la personnalité extraordinaire de Ligeia. Dès que le lecteur pouvait être suffisamment impressionné par la force de son caractère, il fallait la faire mourir ; et la première partie de l'histoire serait terminée. Mais à ce stade, Poe fut obligé de choisir entre les moyens directs et indirects pour définir le caractère. Ligeia doit-elle être représentée directement par son mari, ou indirectement, à travers son propre discours ? En d'autres termes, cette première moitié de l'histoire doit-elle être une description ou une conversation ? La question était facile à trancher. La méthode de conversation n'était pas disponible ; car un dialogue entre Ligeia et son mari maintiendrait l'attention du lecteur oscillant de l'un à l'autre, alors qu'il était nécessaire pour le propos du conte de concentrer toute l'attention sur Ligeia. Elle doit donc être représentée directement par son mari. Ayant conclu qu'il devait consacrer toute la première moitié de son récit à cette description, Poe employa tous ses pouvoirs pour la rendre adéquate et emphatique. La description doit, bien entendu, être largement subjective et suggestive, et doit être imprégnée d'un sentiment d'insondable chez la personne décrite. Afin que (revenant au langage critique de Poe) « sa toute première phrase » puisse « tendre à exacerber cet effet », l'auteur a écrit : « Je ne peux pas, pour mon âme, me rappeler comment, quand, ou même précisément où J'ai fait la connaissance de Lady Ligeia pour la première fois »; et l'histoire commençait.

Il était plus difficile d'aborder la deuxième partie du récit, qui devait traiter de la période comprise entre la mort de Ligeia et sa résurrection. L'accent principal de l'histoire a désormais cessé d'être mis sur l'élément personnage. L'élément d'action, d'ailleurs, était subsidiaire dans la deuxième partie du conte, comme il l'était déjà dans la première. Tout ce qui devait arriver était la résurrection de Ligeia ; et c'est ce que le lecteur avait été contraint de prévoir par le thème même de l'histoire. L'intérêt principal de la deuxième partie doit donc être de déterminer où, quand et comment cette résurrection s'est accomplie. Il faut trouver un cadre digne pour l'événement culminant. Poe ne pouvait pas perdre de temps pour préparer un lieu pour son apogée ; et c'est pourquoi il fut obligé, dès qu'il eut déposé Ligeia dans la tombe, de commencer une description élaborée des décors de sa scène finale. L'endroit doit être sauvage, bizarre et arabesque. Cela doit être digne de recevoir un mortel ressuscité revisitant les aperçus de la lune. Le lieu fut trouvé, l'heure – minuit – décidée : mais la question restait : *comment* ressusciter Ligeia ?

Et là surgissait une difficulté presque insurmontable. Ligeia avait été enterrée (elle *a dû être* enterrée, comme nous l'avons vu), et son corps avait été livré aux vers. Mais maintenant, il faut la réanimer. Et il ne suffirait pas de la laisser entrer corporellement dans l'appartement fantastique où son mari, hanté par ses rêves, l'attendait pour la recevoir ; car le point sur lequel il fallait insister n'était pas tant le simple fait qu'elle était à nouveau en vie, que le fait qu'elle avait regagné le chemin de la vie grâce à l'exercice de sa propre volonté extraordinaire. Il faut montrer au lecteur non seulement *le résultat* de son triomphe sur la mort, mais aussi *le processus même de la lutte* par laquelle, par sa seule volonté, elle a forcé son âme à retourner dans la vie corporelle. Si seulement son corps était présent, pour que l'on puisse montrer au lecteur l'obsession progressive de son âme, tout serait facile à réaliser ; mais, selon les conditions de l'histoire, son corps *ne pouvait pas* être présent : et la difficulté du problème était extrême.

Mais ici, Poe trouva une solution à la difficulté. Un autre cadavre ne ferait-il pas aussi bien l'affaire ? Ligeia pourrait sûrement donner vie à n'importe quelle forme féminine abandonnée. Bien entendu, son mari doit donc se remarier , uniquement pour que sa seconde épouse meure. La Lady Rowena Trevanion de Tremaine n'est donc pas vraiment, comme je l'ai déjà laissé entendre, un personnage, mais seulement un complément nécessaire à la scène finale, un élément indispensable de la scène. Pour indiquer ce fait, Poe fut obligé de s'abstenir soigneusement de la décrire en détail et de chercher par tous les moyens possibles à empêcher l' attention du lecteur de s'attarder longtemps sur elle. Ainsi, bien que, en écrivant la première partie de l'histoire, il ait consacré plusieurs pages à la description de l'héroïne, il a renvoyé Lady Rowena, dans la deuxième partie, avec seulement deux épithètes descriptives : « blonde et bleue ». yeux », pour la distinguer brièvement de Ligeia aux yeux noirs et aux cheveux corbeau.

Avec l'aide de ce corps pratique, il fut facile pour Poe de développer sa scène finale. La lutte intense de l'âme de Ligeia pour reconquérir son chemin vers le monde pourrait être complétée par un suspense passionnant : et quand enfin le point culminant serait atteint et que le mari se rendrait compte que son amour perdu était vivant devant lui, le but de l'histoire serait accompli, la volonté de Ligeia aurait fait son œuvre, et il n'y aurait plus rien à dire. Poe a écrit : « Ce sont les yeux pleins, noirs et sauvages – de mon amour perdu – de la Dame – de *Dame Ligeia* » : et l'histoire était terminée.

Car il faut absolument comprendre que, quoi qu'il ait pu se passer après ce moment de reconnaissance totale, cette histoire particulière ne se concerne pas et ne peut pas se concerner. Que Ligeia meure à nouveau de façon irrévocable dans l'instant suivant, ou qu'elle vive une vie ordinaire et finisse par mourir pour toujours, ou qu'elle reste en vie éternellement grâce au triomphe de sa volonté, sont des questions qui dépassent totalement la portée de l'histoire et ont rien à voir avec l'effet narratif unique que Poe, dès le début, envisageait de produire. À aucun autre moment, il ne montre plus clairement sa maîtrise que dans le choix du moment parfait pour terminer son histoire.

Il serait évidemment vain d'affirmer que Poe a résolu tous les problèmes narratifs auxquels il était confronté en construisant cette histoire précisément dans l'ordre que j'ai indiqué. Malheureusement, il n'a jamais expliqué sous forme imprimée la genèse d'aucune de ses histoires, et nous ne pouvons imaginer le processus de ses plans qu'à l'aide de son analyse minutieuse du développement de « The Raven ». Mais je pense qu'il a été clairement démontré que la structure de « Ligeia » est en tout point inévitablement conditionnée par son thème, et qu'aucun détail de la structure ne peut être modifié sans nuire à l'effet de l'histoire ; et je suis convaincu qu'un processus intellectuel similaire à celui qui a été décrit doit être suivi par tout auteur qui cherche à construire des histoires aussi parfaites dans la forme que celles de Poe.

Analyse de « Le fils prodigue ». — Il est donc conseillé à l'étudiant en structure de la nouvelle de soumettre plusieurs autres chefs-d'œuvre de la forme à un processus d'analyse intellectuelle similaire à celui que nous venons de poursuivre. Ce faisant, il sera impressionné par le *caractère inévitable* de chaque expédient structurel employé dans les meilleurs exemples de ce type. Pour une autre illustration de ce caractère inévitable de la structure, regardons un instant la parabole du « Fils prodigue » (Luc XV, commençant au onzième verset), qui, bien qu'elle ait été écrite il y a plusieurs siècles, accomplit le concept critique moderne de la nouvelle, en ce sens qu'elle produit un effet narratif unique avec la plus grande économie de moyens et la plus grande emphase. Pour les besoins de cette étude, laissons de côté les implications religieuses de la parabole et considérons-la comme une œuvre de fiction ordinaire. L'histoire devrait plutôt s'appeler « Le Père qui pardonne » plutôt que « Le Fils prodigue » ; parce que le seul effet narratif à produire est l'étendue du pardon d'un père envers ses enfants égarés. Deux personnages sont évidemment nécessaires pour le conte : d'abord, un père pour exercer le pardon, et ensuite, un enfant à pardonner. Que cet enfant soit un fils ou une fille n'aurait bien sûr aucun effet sur la simple structure de l'histoire. Dans le récit tel que nous le connaissons, l'enfant égaré est un fils. Par souci d'économie de moyens, l'histoire pourrait être racontée avec ces deux personnages seulement, car l'effet à produire est basé sur la relation personnelle qui existe entre eux, relation qui n'implique personne d'autre. Mais la tolérance paternelle exercée envers un enfant *unique* pourrait sembler un trait de faiblesse humaine plutôt que de force patriarcale ; et le pardon du père sera grandement accentué si, à côté de l'enfant prodigue, il a d'autres enfants moins sujets à l'erreur. C'est pourquoi, pour insister le plus possible, il est nécessaire d'ajouter un troisième personnage, un autre fils qui n'est pas attiré dans la voie du transgresseur. L'histoire doit nécessairement être racontée par une personnalité extérieure omnisciente : elle doit être vue et racontée d'un point de vue distant et divin . Le père ne pouvait pas le dire, car le thème du conte est la beauté de son propre caractère ; et aucun des deux fils n'est en mesure de voir l'histoire dans son ensemble et de la raconter sans préjugés. L'histoire s'ouvre parfaitement sur la phrase très simple : « Un certain homme avait deux fils ». Le lecteur sait déjà qu'il faut lui raconter une histoire de caractère (plutôt que d'action ou de décor) concernant trois personnes, dont la plus importante est l'homme qui a été mentionné en premier. Considérez, en passant, combien aurait été erronée une autre introduction comme celle-ci, par exemple : « Il n'y a pas longtemps, dans une ville de Judée »... Une telle phrase initiale aurait suggéré un cadre, au lieu de suggérer un caractère, comme l' élément principal de l'histoire. À juste titre, le premier des deux fils à être spécifiquement distingué est le plus important des deux, le prodigue : « Et le plus jeune d'entre eux dit à son père : 'Père, donne-moi la part des biens qui me revient . ' » Ainsi, en seulement deux phrases, le lecteur reçoit toute la base de l'histoire. Le récit rapide et simple qui suit est magistral d'une concision absolue. Le plus jeune fils entreprend un voyage dans un pays lointain, gaspille ses biens dans une vie tumultueuse, commence à être dans le besoin, souffre et se repent, et revient chercher le pardon de son père. Merveilleusement, magnifiquement, son père l'aime, le plaint et lui pardonne : « Pour cela, mon fils était mort et il est de nouveau vivant ; il était perdu et il est retrouvé. C'est à ce stade que l'histoire se terminerait si elle était racontée avec seulement deux personnages au lieu de trois. Mais l'accent exige que le fils aîné fasse maintenant une objection tout à fait raisonnable à l'accueil de l'enfant prodigue ; parce que le grand amour qui est l'essence du caractère du père brillera beaucoup plus brillamment lorsqu'il rejettera l'objection. Il le fait avec les mêmes mots qu'il avait utilisés dans le premier moment d'émotion : « Pour cela, ton frère était mort et il est revenu à la vie ; et a été perdu, et est retrouvé. Ces beaux mots, qui reçoivent désormais l'accent de l'itération ainsi que l'accent de la position terminale, résument et complètent l'ensemble du design préétabli .

Cette histoire, qui ne contient que cinq cents mots, est un petit chef-d'œuvre de structure. Il incarne un thème narratif d'une profonde portée humaine ; il présente trois personnages si clairement et si complètement dessinés que le lecteur les connaît mieux que bien des héros d'un long roman ; et il montre un ajustement absolu entre économie et emphase dans sa suite d'incidents succincts mais touchants. De plus, c'est aussi, dans la version anglaise des traducteurs King James, un petit chef-d'œuvre de style. Les mots sont simples, chaleureux et directs . La plupart d'entre eux sont d'origine saxonne et la majorité sont monosyllabiques. Moins d'une demi-douzaine de mots dans l'ensemble du récit contiennent plus de deux syllabes. Et pourtant, ils sont si délicatement mis ensemble qu'ils tombent dans des rythmes puissants avec un effet émotionnel. On peut immédiatement ressentir à quel point l'histoire gagne grâce à cette maîtrise de la prose en comparant avec la version King James des passages parallèles de la Bible française standard. Le refrain monosyllabique anglais, avec son touchant équilibre rythmique, perd presque tout son effet esthétique dans la traduction française : « *Car mon fils , que voici , était mort, mais il est ressuscité ; il était perdu, mais il est retrouvé* . » Et cette phrase très émouvante à propos du fils aîné : « Et il était en colère et ne voulait pas entrer : c'est pourquoi son père sortit et le supplia », devient dans la Bible française : « *Mais il se mit fr colère , et ne voulait point entrer ; et son père étant sorti , le priait d'entrer* . » Aucune finesse d'oreille particulière n'est nécessaire pour remarquer que le premier est grandement écrit et que le second ne l'est pas.

Style essentiel à la nouvelle . — Et cela nous amène à considérer de manière générale que même une histoire parfaitement construite ne produira aucun effet si elle n'est pas écrite de manière adéquate à tous égards. Après que Poe eut, avec son intellect, esquissé étape par étape la structure de « Ligeia », il fut obligé d'affronter un autre problème, celui d'écrire l'histoire avec l'harmonie palpitante et captivante de ce langage musical grave qui hante l'histoire. nous aimons l'écho d'un rêve. C'est une chose de construire une histoire ; c'est une tout autre chose de l'écrire : et dans le cas de Poe, il est évident qu'un intervalle de temps appréciable a dû s'écouler entre l'accomplissement du premier effort et l'entreprise du second. Il a construit ses histoires intellectuellement, de sang-froid ; il les a écrits avec émotion, dans une exaltation esthétique : et les deux ambiances sont si distinctes et s'excluent mutuellement qu'elles ont dû être successives au lieu de coexister. Certains auteurs construisent mieux qu'ils n'écrivent ; d'autres écrivent mieux qu'ils ne construisent. Rarement, très rarement, un homme est doté, comme Poe, d'une égale maîtrise de la structure et du style. Pourtant, même si l'unité de forme peut être atteinte par la seule structure, l'unité d'ambiance dépend principalement du style. Le langage doit être adapté à la signification émotionnelle de l'effet narratif à produire. Toute phrase qui n'est pas en harmonie va vibrer et perturber l'unité d'ambiance, qui est aussi nécessaire à une grande nouvelle qu'à un grand poème lyrique. Hawthorne, même si sa structure était souvent fautive, prouva la grandeur de son art en maintenant, grâce à sa pure maîtrise du style, une unité d'ambiance absolue dans chaque histoire qu'il entreprit. M. Kipling ne l'a pas toujours fait, parce qu'il a souvent utilisé le langage plus avec manière qu'avec style ; mais dans ses meilleures histoires, comme « The Brushwood Boy » et « They », il y a une unité de ton tout au long de l'écriture qui les place au niveau de l'art le plus élevé.

[8]

L'analyse de « Ligeia » qui suit a été imprimée pour la première fois dans le *Reader* de février 1906. Elle est ici résumée avec quelques révisions de détail.

QUESTIONS DE RÉVISION

1. Quels sont les principaux points à considérer lors de la construction d'une nouvelle ?

2. Expliquez l'importance technique du dernier paragraphe et du premier paragraphe d'une nouvelle.
3. Analysez une grande nouvelle selon la méthode illustrée dans les analyses précédentes de « Ligeia » et « Le fils prodigue ».

LECTURE SUGGÉRÉE

EDGAR ALLAN POE : « La chute de la maison Usher ».
NATHANIEL HAWTHORNE : « La vieille fille blanche ».
BRET HARTE : « Le partenaire du Tennessee. »
ROBERT LOUIS STEVENSON : « Markheim ».
RUDYARD KIPLING : « Sans le bénéfice du clergé. »
KENNETH GRAHAME : « La voie romaine ».
FJ STIMSON : « Mme. Knolly.
GUY DE MAUPASSANT : « Le Collier ».
ALPHONSE DAUDET : "Le Dernier Cours."
HC BUNNER : « Un projet fraternel. »
O. HENRY : « Un rapport municipal. »

CHAPITRE XII

LE FACTEUR DE STYLE

Structure et style—Le style une question de ressenti—Le style une qualité absolue—Le double attrait du langage—Des exemples concrets—Mots onomatopoïétiques—Mots mémorables—La structuration des syllabes—Stevenson sur le style—Le motif du rythme—Le modèle de la littérature—Le style, un bel art—Le style, une aide importante à la fiction—L'hérésie de l'accidentel—Le style, une qualité intuitive—Méthodes et matériaux—Contenu et forme—La fusion des Les deux éléments—La personnalité de l'auteur—Récapitulation.

Structure et style. — L'élément de style, qui vient d'être évoqué à propos de la nouvelle, doit maintenant être considéré dans son aspect plus large comme un facteur de la fiction en général. Jusqu'à présent, en examinant les méthodes de la fiction, nous avons limité notre attention pour l'essentiel à l'étude des expédients structurels. La raison en est que la structure, étant une affaire purement intellectuelle, peut être analysée clairement et exposée de manière définitive. Comme toute autre matière intellectuelle – la géométrie par exemple – la structure peut être enseignée. Mais le style, bien qu'il soit dans la fiction un facteur à peine moins important, n'est pas seulement une affaire d'intellect. Il n'est pas si facile de permettre une analyse claire et un exposé précis ; et s'il est vrai que, dans un certain sens, cela s'apprend, il est également vrai qu'il ne s'enseigne pas.

Le style est une question de sentiment. — Le mot « style » revient de manière trépidante dans la langue de tous les critiques ; mais il n'a encore jamais été défini de manière satisfaisante. Des phrases célèbres ont été faites à ce sujet, bien sûr ; mais la plupart d'entre eux, comme celui corrompu par la remarque superficielle de Buffon dans son discours de réception à l'Académie : « *Le style est de l'homme. même* », – sont de nobles aveux de l'impossibilité de la définition. De ce fait, nous sommes renforcés dans notre opinion que le style est une question de sentiment plutôt que d'intellect. En évitant donc, comme c'est imprudent, toute tentative de définition, nous pouvons néanmoins réussir à clarifier nos idées concernant le style si nous tournons autour du sujet.

Stylisez une qualité absolue. — D'emblée, afin de resserrer le cercle, admettons que l'expression familière « mauvais style » est une contradiction de termes. Fondamentalement, il n'y a pas de bon ou de mauvais style. Ou bien un énoncé littéraire est fait avec style, ou bien il est fait sans style. Cette distinction initiale est absolue et non relative. Il faut cependant admettre que de deux énoncés faits avec style, l'un peut être plus imprégné de cette qualité que l'autre ; mais même cette distinction secondaire est une question de plus et de moins, plutôt que de meilleur et de pire. Le style est donc une qualité que l'on possède plus ou moins, ou qui ne l'est pas du tout. Ceci étant posé, nous pouvons étudier avec un esprit plus clair l'aspect philosophique du sujet.

Le double attrait du langage. — La langue exerce sur l'esprit du lecteur ou de l'auditeur un double attrait. Premièrement, cela transmet à son intellect une signification définie à travers le contenu des mots employés ; et deuxièmement, il transmet à sa sensibilité une suggestion indéfinie à travers leur son. Consciemment, il reçoit un sens de la dénotation des mots ; inconsciemment, il reçoit une suggestion de leur connotation. Or, un énoncé a la qualité de style lorsque ces deux attraits du langage – le dénotatif et le connotatif, le défini et l'indéfini, l'intellectuel et le sensuel – sont coordonnés de manière à produire sur le lecteur ou l'auditeur un effet. ce qui n'est pas double, mais indissolublement unique. Et un énoncé est dépourvu de la qualité du style lorsque, bien qu'il transmette un sens à l'intellect à travers le contenu des mots, il ne renforce pas cette transmission de sens par un appel apparenté et harmonieux aux sens à travers leur son. Dans ce dernier cas, la langue produit sur celui qui la reçoit un effet qui n'est pas unique, mais double et divorcé.

concrets . — La question peut être éclaircie par l'examen d'exemples concrets. La phrase suivante, par exemple, est dépourvue de style : « Le carré de l'hypothénuse d'un triangle rectangle est égal à la somme des carrés des deux autres côtés » : car, bien que par son contenu elle transmette à l'intellect une signification qui est entièrement claire et absolument définie, elle ne transmet pas par son son aux sens une suggestion qui lui est apparentée. Mais, d'un autre côté, les vers suivants de « La Princesse » de Tennyson sont riches en style, car les appels à l'intellect et à l'oreille sont si coordonnés qu'ils produisent un seul effet simultané :

" Des myriades de ruisseaux se précipitant à travers la pelouse,
le gémissement des colombes dans les ormes immémoriaux et le murmure
d'innombrables abeilles. "

Dans ces lignes, autant est transmis au lecteur par la simple mélodie des m, des r et des l que par le contenu, ou la dénotation, des mots. Par exemple, le mot « innombrable », qui signifie simplement pour l'intellect « incapable d'être numéroté », est ici amené à suggérer aux sens le murmure des abeilles. Ce seul mot accomplit donc un double service et contribue à l'expression de l'idée générale d'une manière par son contenu et d'une autre par sa sonorité.

onomatopoïétiques . — Cette coordination des deux attraits est l'origine et l'essence de la qualité du style. Mais il faut maintenant se poser la question suivante : *comment* cette coordination peut-elle être réalisée ? Le premier détail auquel nous devons prêter attention est le choix des mots. La tâche de Tennyson, dans les lignes que nous venons d'examiner, était relativement facile. Il écrivait sur certains sons ; et il ne lui était pas particulièrement difficile d'imiter ces sons avec les mots qu'il choisissait pour les désigner. Son dispositif était le plus évident que les rhéteurs appellent onomatopée . Dans chaque langue, les mots qui dénotent des sons en sont presque toujours aussi des imitations. Des mots tels que « murmure », « tonnerre », « hochet » sont en eux-mêmes stylistiques. Seuls et indépendamment de tout contexte, ils intègrent cet attrait apparenté de signification et de son qui est le secret du style. Jusqu'à présent, la question est extrêmement simple. Mais il existe également de nombreux mots qui désignent autre chose que des sons et qui pourtant, d'une manière ou d'une autre, transmettent subtilement à l'oreille une suggestion sensuelle de leur contenu. De tels mots, par exemple, sont « boue », « plus jamais » et « tremblant ». N'importe quel enfant pourrait vous dire que des mots comme ceux-ci « ressemblent exactement à ce qu'ils signifient » ; et pourtant il serait impossible à l'intellect critique d'expliquer exactement en quoi réside l'adéquation entre le son et le sens dans un mot tel que « boue ». La forme physique est cependant évidemment là. Si nous sélectionnons dans plusieurs langues des mots dont la dénotation est identique, nous constaterons probablement qu'en raison de leur différence de son, ils connotent des phases différentes de l'idée qu'ils contiennent. Par exemple, le mot anglais « death » a une consonance spirituelle ; tandis que le « *der Tod* » allemand semble horrible et sinistre, et le français « *la mort* » semble effrayant et bizarre. Dans leur contenu, ces trois mots sont indiscernables ; mais leur style diffère considérablement. Leur diversité de connotation est évidemment inhérente à leur sonorité ; et pourtant, bien que la différence puisse être entendue immédiatement, elle semble inexplicable par l'intellect.

mémorables . — Mais la plupart des mots stylistiques doivent leur connotation non pas tant à leur seule sonorité qu'à leur capacité à évoquer des souvenirs. Ils réveillent le processus psychologique d'association. Tels sont les mots qui sont au cœur de l'expérience de chacun, des mots comme « maison », « chagrin », « mère », « jeunesse » et « amis ». Chaque fois qu'un tel mot est utilisé, il transmet au lecteur ou à l'auditeur non seulement le sens spécifique voulu par le contexte momentané, mais également un souvenir subsidiaire et subconscient de nombreuses phases de son expérience personnelle. Tous les mots incontestablement magiques possèdent cette qualité associative ou *mémorable* . En disant une chose avec certitude, ils évoquent une harmonie concordante de suggestion subconsciente et obscure. Exprimant un message au présent, ils rappellent la beauté du passé. Ainsi en est-il des paroles de ces deux lignes enchantées de Keats :

« Des battants magiques enchantés , s'ouvrant sur l'écume
des mers périlleuses, dans des terres féeriques abandonnées. »

Ils disent bien plus que ce qu'ils disent. Transmettant un sens au lecteur, ils lui en rappellent bien d'autres.

La configuration des syllabes. — Mais le choix de mots suggestifs et mémorables n'est que le premier pas vers la maîtrise du style. Le mariage parfait de la signification et du son ne dépend pas tant des mots eux-mêmes que de la manière dont ils sont disposés. L'art du style, comme tout autre art, procède d'une première sélection de matériaux et d'un agencement ultérieur de ceux-ci selon un motif. En matière de style, le motif est primordial ; et par conséquent, afin de comprendre la sorcellerie de l'écriture, nous devons ensuite considérer techniquement la configuration des mots.

Stevenson sur le style. —Cette phase du sujet a été clairement exposée et habilement illustrée par Robert Louis Stevenson dans son essai « Sur certains éléments techniques du style dans la littérature ». [9] Cet essai est, autant que je sache, le seul traité existant sur la technique du style qui ait une valeur pratique pour l'artiste naissant. Il devrait donc être lu plusieurs fois et parfaitement maîtrisé par tout étudiant du mystère de l'écriture. Puisqu'il est désormais facilement accessible, il ne sera pas nécessaire ici de faire plus que résumer ses principaux points, en les énonçant d'une manière légèrement différente afin qu'ils puissent mieux s'adapter au contexte actuel.

Le modèle du rythme. — Toute phrase normale, à moins qu'elle ne soit extrêmement brève, contient un nœud ou un accroc. Jusqu'à un certain point, la pensée se complique progressivement ; après cela, c'est résolu. Or, l'art du style exige que cette implication et cette explication naturelles de la pensée soient accompagnées d'une implication et d'une explication correspondantes du mouvement de la phrase. À moins que le problème du rythme ne coïncide avec le problème de la pensée, les deux appels de la phrase (à l'intellect et à l'oreille) s'affronteront au lieu de se combiner pour accomplir un effet commun. Par conséquent, la première nécessité, pour tisser une toile de mots, est de parvenir à une concordance entre la progression intellectuelle de la pensée et la progression sensuelle du son. L'attrait du rythme pour l'oreille humaine est fondamental et élémentaire ; et l'effet du style dépend plus de la maîtrise de la phrase rythmique que de tout autre détail individuel. En vers, le problème technique est double : premièrement, suggérer à l'oreille du lecteur un schéma rythmique de régularité standard ; puis, s'écarter de la régularité suggérée, aussi adroitement et aussi fréquemment que possible, sans jamais permettre au lecteur d'oublier un instant le modèle fondamental. En prose, l'écrivain travaille avec une plus grande liberté ; et son problème est donc à la fois plus facile et plus difficile. Au lieu de partir d'un modèle standard, il doit inventer une trame rythmique adaptée au sens qu'il souhaite transmettre ; puis, sans jamais décevoir l'oreille du lecteur en retenant inutilement une baisse de rythme attendue, il doit briser toute idée de monotonie par une variation continuelle et de bon goût.

Le modèle de la littérature. — Mais le langage, de par sa nature même, offre à l'oreille non seulement un modèle de rythme mais aussi un modèle de lettres. La maîtrise de la littérature est donc un élément nécessaire du style. Des effets de suggestion indiscutablement puissants peuvent être obtenus en faisant réapparaître certaines lettres, habilement retenues pendant un certain temps, — puisque le caractère flagrant doit toujours être évité, —mais triomphantes dans un retour harmonieux. Les grandes phrases littéraires qui résonnent à nos oreilles parce que leur son est marié à leur sens se révéleront, à l'examen, incorporer un motif complexe de lettres sélectionnées avec goût. Ainsi en est-il de la phrase suivante de Sir Thomas Browne, dans laquelle il est difficile de décider si le rythme ou la littérature contribue pour la plus grande part à la symétrie du son : la mémoire des hommes sans distinction au mérite de perpétuité. Ainsi en est-il encore de cette phrase tirée des « Sept lampes de l'architecture » de Ruskin : « Elles ne sont que les restes et les monotones de l'art ; c'est à son exaltation bien plus heureuse, bien plus élevée, que nous devons ces beaux fronts de mosaïque bigarrée, chargés de fantaisies sauvages et de sombres hôtes d'images, plus épais et plus pittoresques que jamais remplis les profondeurs du rêve du milieu de l'été ; ces portes voûtées, treillées à vantaux serrés ; ces labyrinthes de fenêtres aux entrelacs tordus et à la lumière étoilée ; ces masses brumeuses de pinacles innombrables et de tours diadèmes ; les seuls témoins peut-être qui nous restent de la foi et de la crainte des nations. Il en va de même de ces phrases tirées de « The English Mail-Coach » de De Quincey :— « La mer, l'atmosphère, la lumière, chacune jouait un rôle orchestral dans cette accalmie universelle. Le clair de lune et les premiers tremblements timides de l'aube se mélangeaient alors ; et les mélanges étaient amenés à un état d'unité encore plus exquis par une légère brume argentée, immobile et rêveuse, qui couvrait les bois et les champs, mais d'un voile d'égale transparence.

Stylisez un Beaux-Arts. —Une étude plus détaillée du style dans ce sens nous conduirait à des considérations trop minutieusement techniques pour le propos du présent volume. Le style, dans son plus haut développement, n'appartient qu'au plus bel art de la littérature ; et il faut admettre que la littérature n'est pas toujours, ni même peut-être le plus souvent, un bel art. Des quatre modes rhétoriques, ou méthodes, du discours, l'exposition se prête le moins à l'assistance de la qualité du style. Les explications sont communiquées d'intellect à intellect. Les mots, dans l'exposé, doivent être choisis principalement en vue d'une dénotation définie. Le rédacteur de l'exposé doit être clair à tout prix ; il doit viser à être précis plutôt que suggestif. Le style est considérablement plus important en tant que complément à l'argumentation ; car pour vraiment convaincre, un écrivain doit non seulement convaincre l'intellect du lecteur, mais aussi susciter et vaincre ses émotions. Mais c'est dans le récit et dans la description que la qualité du style contribue le plus à l'effet maximum. Pour évoquer une image dans l'esprit du lecteur, ou pour transmettre à sa conscience une impression de mouvement, il est conseillé (je suis tenté de dire nécessaire) de jouer sur sa sensibilité avec le son des phrases mêmes qui sont encadrées pour transmettre un contenu. à son intellect.

Le style est une aide importante à la fiction. — Puisque le récit est le mode naturel de la fiction, et que la description est plus souvent introduite que l'argumentation ou l'exposé, il s'ensuit que l'écrivain de fiction doit toujours tenir compte du facteur style. Il est vrai que les histoires peuvent être écrites sans style ; il est même vrai que bon nombre des plus grandes histoires ont été dépourvues de cette qualité indéfinissable : mais il n'est donc pas logique de prétendre que le facteur style puisse être négligé. Dans quelle mesure il peut contribuer à la réalisation du but de la fiction, on reconnaîtra instinctivement à l'examen de tout passage merveilleusement écrit. Considérons, par exemple, les paragraphes suivants de « Markheim ». Après que Markheim ait tué le dealer et soit monté à l'étage pour fouiller les affaires de l'homme assassiné, il subit un intervalle de quiétude au milieu des alarmes.—

« Du bout de l'œil, il voyait la porte – et même y jetait un coup d'œil direct de temps en temps, comme un commandant assiégé heureux de vérifier le bon état de ses défenses. Mais en réalité, il était en paix. La pluie qui tombait dans la rue semblait naturelle et agréable. Bientôt, de l'autre côté, les notes d'un piano s'éveillèrent au son d'un hymne, et les voix de nombreux enfants reprirent l'air et les paroles. Comme cette mélodie était majestueuse et confortable ! Comme ces voix juvéniles sont fraîches ! Markheim l'écoutait en souriant, tout en triant les clés ; et son esprit était rempli d'idées et d'images responsables ; les enfants qui vont à l'église et le carillon de l'orgue aigu ; des enfants à l'écart, des baigneurs au bord du ruisseau, des randonneurs sur les ronces communes, des cerfs-volants dans le ciel venteux et nuageux ; puis, sur une autre cadence de l'hymne, retour à l'église, et la somnolence des dimanches d'été, et la voix haute et distinguée du curé (dont il sourit un peu pour se souvenir) et les tombeaux jacobéens peints, et les lettres sombres de les Dix Commandements dans le chœur.

« Et alors qu'il était assis ainsi, à la fois occupé et absent, il se releva en sursaut. Un éclair de glace, un éclair de feu, un jet de sang éclatant le parcoururent, puis il resta pétrifié et excité. Une marche monta l'escalier lentement et régulièrement, et bientôt une main fut posée sur le bouton, la serrure claqua et la porte s'ouvrit.

Quiconque a des oreilles pour entendre comprendra immédiatement à quel point l'effet de ce passage est renforcé par l'emploi magistral de chaque phase de style dont nous avons discuté jusqu'à présent. Si, au lieu d'écrire : « Présentement, les notes d'un piano étaient réveillées par la musique d'un hymne », Stevenson avait écrit : « Bientôt un piano commença à jouer un hymne », il aurait suggéré à l'oreille un tintement semblable à celui d'un claquement. de casseroles en fer blanc, au lieu de la mélodie mesurée qu'il avait en tête. Et il convient de noter en particulier que la phrase proposée à des fins de comparaison est, *dans son seul contenu intellectuel*, à peine distincte de l'original. Combien petite est la différence de dénotation, combien grande est la différence de suggestion ! La brève phrase « Des cerfs-volants dans un ciel venteux et nuageux » semble nous propulser corporellement vers le haut : — voici la maîtrise du rythme. « La somnolence des dimanches d'été » est chuchotée et murmurée avec des s, des m et des n :— ici (plus évidemment) est la maîtrise de l'écriture. Dans le deuxième paragraphe, remarquez à quel point le rythme s'accélère soudainement lorsque Markheim se relève en sursaut ; et dans la dernière phrase, considérez la lenteur monotone et mesurée du mouvement, inquiétante avec des pauses.

L'hérésie de l' accidentel. — De temps en temps, un critique avance en affirmant que le style dans la fiction n'est pas une conquête délibérée et consciente, que le son des phrases est accidentel et ne peut donc pas être mobilisé pour contribuer au sens, et que la préoccupation pour les détails de le rythme et la littératie sont la preuve d'un esprit fin et étroit. A une telle affirmation, aucune réponse n'est nécessaire si ce n'est le conseil salutaire de relire à voix haute et attentivement plusieurs passages comparables à celui de « Markheim » que nous venons d'examiner. De toute évidence, Stevenson savait intuitivement de quoi il parlait lorsqu'il planifiait ses schémas rythmiques et ses harmonies orchestrales compétentes.

Style Une qualité intuitive. — Je dis « intuitivement », car, comme je l'ai admis au début, le style est, chez l'auteur, une affaire de sentiment plutôt que d'intellect. Mais les choses peuvent être planifiées avec sensibilité aussi bien qu'avec intelligence. L'écrivain doué du style anticipe un modèle rythmique dans lequel il tisse des mots susceptibles de dénoter sa pensée ; et tout en s'efforçant d'être précis et clair, il porte dans son esprit le sens subtil de l'accompagnement harmonique des consonnes, de l'éloquence mélodieuse des voyelles.

Par quels moyens un écrivain peut-il parvenir à la maîtrise du style est une question à laquelle l'intellect ne peut pas répondre. Les questions de sensibilité sont personnelles et chacun doit les résoudre pour lui-même. L'auteur de « Markheim », comme il nous le raconte dans son essai sur « A College Magazine », a appris lui-même à écrire en jouant le rôle du singe assidu auprès de nombreux maîtres ; et cette méthode peut être recommandée aux aspirants ayant une oreille imitatrice. Mais il ne peut y avoir de règle générale ; car, bien que dans le processus de la raison pure tous les hommes sensés pensent de la même manière, chaque homme diffère des autres dans le processus de l'émotion.

C'est la raison pour laquelle le style, en plus d'être (comme nous l'avons affirmé au début) une qualité absolue, possédée ou non par aucun énoncé littéraire, est aussi dans tous les cas une qualité personnelle à l'auteur qui l'atteint. À cet égard, Buffon avait raison de dire que le style est une phase de l'homme lui-même. Toute œuvre accomplie par l'intellect seul appartient à l'homme en général plutôt qu'à un homme en particulier ; mais tout travail accompli par les sensibilités incorpore ces qualités plus profondes en vertu desquelles chaque homme se distingue des autres. En étudiant la structure de l'œuvre d'un auteur, on peut estimer son intellect : en étudiant le style, on peut estimer cette entité plus subtile qu'est l'homme lui-même.

Méthodes et matériels. — Au terme de notre étude des matériaux et des méthodes de la fiction, il convient de considérer d'une manière générale la relation entre la forme et le contenu,—la valeur respective des méthodes et des matériaux. Il existe principalement deux groupes de fictions dignes de ce nom : celles qui sont grandes principalement en raison de leur contenu, et celles qui sont grandes principalement en raison de leur forme. Il serait évidemment imprudent de surestimer la valeur unique et inhérente du matériel ou de la méthode. Il est cependant possible de comparer les mérites des uns et des autres.

Contenu et forme. — En premier lieu, il faut noter que, pour le grand public, l'attrait de toute œuvre de fiction dépend bien plus de son contenu que de sa forme. Le lecteur moyen sait peu de choses et se soucie moins des méthodes techniques de l'art. Ce qu'il réclame avant tout, c'est un sujet intéressant. Il recherche, selon l'expression populaire, « une bonne histoire » ; il souhaite qu'on lui dise des choses intéressantes sur des personnes intéressantes ; et il ne se sent pas particulièrement préoccupé par la question de savoir si ces choses lui sont racontées d'une manière intéressante ou non. C'est le sujet, plutôt que la manière, qui le séduit le plus.

De nombreuses raisons incitent le critique à accepter sans réserve le point de vue du grand public. Par exemple, bon nombre des œuvres de fiction les plus importantes se sont révélées inefficaces en termes purement artistiques. Le « Don Quichotte » de Cervantes est sans aucun doute l'un des plus grands romans de toute la littérature, pour la raison qu'il contient un monde si vaste. Pourtant, il est très défectueux, tant dans sa structure que dans son style. L'auteur semble l'avoir construit au fur et à mesure ; et il a changé si souvent son plan au cours du processus de construction que l'édifice qui en résulte, comme la cathédrale Saint-Pierre, est architecturalement incohérent. Il montra si peu de souci de l'unité qu'il n'hésita pas à interrompre son roman d'une demi-centaine de pages pour présenter au lecteur la nouvelle totalement étrangère du Curieux Impertinent, qu'il trouva par hasard inutilisée dans son bureau. On peut immédiatement sentir à quel point il était peu maître du simple style en comparant ses pièces avec celles de Calderon. Pourtant ces considérations techniques ne comptent pas dans la valeur de son chef-d'œuvre. Toute l'Espagne y est résumée et exprimée, toutes les douleurs que l'idéaliste de tout âge doit souffrir, toute la pitié et la gloire de l'aspiration mal appliquées.

Scott n'a pas de style et Thackeray n'a pas de structure ; mais ces défauts techniques descendent devant leur ampleur de message. Scott nous enseigne la gloire et la grandeur d'être en bonne santé, jeune, aventureux et heureux ; et Thackeray, les larmes aux yeux qui humanisent le ricanement sur ses lèvres, nous enseigne que ce que nous appelons Société, avec un S majuscule, n'est qu'une vanité des vanités. Si l'on passe du roman à la nouvelle, on remarquera que certains thèmes sont en eux-mêmes si intéressants que l'histoire qui en résulte ne pourrait manquer d'être efficace même si elle était mal racontée. Il est peut-être injuste de prendre comme exemple le conte de MFJ Stimson intitulé « Mrs. Knollys », parce que son histoire est à la fois correctement construite et magnifiquement écrite ; mais rien que par le thème, ce conte est si efficace qu'il aurait pu supporter une manipulation moins aboutie. L'histoire se déroule comme suit : [10] —Une fille et son mari, tous deux très jeunes, partent dans les Alpes pour leur lune de miel. Le mari, en traversant un glacier, tombe dans une crevasse. Son corps ne peut pas être retrouvé immédiatement ; mais Mme Knollys apprend d'un savant allemand qui étudie le mouvement de la glace que dans quarante-cinq ans le corps sera transporté jusqu'au bout du glacier. Par la suite, elle considère son mari comme absent mais pas perdu, et vit sa vie en communion imaginaire continue avec lui. A la fin du temps imparti, elle revient et retrouve son corps. C'est alors une femme d'une soixantaine d'années ; mais son mari est, en apparence, encore un garçon de vingt et un ans. Elle l'a rêvé vieillissant à ses côtés : elle le trouve séparé d'elle par un demi-siècle de changement.— Même dans un résumé chauve et inefficace, l'intérêt de cet effet narratif doit apparaître. L'histoire n'avait guère besoin d'être racontée aussi bien que M. Stimson l'a racontée.

Nous devons donc admettre que, du point de vue de l'auteur comme de celui du lecteur général, le matériel peut souvent être considéré comme plus important que la méthode. Mais la critique n'est donc pas fondée à affirmer que le style et la structure peuvent être impunément négligés. Toutes choses égales par ailleurs, les livres qui ont vécu le plus longtemps sont ceux qui ont été exécutés avec un art admirable. Le déclin de la renommée de Fenimore Cooper en est un bon exemple. Rien que sur le plan du sujet, ses livres sont plus importants aujourd'hui qu'ils ne l'étaient au moment de leur publication originale ; car les conditions de vie dans la forêt primitive doivent nécessairement revêtir un intérêt plus particulier pour un monde qui, dans son expérience immédiate, les oublie rapidement. Mais Cooper a écrit très négligemment et très mal ; et à mesure que nous avançons vers une appréciation plus fine de l'art de la fiction, nous sommes de plus en plus distraits de la contemplation de son message par ses inégalités absurdes de savoir-faire.

Des romans comme les « Contes de Leatherstocking » sont peut-être plus appréciés (j'avais presque dit les plus appréciés) par les lecteurs ayant un sens de l'art sous-développé. Cela semblerait un aveu bien étrange au terme d'une étude consacrée à l'art de la fiction, s'il n'existait cet autre groupe d'histoires dont l'importance réside dans la méthode plus encore que dans le matériel. Une petite chose bien faite est souvent plus importante qu'une grande chose mal faite. Jane Austen vivra probablement plus longtemps que George Eliot, car elle a transmis son message, aussi important soit-il, avec un art plus fin et plus ferme. Les sujets de Jane Austen semblent, à première vue, avoir très peu d'importance. Dans la société bourgeoise anglaise, elle sélectionne un groupe de personnes qui n'ont rien de remarquable et se préoccupe ensuite principalement de la simple question de savoir qui épousera finalement qui. Mais en s'attardant assidûment sur les aspects non essentiels de la vie, elle parvient à rappeler au lecteur ses vastes éléments essentiels. En nous parlant habilement de tant de choses qui n'ont pas d'importance, elle nous suggère, à l'envers et avec une ironie discrète, le peu de choses qui comptent vraiment. Son message même dépend donc immédiatement de son art irréprochable. Si elle avait moins bien fait son travail, le résultat aurait été insignifiant et fastidieux.

Poe et de Maupassant sont de brillants exemples de la classe d'auteurs destinés à vivre uniquement de leur art. Poe, dans ses nouvelles, ne dit rien d'important pour le monde ; et de Maupassant a dit beaucoup de choses qui auraient pu, de manière plus convenable, rester sous silence . Mais ce qu'ils avaient l'intention de faire, ils l'ont fait sans hésitation ; et un travail parfait est en soi une vertu dans ce monde de compromis de mauvaise qualité et d'efforts irréguliers. Longtemps après que les gens auront cessé de se soucier des combats, des meurtres et de la mort subite, du frisson et de l'envie d'une aventure pleine d'entrain, ils reliront les contes enfantins de Stevenson pour le bien de leur rapidité de propulsion et de leur éloquence exultante de style.

Et pour apprécier pleinement cette classe de fiction, une certaine connaissance technique de l'art est nécessaire. Les efforts de Washington Irving doivent, dans une large mesure, être perdus pour les lecteurs qui manquent d'oreille pour le style. Il avait très peu à dire, simplement que l'Hudson est beau, que la plus grande tristesse sur terre naît de la mort prématurée de celui que nous aimons, que le rire et les larmes sont au plus profond indiscernables, et qu'il est très agréable de s'asseoir. devant l'incendie d'une vieille salle baronniale et souviens-toi d'un air songeur ; mais il disait cela un peu en gentleman, avec un charme, une grâce, une urbanité facile d'attitude, qui plaçaient à jamais son œuvre dans la classe de ce qui a été bien fait par de bons et fidèles serviteurs.

Il y a un très grand plaisir à observer avec conscience ce qui est bien fait. Par conséquent, même pour le lecteur occasionnel, il est conseillé d'étudier les méthodes de la fiction afin de développer un plaisir de lecture plus raffiné. Il semblerait qu'un roman policier, dont l'intérêt est principalement centré sur la longue rétention d'un mystère, perdrait de son charme pour un lecteur à qui son secret a été une fois révélé. Mais le lecteur doté d'une conscience méthodique développée trouve un intérêt toujours renouvelé à revenir encore et encore aux « Meurtres dans la rue Morgue » de Poe. Une fois passée sa première surprise, il peut jouir plus pleinement de l'habileté de l'art de l'auteur. Après avoir regardé la pièce depuis une stalle de l'orchestre, il peut ressentir un autre intérêt en la regardant depuis les coulisses. Pour utiliser une formule familière, Jane Austen est la romancière du romancier , Stevenson l'écrivain, Poe le bâtisseur ; et pour apprécier pleinement le travail d'artistes comme ceux-ci, il est nécessaire (selon les mots de Poe) de « le contempler avec un art apparenté ».

La fusion des deux éléments. — Mais il ne faut pas pour autant inciter le critique à placer la méthode au-dessus du matériel et à surestimer la forme au détriment du contenu. L'idéal à atteindre dans la fiction est une relation si intime entre la chose dite et la manière de la dire que l'une ou l'autre ne peut être envisagée séparément de l'autre. Nous abordons maintenant un troisième groupe de fiction, plus petit, qui combine les mérites particuliers des deux groupes déjà notés. Un roman comme « La Lettre écarlate », une nouvelle comme « Le Garçon des Broussailles » appartiennent à cette troisième classe, plus extraordinaire. Ce que Hawthorne a à dire est approfondi et approfondi, et il le dit avec une égale maîtrise de la structure et du style. « La Lettre écarlate » serait formidable rien qu'en raison de son contenu, même si son auteur avait été un maladroit ; ce serait génial rien que par son art, même s'il avait été humainement moins doué de compréhension. Mais il est plus grand tel que nous le connaissons, dans le mélange absolu des deux grands mérites d'un sujet important et d'un art proportionné.

La personnalité de l'auteur. — Mais en étudiant « La Lettre écarlate », nous sommes conscients encore d'un autre élément d'intérêt,—un intérêt qui découle de la personnalité de l'auteur. La même histoire racontée avec autant d'art par quelqu'un d' autre nous intéresserait bien différemment. Et maintenant nous abordons encore un autre groupe de fictions dignes d'intérêt. De nombreuses histoires perdurent davantage en raison de la personnalité des hommes qui les ont écrites que du mérite inhérent du matériau ou de la méthode. Les « Enfants-rêves » de Charles Lamb ; Une Rêverie », qui, bien qu'elle figure parmi les « Essais d'Elia », peut être considérée comme une nouvelle , est importante principalement en raison de la nature de l'homme qui l'a écrit, un homme qui, à une époque infecté par la fièvre de grandir, resta au fond un petit enfant, regardant le monde mémorable avec des yeux émerveillés.

Récapitulation. — Tels sont donc les trois mérites que doivent rechercher dans une égale mesure les aspirants à l'art de la fiction : un matériau capital, une méthode magistrale et une personnalité importante. Découvrir certaines vérités de la vie humaine qui valent éminemment la peine d'être racontées, les incarner dans des faits imaginés avec une maîtrise à la fois de la structure et du style, et, derrière et au-delà de l'œuvre elle-même, être à tout moment une personne digne d'être écoutée. to : c'est, pour l'écrivain de fiction, l'idéal ultime. Rarement, très rarement, ces trois conditions contraires se sont révélées chez un seul auteur ; il est donc rare que des œuvres de fiction absolument géniales aient été créées. Il serait difficile pour le critique de sélectionner d'emblée un seul roman qui puisse être accepté à tous égards comme un standard de la plus haute excellence. Mais si l'on considère le terme *fiction* dans son sens le plus large, il peut être considéré comme incluant la plus grande œuvre d'art jamais façonnée par l'esprit humain. La « Divine Comédie » est suprême en matière de sujet. Les faits de sa cosmogonie ont été réfutés par la science moderne, la religion dont il est le monument est tombée dans l'incrédulité, la nation et l'époque qu'elle résume ont été piétinées sous le progrès des siècles ; mais dans sa vérité centrale et inhérente, dans son exposition de la lutte de l'âme humaine assiégée pour gagner son chemin vers la lumière et la vie, elle reste pérenne et nouvelle. C'est suprême dans l'art. Avec un effort infatigable et indéfectible , le maître d'œuvre a élevé en symétrie son siècle de chants ; avec une éloquence sans faille, il traduisait en chant toutes les humeurs que le cœur humain ait jamais connues. Et sa personnalité est suprême ; parce que, dans chaque ligne, nous nous sentons en contact avec l'esprit individuel le plus vaste qui ait jamais habité le corps d'un homme. Nous savons (pour citer le traducteur le plus apprécié du poète)—

« de quelles angoisses du cœur et du cerveau,
quelles exultations piétinant le désespoir, quelle tendresse, quelles larmes,
quelle haine du mal, quel cri passionné d'une âme en souffrance, s'est élevé
ce poème de la terre et de l'air, ce miracle médiéval du chant. »

Son travail l'a maintenu mince pendant vingt ans ; et maintes fois il a appris à quel point sa nourriture est salée lorsqu'on mange sur le pain d'autrui, combien son chemin est escarpé lorsqu'on monte et descend les escaliers d'autrui. Mais Dante a vu et vaincu, sachant ce qu'il devait faire, sachant comment le faire, étant digne de son travail. C'est pourquoi, parmi les auteurs, il mérite l'épithète que lui donnent ses compatriotes : divine.

« La Divine Comédie » est l'épopée suprême du monde. Le roman suprême reste à écrire. Il est douteux que l'art littéraire humain puisse atteindre plus d'une fois la perfection. Mais alors que nos auteurs s'efforcent d'incarner les vérités de la vie humaine dans des faits imaginaires arrangés, ils devraient constamment être guidés et inspirés par l'attrait de l'idéal ultime. Le travail le plus noble est toujours accompli par les adeptes de la lueur. En nous séparant, paraphrasons le sens d'une remarque faite il y a des siècles par Sir Philip Sidney, ce modèle d'érudit et de gentleman : Il est bien de tirer nos flèches sur la lune ; car même s'ils manquent leur cible, ils voleront néanmoins plus haut que si nous les avions jetés dans un buisson.

[9] Publié pour la première fois dans la *Contemporary Review* d'avril 1885; et maintenant inclus dans le volume XXII de la « Thistle Edition » : Charles Scribner's Sons.

[dix] "Mme. Knollys » est désormais facilement accessible dans « La nouvelle : spécimens illustrant son développement ». Edité par Brander Matthews. Société américaine du livre, 1908.

QUESTIONS DE RÉVISION

1. Qu'entend-on par style en littérature ?

2. Créez trois modèles de mots, le premier remarquable par sa pure sélection, le deuxième remarquable par le rythme et le troisième remarquable par l'alphabétisation.

3. Écrivez un thème contenant environ trois cents mots, qui sera jugé pour la qualité de son style.

LECTURE SUGGÉRÉE

ROBERT LOUIS STEVENSON : « Sur quelques éléments techniques du style en littérature. »

WALTER PATER : « Essai sur le style », dans « Appréciations ».

HERBERT SPENCER : « Philosophie du style ».